AF125897

Johann B. von Zoller

Der große Katechismus mit Fragen und Antworten

samt der vollständigen Einleitung in die Kenntnis der Gründe der Religion

Johann B. von Zoller

Der große Katechismus mit Fragen und Antworten
samt der vollständigen Einleitung in die Kenntnis der Gründe der Religion

ISBN/EAN: 9783742894205

Hergestellt in Europa, USA, Kanada, Australien, Japan

Cover: Foto ©Lupo / pixelio.de

Manufactured and distributed by brebook publishing software
(www.brebook.com)

Johann B. von Zoller

Der große Katechismus mit Fragen und Antworten

No. 2.

Der große

Katechismus

mit Fragen und Antworten,

samt der

vollständigen

Einleitung

in die

Kenntniß der Gründe der Religion

und den

beweisenden Stellen

zum Gebrauche

in den kaiserl. königl. Staaten.

Zweyte Auflage.

Koſtet ungebunden. 18. kr.

Mit röm. kaiſ. auch kaiſerl. königl. apoſt. Majeſt.
allergnädigſter Druckfreyheit.

wie auch
mit Genehmhaltung der geiſtlichen Obrigkeit.

WIEN,
Im Verlagsgewölbe der deutſchen Schulanſtalt bei
St. Anna in der Johannesgaſſe, 1778.

Die vollständige Einleitung deren der Titel erwähnet, ist in nichts anders von der in der ersten Auflage befindlichen unterschieden, als daß nach dem §. IV. der Inhalt der Bücher der heiligen Schrift ist eingerücket worden, welcher sonst im Anhange zum dritten Stücke des ersten Theils des Lesebuches, und auch vor dem grossen Evangelium befindlich war. Eine in der ersten Ausgabe dieses Katechismus beigedruckte Note zeigte schon im voraus diese Einschaltung an, welche bei der ersten Auflage nur deshalben nicht geschah, weil die Einleitung eher abgedruckt war als die Vorerinnerung hinzukam.

Wir Christoph von Gottes Gnaden

der H. R. Kirche auf den Titel der vier gekrönten Heiligen Kardinal Priester, des Heil. R. R. Fürst, Erzbischof zu Wien, beständiger Verweser des Bistthumes Waitzen, des hohen Ordens des heil. Stephans Großkreutz, Ihrer kaif. auch kaif. königl. apost. Majestäten wirklicher geheimer Rath ꝛc. aus den Grafen von Migazzi von Waall, und Sonnenthurm.

Entbieten der gesamten Geistlichkeit unseres Erzbisthumes, und allen denen, welche die Kinder in der christlichen Lehre zu unterweisen haben, Heil und Segen in dem Herrn.

Die Lehre Jesu Christi ist an und für sich selbst unveränderlich. Der Kirche, welche er auf einen Felsen gebauet, und wider welche die Pforten der Hölle nicht obsiegen werden, hat er solche bis zum Ende der Welt anvertrauet, und diese getreue Braut hat sie zu allen Zeiten sorgfältig verwahret, und den Gläubigen unverfälscht mitgetheilet.

Gleich

Gleichwie aber die Apostel, welche dieser göttliche Stifter und Vollender des Glaubens in die ganze Welt gesandt hat, um seine Lehre allen Geschöpfen zu verkündigen, sich im Vortrage derselben nach der Fähigkeit der Personen, und Mannigfaltigkeit der Sprachen gerichtet haben: also haben auch Bischöfe, welche Nachfolger der Apostel, und von dem heiligen Geiste die Kirche zu regieren gesetzet sind, solchem Beispiele getreu gefolget, und bei dem Vortrage in den Glaubenslehren allemal die Fähigkeit derjenigen, die sie zu unterrichten hatten, in Erwegung gezogen: einigen, welche es ertragen konnten, haben sie nach dem Ausbrucke des Apostels, stärkere Speisen, andern aber, welche schwach waren, nur Milch dargereichet, mit einem Worte: sie sind nach Verschiedenheit der Umstände allen alles geworden, damit ihr Unterricht der Fähigkeit eines jeden angemessen sey, in allen aber die Frucht der Heiligung und zum Ende das ewige Leben hervorbringen möge.

In unsern Zeiten wo Unglauben, und Irrthum so sehr überhand genommen, wo man bei dem Bestreben alles zu ergründen, und durch die Weisheit des Fleisches, welche vor Gott eine Thorheit ist, alles zu wissen, so manche wichtige Fehltritte thut, und wo man sich nicht scheuet, das Verehrungswürdigste der Religion zu untergraben, und verächtlich zu machen, in diesen Zeiten ist es gewiß überaus nöthig, daß der Vortrag der Religion auf das beste geordnet, und den Umständen gemäß eingerichtet werde. Die mehr als landesmütterliche Sorgfalt Ihrer k. k. apost. Majestät, welche nicht nur die zeitliche, sondern auch die ewige Glückseligkeit Ihrer Unterthanen am Herzen haben, verordnete die standesmässige Unterweisung der verschiedenen Klassen Ihrer anwachsenden Unterthanen nach einerlei Plan vorzunehmen, und äuserten nach Dero bekannten Eifer für die Religion auch den preiswürdigsten Wunsch, daß der Unterricht in der Religion jeder Klasse der Unterthanen nach einerlei Lehrbuche; allen aber in einerlei Ausdruck möchte ertheilet werden.

Diesen rühmlichsten Wunsch zu erfüllen, wurde gegenwärtiger Katechismus verfertiget, und von uns zum Gebrauche der Schulen unserer Diözes gebilliget. Gott aber der Hoffnung erfülle die Herzen
seiner

feiner Gläubigen mit aller Freude, und Friede im
Glauben, auf daß sie die Fülle haben in der
Hoffnung und in der Kraft des heil. Geistes, damit
sie einmüthig mit einem Munde Gott, der ein Vater unsers Herrn Jesu Christi ist, preisen. Gegeben aus unserem erzbischöflichen Wohnsitze. Wien
den 12. Heumonats 1777.

Christoph,
Cardinal Erzbischof.

(L. S.)

Johann Baptist von **Zoller,**
Erzbischöfl. Kanzler.

Vorerinnerung,

Dieser Katechismus heißt der grosse zum Unterschiede des Auszuges für die Stadt-und Landjugend, und des kleinen, dessen man sich bei dem allerersten Unterrichte in Städten bedienet. Alle Fragen und Antworten, welche sich in dem Auszuge und in dem kleinen Katechismus befinden, sind mit eben denselben Worten auch in diesem grossen anzutreffen. Ein Lehrer kann sich also dieses grossen Katechismus bedienen, wenn er auch nur Schüler vor sich hat, die aus dem Auszuge und dem kleinen Katechismus sind unterrichtet worden. Jedoch mußten deshalben eigene Zeichen gebrauchet werden, um kenntlich zu machen, welche Fragen im Auszuge und welche in dem kleinen vorkommen. Man hat dazu Sternlein gewählet, und solche zur Seite der Frage gesetzet.

Wo

Wo sich drey Sternlein befinden, da steht die Frage nebst der Antwort in dem Auszuge sowohl, als in dem kleinsten Katechismus. Die Fragen, welche zwey Sternlein zur Seite haben, befinden sich nur mit den zugehörigen Antworten in dem Auszuge, aber nicht in dem kleinen Katechismus. Die Fragen wo keine Sternlein sind, befinden sich bloß in dem grossen, und weder in dem kleinen noch in dem Auszuge.

Ein anderer Unterschied kömmt sowohl in den Antworten als in den untenstehenden Schriftstellen vor. Es sind nämlich gewisse Worte in den Antworten mit besonderer Schrift abgedrucket. Es werden dadurch die merkwürdigsten Sätze oder Glieder derselben, in den beweisenden Stellen aber die Worte ausgezeichnet, in denen eigentlich der Beweis vorkömmt.

In Absicht auf die Fragen und Antworten ist auch noch etwas zu bemerken, nämlich, daß in diesem Katechismus, jede Frage sowohl als jede Antwort aus einem oder mehreren vollständigen Sätzen bestehen. Dieses gewähret mehr als einen Nutzen. Denn erstlich können die Antworten ohne die Fragen erlernet, und folglich kann Kindern die Mühe ersparet werden, die Fragen mit den Antworten ins Gedächtniß zu fassen. Zweytens war dieß das einzige Mittel die Uibereinstimmung des Lesebuches mit dem Katechismus Wort für Wort zu erhalten. Wegen des letztern war es nothwendig, die Worte der Frage in den Antworten zu wiederholen

Einlei-

Einleitung

in die Kenntniß

der Gründe

wie auch der

allgemeinsten und wesentlichsten Lehren der

christkatholischen Religion.

Die seligmachende Religion gründet sich auf das Daseyn Gottes, und auf das, was er uns geoffenbaret hat. Wer demnach die Gründe der Religion einsehen will, der muß die Beweise kennen, dadurch wir überzeuget werden, daß ein Gott sey; er muß wissen, was Religion überhaupt, und was insonderheit wahre und falsche Religion sey; er muß überzeugt seyn, daß jenes wirklich göttliche Offenbarung sey, was man von je her als göttliche Offenbarung verehret hat. Diese wichtige Wahrheiten sucht man durch die Erläuterung nachstehender Paragraphen überzeugend bekannt zu machen.

§. I. Von dem Daseyn Gottes.
II. Von der Religion.
III. Von der Offenbarung.
IV. Von der Bibel.
Inhalt der biblischen Bücher.
A. Bücher des alten Testaments.
B. Bücher des neuen Testaments.
V. Die Bücher des alten und neuen Testaments sind unverfälscht auf uns gekommen.
VI. Was die Bücher des neuen Testaments von Jesu sagen, ist im höchsten Grade glaubwürdig.

VII. Die Lehre Jesu ist göttlich.

VIII. Die Bücher des alten Testaments enthalten lauter solche Wahrheiten, an welchen man nicht zweifeln darf. Diese und auch die Bücher des neuen Testaments sind göttlich. Sie sind von der Kirche Christi als solche erkannt, und dafür erkläret worden.

IX. Es gibt auch Offenbarungen, die nicht in der Bibel geschrieben sind, man nennet sie Traditionen.

X. Endzweck und Nußen der geoffenbarten Religion.

XI. Woher man von der geoffenbarten Religion insgemein Kenntniß erhalte. Kurzer Inhalt der wahren Religion.

XII. Wie die Religion auszuüben sey.

§. I. Von

§. I.
Von dem Daseyn Gottes.

Es iſt ein Gott.

Daß ein Gott ſey, kan man erkennen

a) Durch die Vernunft bey der aufmerkſamen Betrachtung der Welt. Dieß ſagt auch der heilige Paulus. Röm. I. 20. *

> Menſchen, Thiere und Gewächſe, ſoviel wir nur kennen, ſind nach und nach, und zwar von andern ihrer Art entſtanden; daraus iſt zu ſchlieſſen, daß die erſten Dinge dieſer Art auch müſſen entſtanden, aber von einem andern als einem Weſen ihrer Art gemacht ſeyn; denn ſonſt wären ſie nicht die erſten ihrer Art. Wir ſehen, daß alles was iſt, mit einander verbunden, daß jedes Ding zu gewiſſen Abſichten dienlich ſey: daher iſt zu ſchlieſſen: 1tens: Daß alle Dinge in der Welt von einem einzigen Weſen herkommen müſſen; denn mehrere würden nicht ſo übereinſtimmend alles gemacht haben. 2tens: Daß dieſes Weſen, von dem alles ſo weislich gemacht iſt, von ſich ſelbſt, höchſt weiſe, und höchſt mächtig ſeyn müſſe.

A 3   b) Durch

---

* Was unſichtbar an ihm (Gott) iſt, das wird von Erſchaffung der Welt her, durch die erſchaffenen Dinge erkannt und geſehen, nämlich ſeine ewige Kraft und Gottheit.

b) **Durch das Gewissen.**

Menschen, deren Herz nicht äuserst verdorben ist, empfinden innerliche Unruhe, Furcht, Scham, und Reue, wenn sie auch in Geheim ein Laster, oder was sehr Böses begangen haben. Diese Furcht und Unruhe ist die Würkung des Gewissens, und ein innerliches Zeugniß von dem Daseyn Gottes, jenes Wesens, welches alles auch das geheimeste sieht, und das Böse bestrafet.

c) **Aus dem einstimmigen Zeugnisse aller Völker.**

Man findet auf der ganzen Erde kein Volk, welches nicht einigen Gottesdienst, und einigen Begriff von Gott hätte. Der in der ganzen Welt bei allen Völkern übliche, obwohl sehr verschiedene Gottesdienst ist ein sicherer Beweis, daß Menschen eine innerliche Uiberzeugung von dem Daseyn eines Gottes haben, und daß man überall erkenne, schuldig zu seyn, Ihn zu verehren und anzubeten.

d) **Aus göttlicher Offenbarung.** Es kan hier genug seyn nur die Worte Pauli anzuführen. Hebr. XI. 3. *

§. II.
Von der Religion.

Durch die Religion versteht man die Erkenntniß Gottes, wie auch die Art Gott zu verehren, und anzubeten.

Die

---

* Durch den Glauben erkennen wir, daß die Welt durch Gottes Wort bereitet ist, damit aus den unsichtbaren Dingen die sichtbaren gemacht worden.

Die Erkenntniß von Gott, und von verschiedenen Pflichten gegen denselben, welche man bloß durch die Vernunft bei aufmerksamer Betrachtung der Natur, oder der erschaffenen Dinge erlangen könnte, heißt man natürliche Religion.

Die Erkenntniß von Gott, als dem Urheber der Gnade, und jener Wahrheiten, welche man nur durch göttliche Offenbarung wissen kan, nennet man die geoffenbarte Religion.

Es gibt Menschen, welche nur einen Theil der göttlichen Offenbarung annehmen. Dieses thun die Juden, sie glauben nur, was Gott im alten Testamente geoffenbaret hat.

Die Christen nehmen auch die Offenbarung des neuen Testaments an.

Es gibt nur eine wahre, aber es gibt mehrere falsche Religionen.

Die Bekenner falscher Religionen sind von verschiedener Gattung.

1.) Einige halten für Gott, was nicht Gott ist, und erweisen Geschöpfen göttliche Ehre. Sie heißen Heiden und Götzendiener.

2.) Andere halten das Vorgeben falscher Propheten für göttliche Offenbarungen; dieses thun die Mahometaner.

3.) Andere nehmen einige wirklich von Gott herrührende Offenbarungen wohl an, sie verstehen sie aber, und legen solche nach ihrem eigenen Sinne aus; man nennet sie Irrgläubige, Ketzer.

Die Bekenner der wahren Religion, das ist: die Rechtgläubigen, nehmen sämtliche göttliche Of-

fen-

fenbarungen an, wie sie von Gott sind, sie mögen in der Bibel geschrieben seyn, oder nicht, wenn solche nur die Kirche zu glauben vorstellet, welche Christus gestiftet hat, und welche die Säule und Grundfeste der Wahrheit ist. 1. Tim. III. 15. Und diese sind die katholischen Christen.

§. III.
Von der Offenbarung.

Was Gott den Menschen selbst entweder unmittelbarer oder mittelbarer Weise von seinem Wesen, Eigenschaften, Werken, und von seinem Willen bekannt gemacht hat, nennet man göttliche Offenbarung, sie ist den Menschen höchst nöthig.

Menschen könnten wohl durch den Gebrauch ihrer Vernunft verschiedenes von Gott erkennen, aber nur wenige würden dergleichen Erkenntnisse wirklich erlangen; denn wenige sind zu tiefsinnigen Betrachtungen fähig, und noch wenigere sind geneigt jenem gehörig nachzudenken, was Gott und ihre Pflichten angeht. Die meisten sind zu solchen Untersuchungen unfähig, oder zu träge und nachlässig, andere werden durch Geschäfte und Nahrungssorgen verhindert Uiberlegungen anzustellen; und endlich gibt es sehr viele und höchst wichtige Wahrheiten, die sich gar nicht durch die blosse Vernunft entdecken lassen; deshalben ist eine göttliche Offenbarung, und eine geoffenbarte Religion für Menschen, die selig werden sollen, nothwendig, und die natürliche Religion ist nicht hinlänglich.

Einige von den Wahrheiten, welche die menschliche Vernunft ohne Gottes Offenbarung niemals entdecken könnte, sind zum Beispiele folgende:

1.)

1.) Daß drey göttliche Personen sind.

2.) Daß die zweyte göttliche Person ist Mensch geworden, um uns zu erlösen.

3.) Daß unsere Heiligung durch Gott den heiligen Geist geschehe.

4.) Daß es eine Erbsünde gebe, und daß diese der Ursprung alles Uibels, der Grund unserer Abneigung von dem Guten, und der Neigung zum Bösen sey.

Nebst diesen würde man auch ohne Gottes Offenbarung niemals entdecken:

Wodurch der beleidigte Gott könne versöhnet werden, welchen Dienst wir ihm erzeigen sollen; und noch viele andere zur Seligkeit gehörige Wahrheiten, welche ohne Offenbarung Gottes uns immer verborgen, oder Geheimniße seyn würden.

Die Offenbarungen sind zu verschiedenen Zeiten geschehen.

In den ältesten Zeiten, das ist: seit Erschaffung der Welt bis auf Christum offenbarte sich Gott den ersten Aeltern, dem Noe, Abraham, Jakob, Moyses, David, Salomon und den Propheten.

In den letztern Zeiten hat Gott durch seinen Sohn unsern Erlöser Jesum Christum mit uns geredet, *) welcher sowohl selbst als durch den heiligen Geist, den er gesendet hat, die Apostel alle Wahrheit gelehret, und Sie in die ganze Welt geschicket, um dieselbe den Kreaturen zu predigen.

A 5 Einige

(*) Hebr. 1. 1. Mannigfaltig und auf vielerlei Weise hat vor Zeiten Gott mit unsern Vätern durch die Propheten geredet, in diesen Tagen hat er mit uns durch den Sohn geredet.

Einige dieser Personen, vornämlich die, welche vor dem Moyses lebeten, haben das, was ihnen Gott geoffenbaret hatte, bloß ihren Kindern erzählet; diese Erzählungen haben sich bei ihren Nachkommen erhalten, und selbst das, was Jesus geoffenbaret hat, ist erst nur mündlich durch die Predigt der Apostel bekannt gemacht worden.

Andere aber, vornämlich Moyses, David, die Propheten, und auch die Apostel haben die göttlichen Offenbarungen, und erstere auch das Meiste von dem, was sich bei ihrem Volke, letztere aber das Meiste von dem, was Jesus gelehret, was sich mit ihm, und bei der anfänglichen Verkündigung der christlichen Glaubenslehren ereignet hat, aufgeschrieben und schriftlich hinterlassen.

§. IV.
Von der Bibel.

Die Sammlung jener Bücher, welche aus Eingebung des göttlichen Geistes von heiligen Männern sind geschrieben worden, nennet man die Bibel. Sie besteht aus zween Haupttheilen, dem alten und dem neuen Testamente. Die vor Christo verfaßte Schriften, welche durch göttliche Eingebung sind geschrieben worden, nennet man das alte Testament.

Bücher welche nach Christi Ankunft von den Aposteln und Evangelisten durch göttliche Eingebung sind geschrieben worden, nennet man das neue Testament.

Der erste Theil der Bibel, das alte Testament, enthält die Geschichte der wahren Religion von Erschaffung der Welt bis auf Christum.

Man lernet aus den Schriften des alten Testaments das Daseyn, die Eigenschaften, und die

Wer-

Werke Gottes, nämlich: die Schöpfung, die Erhaltung
aller Dinge, seine Vorsehung, daburch er alles regieret,
und zum Besten leitet, die Erschaffung des Menschen,
und dessen Beschaffenheit bald nach der Schöpfung, den
Fall des ersten Menschen, und das Elend seiner Nachkommen. Die Folgen des Sündenfalls; Gottes Erbarmen über das gefallene menschliche Geschlecht durch mehrmals wiederholte Verheißung des Erlösers; die Begebenheiten des Volks, welches sich Gott besonders auserwählet hatte, und die mancherley demselben gegebenen Gebote und Gesetze.

Das alte Testament besteht aus 45 Büchern. Unter
diesen sind 21 Historische, nämlich: (1) das Buch Genesis,
(2) Exodus, (3) Levitikus, (4) Numeri, (5) Deuteronomium, (6) Josue, (7) das Buch der Richter, (8)
Ruth, (9. 10. 11. 12.) vier Bücher der Könige, (13.
14.) zwey Bücher Paralippomenon, oder die Kronifen,
(15. 16) zwey Bücher Esdras. Das zweyte Buch Esdras heißt auch Nehemias (17) das Buch Tobias, (18)
Judith, (19) Esther, (20. 21) zwey Bücher der Machabäer.

Auser den Geschichtsbüchern gibt es im alten Testamente auch noch 7 Lehr- oder Sittenbücher, und 16
Prophetische. Lehr- oder Sittenbücher sind 1. das Buch
Job, 2. die Psalmen, 3. das Buch der Sprüchwörter,
4. des Predigers, 5. das hohe Lied Salomonis, 6. das
Buch der Weisheit, 7. das Buch Jesus Syrach oder Ec-
clesiasticus genannt. Die 16 prophetische Bücher werden
eingetheilet in grosse und kleine; grosse Propheten gibt es
4, als: 1.) Isaias, 2.) Jeremias, dessen Klaglieder;
Baruch (weil er Jeremiä Schreiber gewesen, so rechnet
man dessen Prophezeyhung so wie die Klaglieder, zu Jeremiä Prophezeyhung) 3. Ezechiel, 4. Daniel. Es gibt

12 kleine Propheten, 1. Oseas, 2. Joel, 3. Amos, 4. Abdias, 5. Jonas, 6. Michäas, 7. Nahum, 8. Habakuk, 9. Sophonias, 10. Aggäus, 11. Zacharias, 12. Malachias.

Diejenigen Bücher der Bibel, welche zu allen Zeiten und von allen Kirchen für göttliche Bücher sind gehalten worden, heißt man protokanonische.

Deuterokanonische aber heissen jene, deren Ansehen anfänglich nicht alle einzelne Kirchen erkannt haben, die aber nach einer ordentlichen Untersuchung unter dem Beistande des heiligen Geistes endlich von der allgemeinen Kirche als göttliche Bücher sind erkannt, und angenommen worden.

Ganze Bücher dieser Art von dem alten Testamente sind: Tobias, Judith, das Buch der Weisheit, Syrach, Baruch, 2 Bücher der Machabäer.

Theile der Bücher dieser Art sind. Im Buche Esther von dem 4ten Vers des 10ten Kapitels bis zu Ende des 16ten Kapitels. Im Buche Daniels: das Gebet Azariä, der Gesang der 3 Knaben im Feuerofen von dem 24 Vers des 3ten Kapitels bis zum 91. Die Geschichte Susanná, des Götzen Bels, und Daniels in der Löwengrube, von dem 13ten Kap. bis zu Ende.

Apokryphische Bücher heißt man jene, die von der Kirche unter die kanonischen nicht sind gerechnet worden, als: das Gebet Manasses, das 3te und 4te Buch Esdras, das 3te und 4te Buch der Machabäer. Diese werden gemeiniglich hinten in den Bibeln angehängt.

— Der zweyte Theil der Bibel, das neue Testament enthält Nachrichten von der Geburt, dem Leben und Tode, der Auferstehung und Himmelfahrt des Erlösers, der Herabkunft des heiligen Geistes; es enthält die Thaten der Apostel, die Gründung der Kirche, die Glaubens- und Sittenlehren folglich auch die Pflich-

ten

ten der Christen gegen Gott, gegen sich selbst, gegen den Nächsten.

Das neue Testament hat 27 Bücher; nämlich die 4 Evangelien, als, des Matthäus, Markus, Lukas, und Johannes; die Apostelgeschichte. Die 14 Briefe oder Episteln des heiligen Pauli, und sieben andere welche Katholische heißen, davon 2 von dem heiligen Petrus, 3 von dem heiligen Johannes, 1 von dem heiligen Jakobus, und 1 von dem heiligen Judas ist geschrieben worden.

Von den 14 Episteln des heiligen Paulus sind zehn an ganze Gemeinden geschrieben worden, nämlich: eine an die Römer, zwey an die Korinther, eine an die Galater, eine an die Epheser, eine an die Philipper, eine an die Kolosser, zwey an die Thessalonicher, eine an die Hebräer; vier an einzelne Personen, als zwey an den Timotheus, eine an den Titus, eine an den Philemon. Endlich gehöret noch zum neuen Testamente auch die Apokalypsis, oder die geheime Offenbarung Johannis. Diese Bücher enthalten theils Geschichten, theils Glaubens- und Sittenlehren, theils Weissagungen.

Inhalt
der biblischen Bücher.

A. Bücher des alten Testaments

Die 5. Bücher Moysis, welche auch zusammen der Pentateuchus genannt werden.

Das erste dieser 5. Bücher heißt Genesis; Es handelt von der Erschaffung des Himmels und der Erde,

und

und aller Kreaturen, von der Bildung des ersten Menschen, vom Falle Adams und Eva, von der Sündfluth, von der Zerstreuung der Völker auf der Erde, von Abraham, und dessen Nachkommen, bis auf den Tod Josephs, des Statthalters in Aegypten. Es hat 50. Kapitel.

Das zweyte Buch heißt **Exodus.** Es führet diesen Namen vom Auszuge der Kinder Israel, den es beschreibet; zuvor erzählet es die Drangsalen der Israeliten, und die zehnerley Plagen Pharaons in Aegypten, den Durchgang durch das rothe Meer bei der Feuer = und Wolkensäule, das erste Osterfest, die von Gott selbst geschriebenen Gebote und andere dem Moyses auf dem Berge Sinai gegebene Gesetze, Abgötterey bei dem goldenen Kalbe, und die Einrichtung der Stiftshütte. Es hat 40. Kapitel.

Das dritte Buch heißt **Levitikus.** Es handelt vornämlich von den Opfern, die Gott sollten dargebracht werden, von ihrer Art, Beschaffenheit und Verschiedenheit; es handelt von den Personen, die Opfer bringen sollten, und von den Priestern; von ihrer Einweihung und Beschaffenheit, von den Zeiten, an welchen die Opfer sollten dargebracht werden. Dieses Buch enthält auch viele Gebote, die sowohl die Sitten, als auch allerlei Religionsgebräuche betreffen. Es hat 27. Kapitel.

Das vierte Buch, **Numeri** genannt, gibt die Zahl des Volkes Israel an; es erzählet die Strafen von Kore, Dathan und Abiron, das Murren des Volkes wider Gott, und wider Moysen, von der ehernen Schlange, den Reisen und Lagern des israelitischen Volkes, dem Siege wider Madian, und anderen Begebenheiten, die

sich

sich jenseits des Jordans zugetragen haben. Es hat
36. Kapitel.

Das fünfte Buch **Deuteronomium** besteht aus einer
Wiederholung, und zum Theile aus Erklärungen aller
Gebote, die im 2ten, 3ten und 4ten Buche Moysis
vorgekommen sind. Es schließt mit dem Tode Moysis,
und hat 34. Kapitel.

Diese vorstehenden 5 Bücher heißen auch **das Ge-**
setz, weil sie alle von Gott dem Volke Israel
gegebene Gesetze enthalten.

Das sechste Buch der heiligen Schrift ist vom **Josue**
geschrieben, und hat auch seinen Namen von ihm.
Dieser hat die Kinder Israel in das gelobte Land eingeführet, und es in 12 Theile getheilet. Man findet
darin den wunderbaren Durchzug durch den Fluß Jor-
dan; die Eroberung der Städte Hay, Gabaon, und
Jericho, wo die Mauern auf den Schall der Posaunen
zu Boden gefallen sind, die Niederlage ein und dreyßig erschlagener Könige, und der überwundenen kana-
anitischen Völker, das Stillstehen der Sonne während
des Streites, und andere wichtige Begebenheiten mehr
beschrieben. Es hat 24. Kap.

Das siebente Buch, der **Richter** genannt, enthält die
Geschichte der ein und dreyßig Richter, welche Israel
bis auf den Tod Samsons regieret, und aus der
Dienstbarkeit der Ammoniter, Moabiter, Madianiter,
Philister, und anderer Feinde erlöset haben. Man
sieht darin den wunderbaren Wechsel von Glück und
Unglück, welchen die Israeliten bey ihrer Abgötterey
und Buße erfahren haben, wie sie bald von ihren
Feinden überwunden, bald wieder sind befreyet worden, nachdem sie Gott verlassen, oder zu ihm sich
wieder gewendet haben. Es hat 21. Kapitel.

Das

Das achte Buch heißt **Ruth.** Es beschreibet die Geschichte einer sehr sittsamen und heiligen Wittwe, die
hernach mit ihrem Schwager Booz ist vermählet worden, aus welcher Ehe der König David und alle Könige von Juda herstammen, von denen das Geschlechtsregister bis auf Judas, den Sohn Jakobs,
angeführet wird. Es hat 4 Kapitel.

Israel verlangte nach dem Beyspiele der benachbarten
Völker, von Königen regieret zu werden. Was sich unter
diesen zugetragen hat, ist in 4. Büchern beschrieben worden, welche die Bücher der **Könige** heißen; die beiden
ersten dieser Bücher heißen auch Bücher Samuels, weil
Samuels Geschlecht in dem ersten beschrieben ist, und
weil man diesen Propheten für den Verfasser, wenigstens des größten Theils desselben hält.

Das erste Buch der **Könige** enthält die Geburt und
Erziehung Samuels; den Fall des hohen Priesters
Heli, und seiner strafbaren Söhne; die Regierung
des Propheten Samuels, welcher der letzte Richter
in Israel war. Man findet daselbst die Erwählung
Sauls, zum ersten Könige in Israel, seine Thaten,
seine Verwerfung von Gott, und sein unglückliches
Ende. Es kommen auch in diesem Buche schon die
Thaten Davids vor, der dem Saul in der Regierung
gefolget ist. Dieses Buch hat 31 Kapitel.
In zweyten Buche der **Könige** wird die Erhebung
Davids auf den königlichen Thron, und seine vierzig-
jährige Regierung, die vielfältigen Siege über seine
Feinde, der Ehebruch mit Bethsabee, der Aufstand
und das traurige Ende Absalons, und anderer unge-
rathenen Kinder Davids erzählet. Es hat 24 Kapitel.

Das

Das dritte Buch der **Könige**, welches diejenigen das
erste nennen, so die beiden vorhergehenden mit dem
Namen Samuels belegen; erzählet das Absterben des
Davids, die Nachfolge des allerweisesten, anfänglich
gottseligen, zuletzt aus Liebe der Weiber in die Abgötterey verfallenen Königs Salomon, die Herrlichkeit des von ihm erbauten Tempels zu Jerusalem,
den Abfall der zehn Stämme unter seinem Sohne
Roboam, dem nur der Stamm Juda und Benjamin
getreu blieb, welche das Reich Juda ausmachten;
aus den übrigen zehn Stämmen entstand unter dem
Könige Jeroboam das Reich Israel. In diesem Buche ist die Lebensgeschichte von vier Königen in Juda,
und acht Königen in Israel, wie auch das Leben
und die Hinfahrt des Propheten Eliä beschrieben. Es
hat 22 Kapitel.

Das vierte, oder nach einiger Art zu zählen, das zweyte Buch der Könige, enthält die Geschichte und Thaten, Tugenden und Laster der übrigen 16 Könige in
Juda, und 12 Könige in Israel die Abgöttereyen
und Bosheiten des Volkes, die gerechten Strafen
Gottes, und Wunderwerke des Propheten Elisäus.
Man lieset daselbst, wie der letzte König in Israel
Oseas, von Salmanassar, mit 10 Stämmen gefangen nach Assyrien geführet, unter Sedecia dem letzten
Könige in Juda, der Tempel verwüstet, Jerusalem
mit Feuer verheeret, und das Volk Juda sammt ihrem Könige vom Könige Nabuchodonosor nach Babylon in die Gefangenschaft ist geführet worden. Dieses
Buch hat 25 Kapitel.

Auf die Bücher der Könige folgen zwey andere, die
man **Paralipomenon**, oder auch **Chroniken**, das
ist,

B

ist, Bücher nennet, welche die Zeiten der Könige von
Juda beschreiben. Es werden darinn viele in den Büchern der Könige übergangene Geschichten nachgetragen.

Das erste enthält die Geschlechtsregister der Juden, und
verschiedene Begebenheiten von Adam bis David. Hat
29 Kapitel.

Das zweyte wiederholet die Geschichte und Thaten aller
Könige in Juda und Israel. Es hat 36 Kapitel.

Nachdem die Juden 70 Jahre in der babylonischen
Gefangenschaft gewesen waren, und Babylon indessen
von den Persern war erobert worden: so gab der persi-
sche Monarch, Cyrus, den Juden die Erlaubniß, in
ihr Vaterland zurück zu kehren, Jerusalem und ihren
Tempel wieder zu erbauen. Was sich dabey zugetragen
hat, wird in den Büchern **Esdras** erzählet.

Das erste giebt Nachricht von der Wiederkunft des Volkes, von den Bemühungen des Hohenpriesters Esdras,
und von andern Merkwürdigkeiten. Es hat 13 Kapitel.

Das andere, welches auch zuweilen das Buch Nehemia
genannt wird, weil es entweder von ihm verfasset
ist, oder doch dessen Thaten beschreibet, erzählet die
Erbauung und Einweihung des Tempels, die Herstel-
lung der Stadt Jerusalem, die Busse des Volkes,
und die Erneuerung des Gesetzes. Es hat 10 Kapitel.

Es folgen hierauf in der heiligen Schrift einige Bücher, die nicht Begebenheiten des ganzen Volkes Gottes,
sondern nur einiger einzelner Personen erzählen; diese
sind die schönsten Muster und Beispiele für verschiedene
Stände und Umstände der Menschen.

Das

Das erste unter diesen heißt das Buch **Tobias.** In demselben wird die Geschichte eines frommen Mannes dieses Namens erzählet; dieses Buch ist ein Spiegel für Verehlichte; es unterrichtet den Mann, das Weib, das Kind, und erinnert sie allerseits ihrer Pflicht; es lehret, wie man im Elende und Unglück Gott treu bleiben, und ihn lieben solle; wie die Engel für die Menschen Sorge tragen. Es hat 14 Kapitel.

Das Buch **Judith** erzählet die Handlungen einer frommen Wittwe dieses Namens, welche den assyrischen Feldherrn Holofernes enthauptet, und dadurch die Stadt Bethulien befreyet hat. Dieses Buch hat 16 Kapitel.

Das Buch **Esther** beschreibt die durch die Königinn Esther abgewandte, von dem stolzen Amon veranlaßte Ausrottung der Juden, und die Freyheit, welche dieses Volk durch diese Königinn von ihrem Gemahle Assuerus erhalten hat. Die Königinn Esther wird darinn als eine gottselige und weise Gemahlinn beschrieben, welche sowohl den Pflichten gegen ihren heidnischen Ehegatten ein Genügen that, als auch dasjenige zu erfüllen nicht vergaß, was sie ihrem armen und gedrückten Volke, aus dem sie herstammte, schuldig war. Es hat 16 Kapitel.

Das Buch **Job.** Man liest daselbst die schrecklichen Prüfungen, welche ein Mann dieses Namens, der ein Fürst im Lande Hus war, mit bewundernswürdiger Geduld ausgestanden hat; den Streit mit seinen ungestümen Freunden, und überlästigen Tröstern, die zu behaupten suchten, daß zeitliches Unglück allemal eine Folge der Sünden wäre. Dieses Buch ist voller Trost für äuserlich und innerlich geängstigte Menschen. Nirgends wird deutlicher, als in diesem

Buche,

Buche, von der Auferſtehung der Todten geredet. Es
hat 42 Kapitel.

Die **Pſalme Davids,** welche von dieſem gottſeligen
Könige ihren Namen führen, weil er die meiſten davon gemacht hat. Man findet darin die klärſten Zeugniſſe und Weiſſagungen von Chriſto und ſeiner Kirche,
Anleitungen zur Buſſe, Troſt in Trübſalen, und Unterricht in guten Sitten. Es kann der Pſalter mit
Recht das allgemeine Gebetbuch der Chriſten genannt
werden. Man findet daſelbſt Anleitungen zum Glauben, zur Hoffnung und Liebe, Dankſagung, Anbetung, Bußſeufzer; kurz, alles beyſammen, was den
Menſchen lehren, erbauen, rühren, tröſten, und zum
Guten erwecken kann. Es ſind 150 Pſalme.

Auch Salomon, der Sohn des Königs David, hat
aus göttlicher Eingebung Bücher geſchrieben. Das
erſte heißt die **Sprüchwörter.** Es unterrichtet in
31 Kapiteln alle Stände der Menſchen, beſonders
diejenigen, welche nach wahrer Tugend, Beſſerung
ihres Wandels, und zur Ehre Gottes zu leben trachten; es lehret, wie man die Sünde meiden, und
ſich der guten Werke befleißen könne und ſolle.

Das andere heißt **Ekkleſiaſtes,** oder der **Prediger
Salomons.** Es ſtellet in 12 Kapiteln alle Eitel-
keiten der Welt vor Augen, wie man den zeitlichen
Dingen entſagen, Gott allein anhangen, und auf dem
Wege der Tugend fortwandeln ſoll.

Das dritte Buch Salomons iſt ſein **hohes Lied.**
In dieſem beſingt dieſer weiſe König durch 8 Kapitel,
unter dem Bilde einer ſinnlichen Liebe, die Vermäh-
lung Chriſti mit ſeiner Kirche, oder diejenige Vereinigung des göttlichen Bräutigams mit der Seele.

Das Buch der **Weisheit,** enthält in 19 Kapiteln eine Warnung für Könige, damit sie das Volk Gottes nicht quälen, Ermunterungen für verfolgte Fromme zur Hoffnung auf Gottes Hilfe und Rettung; Es preiset die Weisheit und die Keuschheit nachdrücklich an, zeiget, daß der Gerechten Ende gut, der Gottlosen sehr bös, und daß die Abgötterey Thorheit sey.

Das Buch **Ekklesiastikus,** oder auch von seinem Verfasser das Buch **Jesus Syrach** genannt, unterweiset in 51 Kapiteln zu allerhand guten Sitten, preiset die Weisheit an, und erzählet die lobwürdigsten Thaten der Alten.

Gott, dem allein künftige Dinge bekannt sind, hat zuweilen frommen Männern geoffenbaret, damit sie es dem Volke verkündigen könnten, was lang hernach geschehen sollte. Solche Männer, die aus Eingebung Gottes künftige Dinge vorsagten, wurden Seher oder Propheten genannt. Dergleichen hat es im alten Testamente viele gegeben, aber nicht alle Prophezeyungen sind in besondere Bücher geschrieben worden; verschiedene dergleichen Weissagungen sind hin und wieder in den Büchern der heiligen Schrift zerstreuet zu finden, andere sind in eigene Bücher verfasset. Es gibt in der heiligen Schrift 17 Bücher, die vornämlich Prophezeyungen enthalten. Die Propheten, davon sie den Namen haben, theilet man in grosse und kleine, nachdem ihre Bücher groß oder klein sind. Isaias, Jeremias, Ezechiel und Daniel, sind die grossen; zu denen rechnet man auch Baruch, den Schreiber Jeremiä, der eine eigene Prophezeyung von 6 Kapiteln geschrieben hat. Oseas, Joel, Amos, Abdias, Jonas, Michäus, Nahum, Habakuk, Sophonias, Aggäus, Zacharias und Malachias sind die klei-

kleinen. Diese Propheten verkündigten nicht allein, was ihnen Gott geoffenbaret hatte, sondern sie lehreten auch. Der Inhalt ihrer Bücher sind Strafpredigten, Drohungen und Ermahnungen. Der Gegenstand ihrer Prophezeyhungen ist Christus, seine Empfängniß, Geburt, Thaten, Tugenden, Wunder, sein ganzes Leben und Sterben, die von ihm gestiftete Kirche, und ihr verschiedener Zustand. Nebst diesen entfernten Sachen sageten sie auch viele Begebenheiten voraus, die noch in ihren Lebenszeiten sich zutrugen, damit man aus der Erfüllung dieser Weissagungen schließen möchte, wie gewiß die vorhergesagten Begebenheiten in jenen späten Zeiten würden erfüllet werden.

Isaias beschreibt in 66 Kapiteln die vornehmsten Sachen und Geheimnisse sowohl der christlichen als jüdischen Kirche. Er strafet die Juden wegen ihrer Gottlosigkeit und Abgötterey; verkündiget den Königreichen Juda und Israel, auch den angränzenden Ländern die göttliche Züchtigung; besonders hat er vom Berufe der Heiden, vom Reiche Christi auf der Erde und im Himmel, von dessen Geburt, Leben und Sterben, aufs deutlichste geschrieben.

Jeremias hat 44 Jahre lang die Bosheiten der Juden, und die Härte ihres Herzens in seinen Predigten bestrafet; den feindlichen Uiberzug des Königes Nabuchodonosor, die Drangsalen der Völker, die Einäscherung der Stadt Jerusalem, die babylonische Gefangenschaft, die darauf erfolgte Befreyung und Zurückberufung nach Jerusalem, die Wiedererbauung des Tempels, vorhergesaget: auch hat er die Erlösung der Welt durch Christi Leiden, den Beruf der Heiden zur Kirche Christi, die Gnade und das Heil des

neuen

neuen Testaments verkündiget. Alles dieses hat Baruch in 52. Kapiteln, zusammen geschrieben, und aber noch besonders **Klaglieder** in 5 Kapiteln verfasset.

Baruch, der Schreiber des Propheten Jeremias, unterweiset die Juden, wie sie während der babyloni- schen Gefangenschaft sich zu verhalten haben, damit sie von Gott Verzeihung ihrer Sünden, Nachlassung der Strafen erlangen, und wieder in ihren vorigen Wohlstand kommen möchten. Es hat 6 Kapitel.

Ezechiel, aus priesterlichem Stamme, ist mit Jecho- nia, dem Könige von Juda, von den Kaldäern ge- fangen nach Babylon geführet worden, wo er vom fünften Jahre seiner Gefangenschaft bis zum sieben und zwanzigsten eben das weissagete, was Jeremias zu Jerusalem prophezeyet hat, nämlich die Zerstörung Jerusalems und dessen Tempel, die Gefangenschaft zu Babylon, den Untergang der Ammoniter, Moabiter, Philister, Thyrier und Aegyptier, die Erlösung der Juden aus dieser Gefangenschaft; von dem Reiche Christi, dem Berufe und der Bekehrung der Heiden, dem Siege und der Herrlichkeit der Kinder Gottes, und dem Untergange ihrer Feinde, von dem Streite Gog und Magog, und den letzten Zeiten am Ende der Welt. Es ist zwischen den Prophezeyungen Je- remiä und Ezechiels kein anderer Unterschied, als daß der erste dasjenige den Juden zu Jerusalem deutlich gesaget hat, was der letzte den Juden zu Babylon unter dunkeln Figuren und Bildern vorgetragen hat, vielleicht darum, damit die Geheimnisse seiner Weissa- gung den Kaldäern verborgen bleiben, und diese daher keinen Anlaß nehmen möchten, die Juden zu verach- ten oder übel zu halten. Diese Prophezeyung hat 48 Kapitel.

       Daniel

Daniel, aus dem Stamme der Könige von Juda entsprossen, kam mit seinem Vetter dem Könige Jojakim nach Babylon in die Gefangenschaft, wo er die unschuldige Susanna vom Tode erledigte. Er hat dem Könige Nabuchodonosor seine Träume von der Bildsäule und von dem Baume ausgeleget; er beschreibt sein Gesicht von den vier Thieren und auch von dem Bocke und Widder, nicht weniger den Untergang des Königs Balthasar. Er erzählet die Offenbarung der Zeit von siebenzig Wochen, oder der Ankunft und des Todes des Messias. Er weissaget vom Untergange der Stadt Jerusalem, und der ganzen Welt zur Zeit des Antichrists, und vom letzten Gerichte. In seiner Prophezeyung beschreibt er vornämlich das Reich Christi. Was er zugleich von dem Reiche der Babylonier, Meder und Perser, und von Veränderung der 4 Hauptreiche der Welt erwähnet, geht allein dahin, damit er zu verstehen gebe, daß alle Reiche der Welt, dem Untergange unterworfen sind, das Reich Christi aber allein ewig bestehen solle. Diese Prophezeyung hat 24. Kapitel.

Oseas, der älteste Prophet, von dem wir Bücher haben, hat seine Prophezeyungen in 14 Kapiteln abgefasset. Er malet die Treulosigkeit der Juden unter dem Bilde einer verstossenen Ehebrecherinn mit lebendigen Farben ab; bestrafet die Juden wegen der Abgötterey, drohet ihnen die fürchterlichsten Drangsale, und ermahnet sie, durch wahre Busse zu Gott zurückzukehren.

Joel verkündiget in 3. Kapiteln die Verwüstung der jüdischen Provinzen, ermahnet das Volk zur Busse, saget ihnen das künftige Gericht vor, und daß das
erste

erſte Volk vertilget, und über das neue der heilige
Geiſt werde ausgegoſſen werden.

Amos, aus königlichem Stamme, dennoch aber ein
Mann, der ſich mit dem Ackerbaue und der Schafzucht
beſchäftigte, hat in 9. Kapiteln unter dem Könige
Ozias zu prophezeyen angefangen, und beſonders den
zehn Stämmen des Reiches Iſrael geweiſſaget; er
verkündigte denſelben die aſſyriſche, und dem Reiche
Juba die babyloniſche Gefangenſchaft, und die Erlöſung aus derſelben. Von der gnadenreichen Ankunft
des Meſſias, vom Heile und Frieden dieſer Zeit hat
er vieles vorhergeſaget.

Abdias, deſſen Prophezeyung die allerkürzeſte iſt, indem ſie nur ein einziges Kapitel hat, verkündiget den
Idumäern ihre zukünftige Verwüſtung.

Jonas, iſt der einzige Prophet, den Gott zu den Heiden und zwar zu den Einwohnern von Ninive, geſandt
hat, um ihnen Buſſe zu predigen; da er der Sendung Gottes ungehorſam anders wohin zur See reiſen
wollte, entſtand ein Ungewitter; er ward ins Meer
geworfen, von einen Wallfiſche verſchlungen, und nach
dreyen Tagen an das Ufer geworfen. Sein Buch hat
4. Kapitel.

Michäas eifert zu den Zeiten des Ezechias wider die
Abgötterey, Bosheit, und andere Laſter der Fürſten,
und falſchen Propheten; verkündiget Juda und Iſrael
den Untergang und die Gefangenſchaft unter den Aſſy-
riern und Babyloniern, die Befreyung durch Cyrum,
die Ankunft und Geburt des verheißenen Meſſias zu
Bethlehem, und die dadurch erfolgende Erlöſung aus
der Dienſtbarkeit der Sünde, des Todes und des Teufels. Hat 7. Kapitel.

Nahum weiſſagete unter der Regierung des Königs
Ezechias, und wiederholet die Drohungen des Propheten Jonas; weil dadurch die Einwohner von Ninive nicht zur Beſſerung beweget wurden, ſo verkündigte er dieſer Stadt und dem ganzen aſſyriſchen Reiche
den Untergang.   Seine Prorhezeyung hat 3 Kapitel.

Habakuk hat nach dem Tode des Nahum prophezeyet.
Sein Buch hat nur 3. Kapitel; er ereifert ſich über
das Glük der Gottloſen, und die Drangſalen der
Frommen; er weiſſaget die Verwüſtung Jeruſalems,
und des gelobten Landes durch die Kaldäer, endlich
deren Niederlage und die Befreyung der Juden durch
Cyrum; er beſchreibt in einem herrlichen Lobgeſange
die Geburt, das Leben, Leiden, Sterben, die Auferſtehung Jeſu Chriſti, und das künftige Gericht.

Sophonias ermahnet zur Zeit des Königs Joſias die
Juden von der Abgötterey abzuſtehen, von ihren Sünden und Laſtern ſich ab, und zur ernſtlichen Buſſe zu
verwenden; er kündiget ihnen an, daß es ihnen ſonſt
wie den Ammonitern und Moabitern ergehen würde;
er ſagt ihnen die Verwüſtung der heiligen Stadt, aber
auch die Erlöſung aus der babyloniſchen Gefangenſchaft
unter Cyrus, und aus der Dienſtbarkeit des Teufels
durch Chriſtum an.   Seine Prophezeyung hat nur 3.
Kapitel.

Aggäus ermuntert die aus der Gefangenſchaft entlaſſe-
nen Juden, den verwüſteten Tempel in Jeruſalem aller Hinderniſſe ungeachtet wieder zu erbauen; er weiſſaget, daß der Weltheiland aus dem Geſchlechte Zo-
robabels abſtammen, in dieſem neuen Tempel aufgeopfert, und dadurch die Herrlichkeit dieſes letzten Tempels viel gröſſer als des erſten werden würde. Das
Buch dieſes Propheten hat nur zwey Kapitel.

. Zacha-

Zacharias, ein Priester und ein Lehrer des Volkes, weissagete fast von allen den Dingen, welche die vorigen Propheten verkündiget haben; er ermahnet zur Wiederaufbauung des Tempels; erinnert die Juden, in die Sünden ihrer Väter nicht wieder zu fallen, die ihnen so starke Züchtigungen zugezogen haben; er redet von den vier Monarchien, und daß das Reich Christi sich über sie alle verbreiten werde. Er beschreibet endlich das Leben, Leiden und Sterben des Messias. Dieses prophetische Buch hat 4. Kapitel.

Malachias bestrafet den Undank der Juden gegen Gott, hält den Priestern ihre Laster vor, und verkündiget, daß die Opfer und das Priesterthum des **Aaron** aufgehoben, und anstatt dessen ein reineres und Gott gefälligeres Opfer an allen Orten, von Sonnenaufgange bis zum Niedergange werde dargebracht werden. Er vertröstet auf die Ankunft Christi und dessen Vorläufer Johannes; er drohet den Juden, wenn sie die Gott geheiligten Zehnten und Erstlinge nicht abführen würden, Unfruchtbarkeit und Mißwachs; er verkündiget endlich den jüngsten Tag, daß Elias davon der Vorbote seyn, und daß er die Juden vor der Welt Ende zu Christo bekehren werde. Diese Prophezeyung hat 14. Kapitel.

Es gehören noch zwey Bücher zu den historischen, in welchen erzählet wird, wie die von den syrischen Königen gedrückten Juden befreyet, und der verfallene Gottesdienst ist aufrecht erhalten worden. Da dieses von dem Geschlechte der Machabäer ist gewirket worden, so haben diese beiden Bücher auch den Namen von diesem Geschlechte.

Das erste Buch der **Machabäer** erzählet die herrlichen Thaten des Mathatias, und seiner Söhne Judas

Machabäus, Jonathas und Simon wider die Feinde
Israels; es gibt zugleich Nachricht von dem Bündnisse
mit den Römern und Spartanern. Es hat 16. Kapitel.

Das zweyte Buch der **Machabäer** wiederholet in 15.
Kapiteln die Geschichte des ersten Buches, preiset
die Standhaftigkeit des Hohenpriesters Eleazar, die
Marter der 7. machabäischen Brüder, deren glorwür-
dige Thaten, dadurch sich dieses Geschlecht für Gott,
das Gesetz, und für die Freyheit ihres Glaubens hel-
denmüthig aufgeopfert hat.

B. Bücher des neuen Testaments.

Matthäus, ein Publikan, das ist Zöllner, Einneh-
mer der Zölle, oder irgend anderer Abgaben, welche
die Römer dem Volke auferleget hatten, wartete seines Amtes bei Kapharnaum. Jesus rief ihn, und
verlangete, er sollte ihm folgen; er verließ sein Amt,
ward ein Jünger des Herrn, und endlich unter die
Zahl der Zwölfe aufgenommen, die man Apostel,
oder heilige Boten nennet, weil Jesus Christus sie in
alle Welt abgeschicket hat, das Evangelium zu predigen. Wie er sich samt den übrigen eilf Aposteln meistens um die Person unsers Erlösers befand, so war
er ein Zeuge seiner Predigten, seiner Handlungen,
seiner Wunder und seiner Himmelfahrt. Nach solcher
blieb er in Jerusalem, empfing daselbst den heiligen
Geist, und verkündigte Jesum Christum. Die ältesten
christlichen Schriftsteller melden, daß Matthäus einige
Jahre in Judäa geprediget, auch endlich daselbst, und
zwar gegen das 14te Jahr nach Christi Geburt in der
syrisch-kaldäischen Sprache, d. i. in derjenigen welche
man damals in Judäa redete, alles niedergeschrieben
habe,

habe, was wir in dem Evangelium lesen, das von ihm den Namen hat. Es ist das ausführlichste von allen, und besteht aus 28. Kapiteln. Den Anfang machet das Geschlechtsregister Jesu Christi, in welchem von Abraham an alle männliche Vorältern unsres Erlösers namhaft gemachet werden, seine Empfängniß, Geburt, Anbetung von den morgenländischen Weisen, Verfolgung vom Herodes, Flucht in Aegypten, Rückkunft in das Land Israel, sein Aufenthalt in Nazareth; die Predigt Johannis in der Wüste, dadurch er das Volk vorbereitete, Christi Lehre zu hören; wie Johannes getaufet, und Christus selbst von ihm ist getaufet worden; daß dieser unser Erlöser sich vor Antretung seines Lehramtes in der Wüste durch eine vierzigtägige Faste bereitet, was er gelehret, was er für Wunder gewirket, was er gelitten hat, wie er ist gestorben und begraben worden, wie er von Toden auferstanden ist; alles dieses lieset man in diesem Evangelium umständlich; es endiget sich mit Erzählung des Befehls, den Christus seinen Jüngern vor seiner Himmelfahrt gegeben hat, nämlich alle Völker zu lehren und zu taufen, und zu ermahnen, alles zu halten, was er befohlen hat.

Markus, von dem wir das zweyte Evangelium haben, war ein Jünger und Gefährte des heiligen Petrus zu Rom; er stiftete die Kirche zu Alexandria, endigte daselbst sein Leben als ein Märtyrer im achten Jahre des Kaisers Nero. Sein Evangelium besteht aus 16. Kapiteln. Er fängt von der Taufe Johannis an, und beschließt mit der Himmelfahrt Christi. Man weiß nicht gewiß, zu welcher Zeit er sein Evangelium geschrieben habe. Einige sagen, im fünf und vierzigsten, andere, im zwey und sechzigsten Jahre nach Christi

G

Geburt; einige glauben, er habe es in der lateinischen
Sprache geschrieben, andere halten aus stärkern Grün-
bern dafür, daß er es in griechischer, das ist, in der
Sprache geschrieben habe, in welcher unstreitig alle
übrige Bücher des neuen Testamentes geschrieben sind.

Lukas, der dritte Evangelist, war von Antiochia, aus
der Hauptstadt Syriens gebürtig; er war ein Arzt,
und hernach ein Jünger des heiligen Paulus; diesen
begleitete er auf seinen Reisen, und war sein Gehilf
im Predigtamte. Im Anfange des Evangeliums saget er, was ihn zum Schreiben seines Evangeliums
bewogen habe; weil nämlich viele sich unterstanden haben, die Geschichte Jesu Christi, und seine Lehre zu
beschreiben, so wollte er ein gleiches thun, besonders,
weil er von allem diesem aufs beste, und zwar von
solchen Personen unterrichtet wäre, die vom Anfange
an alles angesehen, und die Dinge bezeuget hätten.
Er hat dieses einem gewissen Theophilus in der Absicht zugeschrieben, damit dieser die Wahrheit von allem dem erkennen möchte, was man ihm verkündiget
hatte. Man glaubet, es sey im 53. Jahre nach
Christi Geburt geschrieben. Es besteht aus 24. Kapiteln. Er fängt von der Empfängniß Johannis des
Täufers an, erzählet weitläufig die Umstände seiner
Geburt; dann kommt er auf Christum; er merket an,
daß Christus aus Veranlassung der allgemeinen Be-
schreibung, welche Kaiser Augustus hat vornehmen
lassen, in Bethlehem ist gebohren worden; er gibt
ein andres Geschlechtsregister von unsrem Erlöser als
Matthäus. Einer dieser beiden Evangelisten hat allem
Ansehen nach das Geschlechtsregister des leiblichen Vaters, des Josephs, der andere aber das Geschlechtsregister desjenigen Mannes angegeben, der den Joseph

an

an Kindesstatt angenommen hat; Lukas hat sein Geschlechtsregister vom Joseph bis auf Adam aufwärts,
Matthäus aber vom Abraham bis auf Joseph herabge-
führet; er saget vieles in seinem Evangelium, wovon
die andern Evangelisten nichts melden; besonders erzählet er mehr, als alle andere, was sich nach der
Auferstehung Christi bis zu seiner Himmelfahrt zugetragen hat.

Johannes, der geliebte Jünger des Herrn, auf dessen Brust er am letzten Abendmahle gelegen hatte,
ein Sohn Zebedäi, und Bruder Jakobs, schrieb das
vierte Evangelium zu Ephesus, wo er Bischof war,
und zwar allem Ansehen nach bald darauf, als er i.
J. 79. von der Insel Pathmos zurück gekommen ist,
wohin er war verwiesen worden, folglich fast 100
Jahre nach Christi Geburt, kurz vor seinem Tode,
der i. J. 101 erfolgete. Die Christen seiner Kirche
und die Bischöfe von Asien sollen ihn sehr darum gebeten haben. Zweyerley hat dieses Evangelium besonders, dadurch es sich von den übrigen unterscheidet;
erstlich hat er die Gottheit unsres Erlösers wider die
Ketzereyen Cerinthi, Ebions, der Gnostiker und anderer Ketzer, die sie läugneten, ausdrücklich behauptet. Daher fängt er sein Evangelium mit dem Vortrage dieser Wahrheit an, und saget von Christo:
Im Anfange war das Wort, und das Wort war
bei Gott, und Gott war das Wort. Christus heißt
daher das Wort des himmlischen Vaters, weil
der himmlische Vater durch diesen seinen Sohn zu
uns geredet, und seinen Willen bekannt gemachet
hat. Zum zweyten erzählet Johannes verschiedene
Dinge, die Christus bei dem Anfange seines Predigt-
amtes bis zur Gefangennehmung Johannis des Täu-

fers

fers gethan hat, welche die andern Evangelisten nicht
beschrieben haben. Auch bringt er noch verschiedenes
bei von dem, was sich nach der Auferstehung Christi
bis zu seiner Himmelfahrt zugetragen hat, wovon
ebenfals die andern Evangelisten nichts erwähnen. Das
Evangelium besteht aus 21. Kapiteln.

Acta Apostolorum, oder die Geschichte der
Apostel, hat der heilige Lukas nach seinem Evan-
gelium in 28 Kapiteln geschrieben; er fängt da an,
wo sein Evangelium aufhöret, nämlich bey der Erzählung der Himmelfahrt Christi; er beschreibt, wie
Matthias an die Stelle des Judas von Iskariot ist
Apostel geworden, wie der heilige Geist über die in
Jerusalem versammelten Jünger herabgekommen ist.
Hierauf gibt er Nachricht von dem, was der heilige
Paulus bei Verkündigung des Evangeliums gethan
hat; er beschließt dieses Buch mit der Erzählung
dessen Reise nach Rom, wohin dieser Apostel gefangen geführet ward, nachdem er an den Kaiser appel-
liret hatte. Dieses Buch enthält eine Geschichte von
beinah 27 Jahren, nämlich von der Himmelfahrt
Christi bis auf das vierte Jahr des Nero. Der erste
Theil dieses Buches, vom I. bis zum IO. Kapitel,
erzählet das Wachsthum und die Ausbreitung des Glaubens sammt der Stiftung der Kirche in Judäa und
Samaria. Der zweyte Theil vom IO Kapitel bis
zum Ende erzählet die Fortpflanzung des Evangeliums
in Syrien, Likaonien, Pamphilien, Griechenland,
und andern Ländern durch die Predigten und Wunder
der Apostel, besonders des heiligen Paulus. Man
kann aus diesem Buche die Kindheit, oder das erste
Alter der christlichen Kirche, und die heiligen Sitten
der ersten Christen ersehen.

Die

Die Epiſteln folgen in nachſtehender Ord, nung auf einander.

Die Epiſtel oder den **Brief** an die **Römer** ſchrieb Paulus von Korinth aus zu Ende des 57, oder im Anfange des 58ten Jahres nach Chriſti Geburt. Die Kirche in dieſer Hauptſtadt der Welt beſtand theils aus Perſonen, die vorhin Juden geweſen waren, und theils aus bekehrten Heiden. Dieſe ſtritten mit einander um den Vorzug. Die ehmaligen Juden rühmten ſich, daß Gott ihren Vätern das Geſetz und die Propheten gegeben habe; daß ſie allezeit den wahren Gott angebetet haben, daß der Meſſias ihnen ſey verſprochen und aus ihrem Volke geboren worden. Die bekehrten Heiden hingegen praleten damit, daß, ob ſie gleich nicht, wie die Juden, von Gott ſelbſt wären erleuchtet worden, dennoch ihre Weltweiſen Gott durch das Licht ihrer Vernunft erkannt hätten. Sie warfen den Juden vor, daß, obſchon der Meſſias ihnen wäre verſprochen und gegeben worden, ſie ihn dennoch verworfen hätten, und daß die meiſten des auserwählten Volkes ungläubig geblieben wären. Paulus beweiſet, daß kein Theil ſich zu rühmen Urſache habe, nicht die Heiden, weil die Weiſeſten unter ihnen zwar den wahren Gott erkannt, ihn aber nicht verehret, ſondern ſo gar falſche Götter angebetet hätten; nicht die Juden, weil ſie das Geſetz zu beobachten unterlaſſen, und die Vortheile, welche ihnen zugedacht waren, auſer Acht gelaſſen hätten; daß ſie nur durch den Glauben an Chriſtum gerechtfertiget werden könnten, daß Gott aus lauter Gnade die Heiden ſowohl als die Juden berufen hätte, ohne daß es dieſe oder jene verdienet hätten; hievon redet er in den ersten 11 Kapiteln; in den 5 folgenden aber gibt er den Gläubigen die wichtigsten Lehren; er zeiget, wie sie in der durch Christum erlangten Gerechtigkeit fortwandeln, und allen sündlichen Lüsten widerstreben sollten; er führet die aus dem Glauben und der christlichen Gerechtigkeit erwachsenden Früchte an, und ermahnet zu standhafter Ausübung aller Tugenden.

Zu **Korinth,** in der Hauptstadt der Halbinsel Peloponesus oder Achaja, heutiges Tages Morea genannt, hatten die Neubekehrten auch Streitigkeiten unter sich angefangen. Einige gaben vor, sie wären besser als die andern, weil sie vom Paulus, die andern, weil sie vom Apollo, die dritten, weil sie vom Cephas wären bekehret worden. Diese Zwistigkeiten beizulegen, schrieb Paulus an die korinthischen Christen seinen ersten Brief von Ephesus aus im 57sten Jahre nach Christi Geburt; in demselben verwirft er diese Streitigkeiten über den Vorzug; er befiehlt, daß keiner sagen sollte: Ich richte mich nach diesem oder jenem; sondern er will, daß sie sich insgesammt als solche betrachten sollen, die Jesu Christo angehören. Er tadelt den Hochmuth der Weltweisen, ihr Pralen mit menschlicher Weisheit und Beredsamkeit; er führet ihnen zu Gemüthe, daß Gott die Welt nicht durch menschliche Weisheit, sondern durch das Kreuz bekehret habe, ungeachtet die Juden an Verkündigung dieser Wahrheit sich ärgerten, die Heiden aber sie für Thorheit hielten; er tadelt sie, daß sie einen Blutschänder unter sich duldeten, befiehlt ihn aus ihrer Gemeinde auszuschließen; er beantwortet die ihm gemachten Zweifel und Fragen wegen der Ehe und Jungfrauschaft, ingleichen von dem Genusse der Speisen, die den Götzen geopfert waren; er handelt vom heili-

gen

gen Abendmahle, und von dem Zustande, in dem man
sich befinden muß um es würdig zu empfangen, ingleichen von den Mißbräuchen, die dabei vorgegangen
waren; er redet von den verschiedenen göttlichen Gaben, von den drey Haupttugenden, unter denen er die
Liebe für die größte erkläret. Er erwähnet auch der
Auferstehung des Fleisches, und der Gaben der Aufer-
standenen; er rühmet die Vortrefflichkeit der Barmherzigkeit, räth Almosen für die Armen zu Jerusalem zusammen zu legen; und nachdem er noch zu vielen andern
guten Werken ermahnet hat, beschließt er seinen Brief
mit vielen Grüssen.

Den **zweyten Brief** an die **Korinther** schrieb Paulus aus Macedonien ebenfalls im Jahre 57 und über-
schikte ihn durch Titum; er entschuldiget sich darin,
daß er nicht seinem Versprechen gemäß, nach Korinth
gekommen, und das Verlangen derjenigen erfüllet habe, die ihn zu sehen wünscheten. Er lobet den Eifer,
den sie wider den Blutschänder bezeiget haben, er ent-
lediget denselben vom Banne wegen seiner Bußfertig-
keit, tröstet diejenigen, die er in seinem ersten Briefe
gescholten hatte; er handelt von der wahren Busse,
rechtfertiget seine Aufführung im Dienste des Evangeliums, schreibt von der Würde, den Pflichten, Tugenden und Verfolgungen der Diener des Evangeliums,
erinnert die Gesellschaft der Heiden zu meiden, die
Drangsalen des Glaubens wegen geduldig zu leiden, bei
dem Almosen für die Gläubigen in Jerusalem freygebig
zu seyn, und mit Freuden beizutragen. Er eifert wider die falschen Apostel, welche die Korinther zu verführen, und von ihm abwendig zu machen suchten;
zu seiner Vertheidigung führet er seine Offenbarungen,

seine

feine Leiden, feine Uneigennützigkeit an. Diefe Epi-
ftel hat 13. Kapitel.

Der **Brief** an die **Galater,** ein Volk, welches von
den Galliern abftammete, die fich in klein Afien nieder-
gelaffen hatten, ift eher, als die zween Briefe an die
Korinther, allem Anfehen nach i. J. 56, und zwar
von Ephefus aus, mit Pauli eigener Hand gefchrieben
worden; er befteht aus 6 Kapiteln. Die Galater,
welche Paulus bekehret hatte, waren von einigen falfchen Lehrern irrgemacht worden, die fie zu überreden
fuchten, daß das Evangelium zu nichts dienete, wenn
man fich nicht befchneiden ließe und das Gefetz Moyfis
dabei beobachtete; um das Anfehen Pauli verdächtig
zu machen, hatten fie gefaget; daß Paulus kein Apoftel wäre, weil er Chriftum nicht gefehen, und daß
andere Apoftel in diefem Stücke nicht feiner Meinung
wären. Paulus behauptet daher gleich im Anfange
feines Briefes die Rechtmäffigkeit feiner Lehre; er be-
rufet fich auf das Zeugniß der andern Apoftel, und erwähnet, daß er fich genöthiget gefehen hätte, fogar
dem Petrus wegen feiner allzugroffen Nachficht für die
Juden öffentlich entgegen zu feyn; er führet darauf
viele Beweife an, um darzuthun, daß die Chriften
nicht Sklaven des Gefetzes find, fondern daß fie eine
Freyheit der Kinder Gottes genießen; daß die chriftliche Religion allein nöthig und zureichend fey, die ewige Seligkeit zu erlangen, und, daß fie fich nicht mit
dem jüdifchen Gefetze vereinigen laffe. In dem 6ten,
das ift, in dem letzten Kapitel, handelt er von Dingen, welche die Sitten angehen.

An die chriftliche Gemeinde zu **Ephefus,** einer Haupt-
ftadt in klein Afien, welche wegen des Tempels der
falfchen Göttinn Diana berühmt war, fchrieb Paulus,

als

als er in Rom gefangen faß, im Jahre 62; und über-
schickte dieses Schreiben durch den Diakon Tychikus.
Dieser Apostel hatte gehöret, daß die Glieder der Kirche zu Ephesus in dem Glauben und der Liebe, dazu
er sie angeführet hatte, beharreten; er rühmet sie wegen ihrer Standhaftigkeit; weil er aber doch besorgete,
daß sie endlich durch die Fabeln der Gnostiker, oder durch
Zureden der unbekehrten Juden sich einnehmen lassen,
und von dem Evangelium abweichen möchten: so schrieb
er, um ihnen Muth zu machen, damit sie bei der Lehre, darin er sie unterrichtet hatte, beharreten; sie dazu
desto kräftiger zu bewegen, stellet er ihnen in den ersten
4. Kapiteln mit vielem Nachdrucke die außerordentliche
Gnade vor, dadurch sie vor vielen andern Heiden sind
erwählet worden, der Erlösung Christi theilhaftig zu
werden; in den zwey folgenden Kapiteln gibt er ihnen
viele h..che Regeln, wornach Christen von allen Ständen sich zu achten haben.

Zu **Philippis**, einer Stadt in Macedonien, hatte Paulus sehr viele Personen bekehret; da diese vernommen
haben, daß er in Rom gefangen wäre, sandten sie ihren Bischof Epaphroditum mit Geschenken ab, und
reicheten ihm, was zu seinem Unterhalte erfoderlich
war. Paulus, um sich für ihre Liebe erkenntlich zu
bezeigen, schrieb ihnen gegen das Ende des 61sten,
oder den Anfang des 62sten Jahres aus seinem Gefängnisse einen zärtlichen Brief, und schickte damit Epaphroditum zu seiner Gemeinde zurück. Der Brief besteht aus 4. Kapiteln. Paulus zeiget ihnen darin die
Frucht seiner Bande, er stellet ihnen die Liebe und die
Demuth Christi zum Muster vor; er ermahnet sie im
Glauben an Christum standhaft zu seyn, nicht denen zu
glauben, die sie bewegen wollten, die jüdischen Gebräu-

C 3　　　che

che nebſt dem Evangelium zu beobachten; er warnet ſie
vor dem Simon, dem Korinthus und deren Anhängern;
er ermuntert ſie zu beſtändigen Tugenden, am meiſten
aber dazu, daß ſie Chriſti Demuth und Liebe befolgen, Frieden und Einigkeit unter ſich erhalten ſollen.

Nachdem Paulus an die Philippenſer geſchrieben hatte,
ſchrieb er auch im Jahre 63 aus ſeinem Gefängniſſe an
die Einwohner von **Koloſſis.** Dieſe Stadt lag in
Phrygien, unweit Laodicäa. Paulus hatte ſie zwar
nicht bekehret, er erfuhr nur von dem Epaphras, der
ſie im Glauben unterrichtet hatte, den Zuſtand dieſer
chriſtlichen Gemeinde; er bezeuget in ſeinem Briefe,
der nicht mehr als 4 Kapitel hat, ſeine Freude über
deren Bekehrung, räth in dem Glauben Chriſti ſtandhaft zu beharren, in der Erkenntniß Gottes und in
Uibung allerlei guten Werke zuznnehmen, ſich von der
Eitelkeit menſchlicher Weisheit, der aber jüdiſchen Ge-
wohnheit die Speiſen und Tage zu unterſcheiden, und
von der abgöttiſchen Verehrung der Engel zu hüten. Er
thut dar, daß Chriſtus, und nicht die Engel, der Mittler unſres Heils, und unſer Ausſöhner bei Gott ſey;
er machet darauf einen kurzen Abriß von den vornehmſten Pflichten des chriſtlichen Lebens, und beſchließt mit
vielen Grüſſen. Tychicus und Oneſimus haben dieſen
Brief nach Koloſſis gebracht.

Wenn die Briefe, welche wir von dem heiligen Paulus im
neuen Teſtamente haben, nach der Zeit, wie einer nach
dem andern iſt geſchrieben worden, geordnet wären: ſo
müßte der **erſte Brief an die Theſſalonicenſer**
den Anfang aller ſeiner Sendſchreiben machen; er iſt
eher als alle übrige, und zwar im J. 52. von Korinth
aus geſchrieben. Zu Theſſalonica, der Hauptſtadt von
Macedonien, hatte Paulus viele, beſonders Frauen

zu Christo bekehret, dadurch aber auch sich den Neid
der Juden zugezogen; diese hatten sogar einen Aufstand
wider ihm erreget, und dadurch veranlasset, daß Paulus sich von dannen begeben hat; er verließ aber deshalben die Thessalonicenser nicht gänzlich, sondern schickete ihnen Timotheum, der sie im Glauben stärkete.
Von diesem erfuhr er zu Korinth ihre Beständigkeit; er
ward dadurch bewogen, an sie zu schreiben. Im Anfange seines Briefes, welcher 5. Kapitel hat, bezeuget
er seine Freude über ihre Beständigkeit; er lobet sie
deshalben, und ermahnet sie, die Verfolgung der Juden und Heiden standhaft zu ertragen; er erinnert sie
an die Lehren, die er ihnen gegeben hat, er vermah-
net die Hurerey und den Müssiggang zu fliehen; er
lehret, wie man Verstorbene beweinen soll: er unterrichtet sie von der Auferstehung der Todten, und wie
die Christen durch ein heiliges Leben sich zu dem grossen
Tage des allgemeinen Gerichtes vorbereiten sollen; er
erinnert sie zu allerlei Liebeswerken, zum Gebete und
überhaupt zur Gottseligkeit.

Der zweite Brief an die Thessalonicenser von 3
Kapiteln ist bald nach dem ersten geschrieben. Er fängt
mit Ermahnungen zur Beständigkeit im Glauben an;
er räth die Verfolgungen der Juden und Heiden in Be-
tracht der himmlischen Belohnungen starkmüthig zu ertragen; er belehret sie, daß der jüngste Tag noch nicht
da sey, wie einige fälschlich vorgeben; er meldet, daß
der Antichrist zuvor kommen müsse; er beschreibet dessen
Hoffart, Tyranney, Fall und Verdamniß. Hierauf
tadelt er die Müssigen, Unruhigen und Neugierigen,
die unter ihnen waren; er räth sich von dergleichen zu
trennen, oder sie zu bekehren; er ermahnet, die Leh-

ren, die sie schriftlich sowohl als mündlich empfangen
haben, zu halten.

Timotheus war aus Derbe oder Lystra einer licaonischen
Stadt gebürtig; sein Vater war ein Heide, seine Mutter eine Jüdinn, mit Namen Eunice, seine Großmut-
ter hieß Loide. Diese beiden Frauen hatten sich zu
Christo bekehret, und Timotheum von Jugend an in
der heiligen Schrift unterrichtet. Paulus, der ihn durch
das gute Zeugniß einiger Christen hatte kennen lernen,
nahm ihn zu sich, beschnitt ihn wegen der Juden, und
gebrauchete ihn zum Gehülfen in seinem Amte, und
zum Geführten auf seinen Reisen, endlich ließ er ihn
um das Jahr 58. zu Ephesus, um für die Kirche in
Asien Sorge zu tragen. Paulus gieng damals nach
Jerusalem, und wollte bald wieder kommen, um zu
sehen, wie Timotheus sich in seinem Amte bezeigete.
Da er aber dieses sobald nicht thun konnte, schrieb er
den ersten **Brief** von 6 Kapiteln, um ihn zu unterrichten, wie er in dem Hause Gottes, das ist, in der
Kirche wandeln müsse, er ermahnet ihn, Acht zu haben, damit einige Lehrer sich nicht ferner mit Berech-
nung der Geschlechtsregister und andern jüdischen Fabeln abgeben, sondern lehren, was den Glauben und
die Liebe erwecken kann. Er lehret daß man für Obrigkeiten, Fürsten, und Regenten beten solle; was
Männern und Weibern, besonders in der Kirche, wohl
ansteht. Er zeiget was für Tugenden für einen Bischof
erfodert werden; wie die, welche zu Bischöfen, Priestern und Diakonen wollen geweihet werden, beschaffen
seyn müssen; er ermahnet den Timotheus, daß er sich,
seiner Jugend ungeachtet, durch ein heiliges Leben Ansehen verschaffe, und erhalte, auch andern zum Beispiele sey; er unterrichtet ihn, wie er sich gegen alte
und

und junge Männer und Weiber verhalten solle; er
erwähnet der alten Wittwen, und saget mit welcher
Behutsamkeit mit jungen Wittwen umzugehen sey; er
saget sogar, wie sich die Knechte gegen ihre Herren
aufführen sollen; er wiederholet nochmals die Erinnerung, neue Lehren zu fliehen, den Glauben zu halten, und die anvertraute Lehre zu bewahren.

Kurz zuvor, als Paulus sein heiliges Leben durch den
Martertod beschloß, das ist, im Jahre 64. schrieb er
aus seinem Gefängnisse zu Rom einen **zweyten**
Brief von 4. Kapiteln an den **Timotheus**; er
ermahnte ihn, die Reinigkeit des Glaubens zu erhalten, unnüße Untersuchungen und Streitigkeiten zu fliehen; er stellt ihm nochmals die Pflichten eines Bischofs und Seelenhirten vor; ermuntert ihn unerschro-
cken und unabläßlich das Evangelium zu verkündigen,
die Sünden zu strafen, diejenigen, welche irrige Lehren vorbringen, zu widerlegen; er beschreibt ihre Sitten, und gibt an, wodurch sie sich kenntlich machen;
er ermahnet zur Stärke und Geduld, zum fleißigen
Lesen in der heiligen Schrift; erzählet die Verfolgungen, die er damals litte, und wie er fast von allen
verlassen wäre, er beschließt damit, daß er seinen nah
bevorstehenden Martertod dem Timotheus ankündigte;
versichert aber, daß er noch zuvor, und zwar eilends,
zu ihm zu kommen trachte.

3) **Titus** war ein Heide gewesen, Paulus hatte ihn
bekehret; er half demselben, nachdem er ein Christ
geworden war, getreulich in seinem Apostelamte, und
führete ein unschuldiges und heiliges Leben: endlich trug
ihm Paulus die Sorge für die Christen in der Insel
Kreta auf, er bestellte ihn zum Bischofe daselbst, und
verordnete, daß er in jeder Stadt Priester einsetzen

C 5   sollte;

sollte; er schrieb an ihn einen Brief von 3 Kapiteln, aller Wahrscheinlichkeit nach i. J. 63. Er enthält das meiste von dem, was er bereits an den Timotheus von den Eigenschaften und Pflichten eines Bischofs geschrieben hatte. Paulus unterrichtet also den Titus darin von den Schuldigkeiten seines Amtes, so wie er den Timotheus davon unterrichtet hatte; er belehret ihn, wie er allen Ständen anständige Tugenden und Besserung des Lebens predigen solle.

4) **Philemon**, ein Christ wohnete zu Kolossis, ihm war sein Knecht mit Namen Onesimus entlaufen, nachdem er seinem Herrn verschiedenes gestohlen hatte. Dieser Knecht kam nach Rom, ward von Paulus im Glauben unterrichtet, und bekehret; als solches geschehen war, schickete ihn der Apostel wieder an seinen Herrn zurück; er gab ihm an denselben ein sehr beweglich verfaßtes Empfehlungsschreiben, darin suchet er den Knecht mit dem Herrn wieder auszusöhnen, und bittet, ihn zu voriger Gnade und Liebe wieder anzunehmen. Dieß ist der kürzeste aller Briefe von Paulus; er hat nur ein einziges Kapitel; er ist von Rom aus, wo Paulus gefangen saß, im Jahre 62 geschrieben, und zugleich mit dem Briefe an die Kolosser abgeschicket worden.

Unter die Briefe, welche an Gemeinden oder Kirchen sind geschrieben worden, gehöret noch der **Brief an die Hebräer**. Er ist zu Anfange des 63sten Jahres von Rom aus, und zwar, wie einige glauben, in syrischer Sprache geschrieben, bald aber auch in das Griechische übersetzet worden; er ist der längste von allen, welche Paulus geschrieben hat, und enthält 13 Kapitel. Der Apostel beweiset darin mit den stärkesten Gründen, daß das neue Gesetz weit vortefflicher

licher sey , als das alte ; er beweiset die Gottheit
Christi , sein Priesterthum und Amt , daß er nämlich
der Versöhner aller Sünden durch sein Blut sey , der
Erlöser und Hohepriester , welcher den Himmel eröffnet hat : er zeiget , wie weit der Sohn Gottes über
die Engel , und über den Moyses erhoben sey , und
wie das Opfer , welches Christus seinem himmlischen
Vater am Kreuße dargebracht hat , weit vorzüglicher
sey , als die Opfer , welche durch Moysen sind angeordnet worden ; er zeiget , daß die Ceremonien und
Opfer des Gesetzes Christum vorbedeutet hätten , und
daß durch ihn diese Vorbedeutungen wären erfüllet
worden ; er zeiget , daß man durch den Glauben an
Christum gerechtfertiget wird , daß Christus das Gesetz
Moysis aufgehoben , und die Vollkommenheit des evan-
gelischen Gesetzes eingeführet hat ; er beschreibet die
Kraft und Früchte des christlichen , und erzählet alsdann , wie die Altväter durch den Glauben und die
Hoffnung himmlischer Freuden so viele Widerwärtigkeiten standhaft ertragen haben , und ermuntert die
Hebräer durch diese Beispiele zur Geduld , besonders
diejenigen , welche von den jüdischen Obrigkeiten wegen
des Glaubens an Christum als Abtrünnige von dem
Gesetze Moysis , des Ihrigen beraubet , und sonst auf
allerley Art gekränket wurden ; er beschließt auch dieses
Sendschreiben mit allerley Sittenlehren , und ermahnet zur Liebe , Güte und Barmherzigkeit , besonders
gegen Gefangene und Kranke , und zu allen christlichen
Tugenden.

Briefe , welche nicht an Gläubige einer Stadt , sondern an die in vielen Ländern zerstreuten Christen gerichtet sind , die man daher auch katholische , das ist
allgemeine , sonst auch kanonische heißt : haben nach
der

der Anmerkung des heiligen Augustinus, alle einerley
Hauptzweck, nämlich darzuthun, daß der Glauben allein uns nicht selig machen könne, wenn er nicht mit
guten Werken verbunden wird. Folgende Briefe führen den Namen der katholischen: Einer vom heiligen
Jakobus, zween von **Petrus,** einer von **Judas
Thaddäus,** drey von **Johannes,** dessen letzte
zween Briefe an besondere Personen gerichtet sind.

Jakobus, ein Sohn des Alphäus, welcher in der
Schrift ein Bruder des Herrn genannt wird, und Bi-
schoff zu Jerusalem war, schrieb an die auser Judäa
lebenden bekehrten Juden, welche in verschiedenen Theilen der Welt zerstreuet waren; er gibt die schönsten
Lehren der Geduld, der Liebe, und Ausübung allerley guten Werke; er lehret, daß man alle gute Gaben von Gott begehren, die Zunge zähmen, zeitliche
Anfechtungen mit Freuden erdulden, das Wort Gottes nicht nur anhören, sondern auch thun solle, daß
der Glauben ohne gute Werke todt, durch die Liebe
aber lebendig sey; daß die Ehrsucht eine Mutter des
Neides, Zanks, Streits und aller Laster sey; er bestrafet die Pracht in Kleidern, die Unterdrückung der
Armen, tröstet und ermuntert zur Geduld, nach dem
Beispiele Jobs und anderer Heiligen; er befiehlt öfters zu beten, die Sünden zu beichten, und andere
heilsame Werke zu thun; er beschreibt sehr deutlich,
wann, wie und von wem das Sakrament der letzten
Delung solle ertheilet werden. Man weiß nicht eigentlich, wann dieser Brief, der nur fünf Kapitel hat,
geschrieben sey; wahrscheinlich ist es, daß es kurz zuvor geschehen sey, ehe Jakobus sein Leben durch den
Martertod beschlossen hat.

Petrus,

Petrus, der vornehmſte unter den Apoſteln, ein Bruder des Andreas, ſchrieb, nachdem er um das Jahr
45. aus dem Gefängniſſe iſt befreyet worden, aus
Babylon an alle bekehrte Juden, die durch Pontus,
Galatien, Kappadocien, Aſien und Bythinien zerſtreuet
waren; er rühmet den anbetenswürdigen Rathſchluß
Gottes in Anſehung der Menſchwerdung, des Leidens,
und Sterbens Chriſti, und handelt vom Berufe der
Juden und Heiden zum ewigen Leben; er lehret, daß
Chriſten den Königen, Fürſten und Obrigkeiten, wenn
ſie auch ungläubig wären, die Knechte ihren Herren,
die Weiber den Männern, die Jungen den Alten, die
Gläubigen den Hirten und Lehrern gehorſam ſeyn
ſollen; er unterläßt nicht die Männer, und Hirten
an das zu erinnern, was ſie ihren Weibern und Untergebenen ſchuldig ſind; er ermahnet zur Klugheit
und Wachſamkeit im Gebete, zur gegenſeitigen Liebe,
zur Gaſtfreyheit, Geduld, Demuth und Mäſſigkeit;
er ermahnet zur Freude in Trübſalen, zur Heiligkeit
im Leben, Erneuerung des Geiſtes, Ablegung böſer
Lüſte, Ordnung in allen Ständen, Abtödtung des
Fleiſches, und zu allen Gott gefälligen Tugenden.
Dieſer Brief hat fünf Kapitel.

Petrus hat noch einen 2ten Brief, und zwar von Rom
aus kurz zuvor, als er im J. 56. daſelbſt den Martertod erlitten hat, an alle, welche an der koſtbaren
Gnade des Glaubens durch die Gerechtigkeit unſeres
Gottes und Erlöſers Theil nehmen, geſchrieben; er
preiſet die Gnade Jeſu Chriſti, durch den uns Gott
die theuerſten Verheißungen gegeben hat; er bringt
darauf, daß, weil Chriſten gleichſam Mitgenoſſen der
göttlichen Natur geworden ſind, ſie auch nicht ein irr-
diſches und fleiſchliches, ſondern ein himmliſches und
gott-

gottſeliges Leben führen, in beſtändigem Glauben, in
allerlei Tugenden, Erkenntniß, Enthaltſamkeit, Ge-
buld, und brüderlicher Liebe leben müßten; er ermahnet im Glauben ſtandhaft zu ſeyn, und ſich nicht
durch falſche Lehrer verführen zu laſſen; er ſchildert
ihre Sitten, und da er die Strafen anführet, mit
welchen Gott die Sünder gezüchtiget hat, ſo ſuchet er
von Sünden und Laſtern abzuſchrecken; er gedenket
des jüngſten Gerichtes, als eines kräftigen Verweg-
grundes, im Glauben feſt zu beharren, und ein Leben zu führen, daß dem Glauben gemäß iſt. Zuletzt
verkündiget er ſein nah bevorſtehendes Ende. Dieſer
Brief hat drey Kapitel.

Johannes, der geliebte Jünger des Herrn, hat **drey**
Briefe geſchrieben. Der erſte von fünf Kapiteln iſt,
wie einige glauben, an die Parther, nach anderer
Meinung aber überhaupt an alle Chriſten gerichtet,
und gegen das Ende ſeines Lebens geſchrieben. Er
lehret den Glauben an die heilige Dreyfaltigkeit, an
das eingefleiſchte Wort; er ermuntert zur Hoffnung,
rühmet die Vortrefflichkeit des Evangeliums, preiſet
die Liebe des himmliſchen Vaters an, welcher uns
von den Kindern des Teufels abgeſondert, und gemachet hat, daß wir Kinder Gottes genannt werden,
und auch ſind; er empfiehlt die Liebe, aber nicht
für die Welt, ſondern für Gott, der uns zu erſt geliebet hat, gegen Chriſtum, der aus Liebe für uns
geſtorben iſt, und gegen den Nächſten; er wiederleget
zugleich die Irrthümer des Cerinthus und Ebion, welche Chriſto die Gottheit; und des Baſilius, der ihm
die Menſchheit abſtreiten wollte, ingleichen Simons
des Zauberers, welcher den bloſſen Glauben zur Seligkeit genug zu ſeyn vorgab; wider ihn behauptet er
die

die Nothwendigkeit guter Werke, vornämlich der brü-
derlichen Liebe, und der Gutthätigkeit.

Der zweyte Brief ist an eine christliche Frau geschrieben, die entweder Elekta, das ist die Auserwählte
hieß, oder diesen Namen verdienete, weil sie zu einem
gottseligen Leben auserwählet zu seyn schien; andere
glauben, Johannes rede hier von einer gläubigen Gemeinde. Dem sey wie ihm wolle: Johannes wün-
schet dieser Auserwählten in einem sehr kurzen Briefe
von einem einzigen Kapitel Glück, daß ihre Kinder ein
christliches Leben führen; er ermahnet sie, im Guten
standhaft zu beharren, Gottes Befehle zu beobachten,
und gibt ihr den Rath, falsche Lehrer zu fliehen, die
nicht erkennen wollen, daß Christus wahrhaftig als
Mensch ist geboren worden.

Den dritten Brief, ebenfalls von einem einzigen Kapitel, schrieb Johannes an Kajus, seinen Jünger,
den er bekehret hatte; er lobet ihn wegen seines guten
Wandels und wegen der Gastfreyheit, die er gegen
reisende Gläubige ausübete; er ist über die Unfreund-
lichkeit und den Ehrgeiz eines gewissen Diotrephes sehr
unzufrieden, der die Gläubigen nicht beherberget und
noch dazu diejenigen von der Gemeinde ausschließt,
die es thun; er lobet den Demetrius als einen Mann,
der ein gutes Zeugniß hat.

Judas, der Apostel mit dem Beinamen Thaddäus,
ein Bruder von Jakobus Alphäus, hatte einen zwar
sehr kurzen aber nachdrücklichen, und vielerley Wahrheiten enthaltenden Brief von einem Kapitel an alle
diejenigen geschrieben, die berufen, und von dem Vater geheiliget, und von dem Sohne sind erlöset worden, das ist, überhaupt an alle Christen. Dieser
Brief scheint nach dem Tode der meisten Apostel ge-
schrie-

schrieben, und wenn man die Schriften des heiligen
Johannes ausnimmt, zuletzt nach allen Büchern des
neuen Testaments geschrieben zu seyn. Dessen Inhalt
ist wider die Ketzer, die den Glauben und die Sitten
der Christen durch ihre gottlose Lehren und unordentliche Handlungen verderbeten. Judas beschreibt sie
als Menschen, die sich ihren Leidenschaften überließen,
die voll Stolz und Eitelkeit wären, die den Reichen
niederträchtige und eigennützige Gefälligkeiten bewiesen,
die nur ihrem Gutdünken und den Einbildungen folge-
ten, und sich in allen Dingen durch eine fleischliche
Klugheit, und nicht durch den Geist Gottes leiten lief-
sen; er gibt daher den Christen den Rath, sich fest
und unverbrüchlich an die empfangene Lehre zu halten,
die Lehren und Handlungen dieser falschen Lehrer zu
fliehen; er ermahnet sie, im Glauben standhaft zu
beharren, damit ihnen das nicht begegne, was den
Hebräern, Sodomitern, den gefallenen Engeln widerfahren ist, die alle elend ins Verderben sind gestürzet
worden.

Ein einziges prophetisches Buch hat das neue Testament,
nämlich das 72ste und letzte Buch der Bibel. Dieses ist
Die Offenbarung Johannis.
Da dieser Apostel auf der Insel Pathmos sich befand,
dahin er des Glaubens halber war ins Elend geschickt
worden, ließ ihn Gott künftige Dinge unter mancherley Bildern sehen: er schrieb, was er gesehen hat,
in ein Buch, dieß hat 22. Kapitel. In den drey
ersten ist, unter dem Bilde der sieben Leuchter und sieben Sterne, die Rede von sieben Bischöfen, und so
vielen Kirchen in Asien, welche Johannes aus göttli-
chem Befehle strafen, lehren, und ermahnen muß.
Das folgende ist nicht so deutlich; es kommen darin,
wie

wie der heilige Hieronymus angemerkt hat, fast so
viele Geheimnisse, als Worte vor. Der heilige Augustinus schreibt, daß die Offenbarung Johannis den
ganzen Zeitraum begreife, der von der ersten Ankunft
Christi bis zur zweyten, das ist, bis ans Ende der
Welt verlaufen soll. Bei der Dunkelheit dieses Buches
sind die Auslegungen der darin enthaltenen Prophezeyungen sehr verschieden; wir wollen in der Kürze
das Hauptsächlichste von dem anführen, was der be-
rühmte Abt du Pin davon urtheilet. Er hält dafür, die drey letzten Kapitel handelten vom Ende der
Welt, dem jüngsten Gerichte, und der Glückseligkeit
der Gerechten; die andern Kapitel aber vom 4ten bis
zum 18ten, beträfen die vielen Verfolgungen, welche
die Kirche gelitten hat; sie handelten von den Strafen der Verfolger, von der Ausrottung der Ketzereyen.
Das Thier mit den sieben Hörnern bedeutet die sieben
heidnischen Kaiser, welche die letzten Verfolgungen
wider die Kirche angefangen haben. Auser Zweifel ist
es, daß durch das Lamm, Jesus Christus, durch
den alten Betagten, der himmlische Vater, durch
das Weib, welches vor dem Drachen in die Wüste
sich flüchtet, und daselbst aller Verfolgung ungeachtet,
gebiert, die christliche Kirche; durch Babylon aber das
alte heidnische und abgöttische, auf sieben Bergen er-
baute Rom müsse verstanden werden.

D

§. V.

§. V.

Die Bücher des neuen, sowohl als des alten Testaments sind unverfälscht auf uns gekommen.

Die Schriften der Evangelisten und anderer Apostel wurden von den Kirchen weit sorgfältiger bewahret, als die Bücher anderer Schriftsteller, und eben dadurch wurden sie erhalten.

Diese Bücher wurden in den öffentlichen Versammlungen vorgelesen, öfters abgeschrieben, und andern Kirchen mitgetheilet; dadurch wurde die Zahl der Zeugen für deren Zuverläßigkeit vermehret, und das Verfälschen verhindert, man übersetzte sie in verschiedene Sprachen.

Die Kirchen waren stets besorgt wirklich göttliche Bücher von jenen zu unterscheiden, die man nur dafür ausgab. Man kennt noch heut zu Tage einige Bücher, die sie einstimmig verwarfen. Uiber verschiedene wirklich von den Aposteln geschriebene, nämlich über den Brief an die Hebräer, über den zweyten und dritten Brief des heiligen Johannis; die Briefe Jakobi, und Judä zweifelte man eine Zeitlang in einigen Kirchen. Diese Bücher wurden erst später, nämlich im 4ten Jahrhundert allgemein angenommen, und für Schriften der Apostel erkannt. Die Schwierigkeit sie anzunehmen bezeuget die Sorgfalt im Untersuchen, und gestattet uns nicht zu gedenken, daß die Kirchen hierinn leichtgläubig gewesen sind.

Aber auch die Bücher des alten Testaments sind unverfälscht auf uns gekommen. Die Geschichte lehret, wie sorgfältig die Juden zu allen Zeiten waren, daß auch nicht das geringste ihrer Bücher möchte verloren gehen.

Die

Die Uiberſetzung dieſer Bücher in das Griechiſche, welche einige Jahrhunderte vor Chriſto geſchah, hinderte die Verfälſchung, ſie wurden dadurch bekannter, und eine Veränderung hätte man gleich entdecket, und darwider geeifert.

Der Haß der Juden gegen die Chriſten, die beſtändigen Streitigkeiten beiderſeitiger Lehrer, und die Uiberſetzungen in mehrere Sprachen, geſtatteten eine Verfälſchung in ſpätern Zeiten noch weniger, jede Parthey würde ſie entdecket, und der andern vorgeworfen haben.

Das alte Teſtament wurde auf dem ganzen Erdboden verbreitet, und dem weſentlichen Inhalte nach unverfälſcht erhalten.

Durch die Nachläßigkeit der Abſchreiber, haben ſich wohl in vielen einzelnen Stellen verſchiedene Leſearten eingeſchlichen, aber die Glaubens-und Sittenlehren ſelbſt finden ſich überall unverändert, ſie ſind ſo oft widerholet, und ſo deutlich ausgedrückt, daß ſich daraus ſowohl der Hauptinhalt der Religion, als auch einzelne Glaubens- und Sittenlehren aufs bündigſte beweiſen laſſen.

§. VI.

Was die Bücher des neuen Teſtaments von Jeſu ſagen, iſt im höchſten Grade glaubwürdig.

Man hält Begebenheiten verfloſſener Zeiten mit Recht für glaubwürdig und gewiß, wenn ſie durch unverwerfliche Zeugen erwieſen werden.

Es giebt glaubwürdige Zeugen, ja auch Denkmäler in Menge, dadurch erwieſen iſt, daß Jeſus gelebet, daß er gelehret, Wunder gewirket, endlich gelitten hat und am Kreuze geſtorben iſt.

Die

Die Evangelisten und die Apostel sind solche glaubwürdige Zeugen; denn sie waren ehrbare Männer, Personen von untadelhaften Sitten, wider die man niemals
etwas eingewendet hat. Sie haben gesehen und gehöret,
was Jesus that, und lehrte; sie waren im Stande, von
dem, was sie gesehen und gehöret hatten, zu urtheilen.
Ihre Zeugnisse haben sie zum Theil öffentlich vor Gerichte, vor ihren Feinden, an solchen Orten und zu der
Zeit abgeleget, da jederman, der nur wollte, die Wahrheit ihrer Aussagen untersuchen konnte, sie hatten von
ihren Aussagen keinen Vortheil, sondern vielmehr Verfolgung, Martern, Verlust der Freyheit und des Lebens
zu erwarten. Nicht nur einer oder zween, sondern viele bezeugeten das nämliche, sie vergossen ihr Blut, stan-
den die größten Martern und den schmerzlichsten Tod aus,
um ihre Aussagen zu bewähren. Auch heidnische und jü-
dische Geschichtschreiber erzählen vieles von dem, was die
Apostel so nachdrücklich bezeuget haben.

Sie sagen: daß Jesus gelebet hat, und sie erzählen wenigstens einiges von dem, was die Apostel und
Evangelisten von Jesu geschrieben und geprediget haben.
Was durch eine Menge solcher Zeugen bestätiget wird,
ist gewiß im höchsten Grade glaubwürdig.

§. VII.

Die Lehre Jesu Christi ist göttlich.

Wenn man sagt, die Lehre Jesu ist göttlich,
so will man dadurch andeuten, daß dasjenige was Jesus
lehrete, von Gott herrühre, daß es Gottes Willen gewesen sey, und daß die Befolgung dieser Lehre zu Gott
führe.

Die

· Die Gründe aus denen die Göttlichkeit der Lehre Jesu, b) geschlossen wird, sind folgende a) die Wunder Jesu die eigenen Weissagungen Jesu, c) der Inhalt seiner Lehre, d) der Erfolg.

a) **Die Wunder beweisen daß die Lehre Jesu göttlich sey.**

Wahre Wunderwerke sind angewönliche Wirkungen, welche die Kräfte der Natur übersteigen, und von ihrer Ordnung abweichen. Nur Gott, der Herr der Natur kann anders würken, als die von ihm gemachte Gesetze mit sich bringen, nur er kan, wenn er will, diese Kraft andern mittheilen.

Es widerspricht der Heiligkeit Gottes, daß er so eine Kraft Personen zulassen sollte, welche sich derselben zur Vestätigung solcher Dinge bedienen, die seinem Willen zuwider sind. Findet man also eine Person welche wahre Wunder wirket, so muß dasjenige, zu dessen Vestättigung die Wunder gewirket werden, Gottes Willen gemäß seyn.

Jesus hat vielerley Wunder gewirket, und zwar meistens öffentlich, nicht nur durch eine kurze Zeit, sondern in einem Zeitraume von 3. Jahren, im Angesichte vieler Menschen, und selbst seiner Feinde. Da er Wunder wirkte, that er meist nichts, als daß er seinen Willen erklärte; er sprach: was er wollte, solle geschehen; und es geschah alsogleich, ohne sich natürlicher Mittel zu bedienen; so heilte er Kranke, so machte er Blinde sehend, Taube hörend, Aussätzige rein, so erweckte er Todte; Wind und Meer haben ihm gehorsamet; so hat er Wasser in Wein verwandelt, mit wenigen Speisen eine grosse Menge Hungrige gesättiget; er muß-

D 3 te

te die geheimſten Gedanken; er trieb Teufel
aus.

Alle dieſe Wunder und noch mehrere bezeugen glaubwürdige Zeugen, die Evangeliſten; ja es bezeugen
ſie zum Theil auch ſeine Widerſacher die ungläubige
Juden, welche verſchiedne dieſer Wunder geſehen
hatten; auch heidniſche Schriftſteller erwähnen einige derſelben.

Juden und Heiden läugneten ſie nicht, ſie hielten nur Jeſum für einen Zauberer, und gaben vor,
daß er durch den Beyſtand des Teufels Wunder
wirkte.

Jeſus wirkte dieſe Wunder um zu beweiſen,
daß er der verſprochene Meſſias, daß ſeine Lehre
wahr ſey. Wenn ich die Wunder unter ihnen
nicht gethan hätte, die niemand anderer gethan hat, ſo hätten ſie keine Sünde. Joh. XV.
24. Gott hätte dieſes nicht zulaſſen können, wenn
Jeſus nicht der Meſſias, oder wenn ſeine Lehre
nicht wahr geweſen wäre.

b) Die Weiſſagungen Jeſu beweiſen auch, daß ſeine Lehre göttlich ſey.

Zukünftige zufällige Dinge, deren Urſachen nicht
vorhanden, oder nicht zu erkennen ſind, kan niemand, als Gott durch ſeine Allwiſſenheit im voraus wiſſen. Sagen Menſchen zuweilen zufällige und
verborgene Dinge umſtändlich voraus, die aufs ge-
naueſte eintreffen, ſo iſt zu ſchlieſſen, daß ſie ihnen von Gott ſind geoffenbaret worden.

Gott würde und könnte wegen ſeiner Heiligkeit
den Menſchen zukünftige Dinge nicht offenbaren,
wenn ſie ſolche zum Beweiſe oder Beſtättigung fal-
ſcher Lehren brauchen wollten.

Fol-

Folgende Dinge hat Jesus voraus gesaget, die auß genaueste sind erfüllet worden: sein Leiden und seine Todesart: daß er von dem Judas würde verrathen, von dem Petrus verläugnet, von seinen Jüngern verlassen werden, daß er am 3ten Tage auferstehen, daß die Stadt Jerusalem würde zerstöret, seine Lehre in der ganzen Welt geprediget werden.

⊕) Der Inhalt der Lehre Jesu selbst, und die Lehre welche seine Apostel mündlich und schriftlich verkündigten, ist göttlich.

Der Inhalt der Lehre Jesu und seiner Apostel ist göttlich, weil sie die Erkenntniß und den Dienst Gottes, die Vereinigung der Menschen mit Gott in diesem Leben durch Glauben und Gehorsam, und in jenem Leben durch die ewige Glückseligkeit zur Absicht hat.

Die Lehre Jesu kläret unsern Verstand auf, und erfüllet ihn mit richtigen Begriffen von Gott, von unserm Ursprunge, von unserer Bestimmung, und von unsern Pflichten; sie unterrichtet uns von der Beschaffenheit des Menschen, wie er von Gott erschaffen worden, und von dessen Verderben durch die Sünde der ersten Aeltern.

Diese Lehren unterrichten uns auch, daß wir bei ihm in unserer Schwachheit und wegen unserer Abneigung vom Guten Kräfte erbitten und erhalten sollen, um zu vollbringen was zur Erlangung der ewigen Seligkeit nothwendig ist.

Diese Lehren leiten zur Vollkommenheit und Heiligkeit, indem sie die Handlungen und Begierden der Menschen in Ordnung bringen.

D 4   Die

Die Lehre Jesu unterweiset, wie wir uns nicht nur gegen Gott, sondern auch gegen uns selbst, und gegen den Nächsten verhalten sollen; sie tröstet uns im Unglück und in Trübsalen, sie stärket uns in den Widerwärtigkeiten.

Diese Lehren machen gute Fürsten, treue Unterthanen, fleißige Bürger, redliche und rechtschaffene Glieder der menschlichen Gesellschaft in allen Ständen.

d) Die Göttlichkeit der Lehre Jesu veroffenbaret sich auch aus dem Erfolge, oder aus ihren gesegneten Wirkungen.

Zu allen Zeiten haben ansehnliche, und zum Theil auch mächtige Personen sich mit dem größten Eifer bemühet die Sitten der Menschen zu bessern; allein ihre Bemühungen haben nicht den Erfolg und nicht den Bestand gehabt, den die Lehre Jesu seit mehr als 1700 Jahren, bis auf den heutigen Tag hat.

Die Apostel Christi besaßen zwar weder Vermögen noch Macht, noch auch was man insgemein Gelehrsamkeit nennet, ihre Lehren waren den Juden ein Aergerniß, den Heiden aber ein Spott, sie waren den angenehmsten Leidenschaften zuwider.

Bei allem dem hat dennoch diese Lehre viele tausend Menschen, und unter solchen sehr mächtige und gelehrte Männer von dem Heidenthume und dem Aberglauben zur Erkenntniß des wahren Gottes gebracht, und ihre Herzen dergestalt gebessert, daß sie aus Wollüstigen, und Ungerechten, Geißigen, Räubern und Aufrührern, zu keuschen, gerechten, wohlthätigen, barmherzigen und der Obrigkeit gehorsamen Menschen geworden sind.

Diese

Diese Veränderung hat die Lehre Christi nicht etwa nur bei einzelnen Personen, sondern bei ganzen Völkern gewirket; es sind zahlreiche Nationen und ganze Reiche, welche diese Lehren seit ihrer Bekehrung bis auf den heutigen Tag durch viele Jahrhunderte bekennen, und wenn gleich nicht wenige Menschen unter den Christen sind, die solche in der That nicht befolgen, so gibt es doch andere, und es hat dergleichen immer in grosser Anzahl gegeben, die sie treulich ausüben. Man muß hieraus schliessen, daß so eine wichtige Veränderung, und folglich die Lehre, welche sie gewirket hat, göttlich sey.

Gewiß eine so große, und dem menschlichen Geschlechte so heilsame, dabei aber auch so lang bestehende Wirkung kan nicht das Werk der Menschen seyn.

§. VIII.

Die Bücher des alten Testaments enthalten lauter solche Wahrheiten, an welchen man nicht zweifeln darf, diese und auch die Bücher des neuen Testaments sind göttlich. Sie sind von der Kirche Christi als solche erkannt, und dafür erkläret worden.

a) Die Bücher des alten Testaments, enthalten lauter solche Wahrheiten, an welchen man nicht zweifeln darf.

Die Schriften der Apostel und der Evangelisten, die wir aus oben angeführten Gründen für wahrhaft halten müßen, erzählen uns; daß Jesus, dessen Lehre wir für göttlich erkannt haben, die vornehm-

ften Bücher des alten Testaments sehr nachdrücklich
empfohlen, und eben dadurch für glaubwürdig und
wahrhaft erkläret habe.

Bei Matth. V. 17. sagt Jesus: er sey nicht
gekommen das Gesetz und die Propheten aufzu=
lösen, sondern zu erfüllen. Bei Joh. V. 39.
sagt er den Juden, sie sollten die Schriften erfor=
schen, davon sie selbst glaubten, daß sie dadurch das
ewige Leben erhalten; er verweist ihnen Joh. V.
46. 47. daß sie dem Moyses nicht glauben. Bei
Luk. XVI. 31. sagt er: daß diejenigen, welche dem
Moyses und den Propheten nicht glauben, auch
nicht würden überzeuget, oder zum Glauben bewo=
gen werden, wenn gleich jemand von Todten aufer=
stünde. Seinen eigenen Jüngern verwies Jesus bei
Luk. XXIV. 25, 27 daß sie dem Moyses und
den Propheten nicht glaubeten, er befahl ihnen da=
selbst nachzulesen, was von ihm geschrieben ist. Al=
les dieses würde Jesus nicht gethan haben, wenn
die Bücher des alten Testaments nicht lauter Wahr=
heiten enthielten.

b) Die Bücher des alten und auch des neuen Te=
staments sind göttlich.

Wenn wir sagen die heilige Schrift, oder die
Bücher, aus denen sie bestehet, sind göttlich, so
verstehen wir durch diesen Ausdruck: daß Gott die
Verfasser dieser Bücher so geleitet hat, damit sie
nichts anders schrieben, als was Gott wollte, das
sie zum Unterrichte der Gläubigen schreiben sollten.

Der heilige Paulus 2. Tim. III. 15. 16. sagt
ausdrücklich; daß die Verfasser der heiligen Bücher
von Gott geleitet worden: Weil du von Kindheit
die heilige Schrift weißt — — Alle Schrift
die

die von Gott ist eingegeben worden, ist nutzbar zu lehren, zu beweisen, zu strafen, und zu unterweisen in der Gerechtigkeit.

Der heilige Petrus sagt es noch ausdrücklicher in seinem 2ten Briefe I. 20. Dieß sollt ihr aber erstlich wissen, daß keine Weissagung der Schrift durch eigene Auslegung erkläret werde, denn keine Weissagung ist jemals durch menschlichen Willen hervor gebracht worden, sondern die heiligen Männer Gottes haben geredet, was ihnen von Gott ist eingegeben worden.

Beide hier angeführten Schriftsteller reden von den Büchern des alten Testaments, allein was von den Büchern des alten Testaments gesaget wird, ist auch von den Büchern des neuen Testaments wahr.

Christus, dessen Lehre man wegen der gewirkten Wunder, und wegen der Weissagungen, so auch wegen ihres Inhalts vor göttlich, und folglich vor wahr halten muß; versprach seinen Aposteln Joh. XVI. 13. daß der Geist der Wahrheit kommen und sie alle Wahrheit lehren würde. Joh. XIV. 16. verspricht Jesus, daß er den Vater bitten, und dieser einen Tröster geben werde, der bei ihnen in Ewigkeit bleibe, er wiederholet sein Versprechen und versichert 17. v. daß dieser Geist bei seinen Aposteln bleiben, und bei ihnen seyn werde. Christus sagt endlich bei Joh. XIV. 26. daß der heilige Geist seine Apostel alles lehren, und ihnen alles eingeben werde. Bei diesen Versicherungen ist es auser Zweifel, daß auch der heilige Geist den Evangelisten und Aposteln beigestanden, und alles eingegeben, was sie zum Unterrichte der Gläubigen geschrieben haben.

Es

Es ist demnach gewiß, daß nicht nur die Bücher des alten, sondern auch des neuen Testaments
göttlich, das ist: von Gott sind eingegeben worden.

c) Die Bücher der heiligen Schrift sind von der
Kirche Christi für göttlich erkannt, sie bestimmet den Gläubigen diejenigen anzunehmen,
welche aus Gottes Eingebung sind geschrieben,
aber nicht gleich überall für solche sind gehalten
worden.

In der Kirche Christi sammelte und verwahrte
man die Schriften der Apostel eben so sorgfältig,
und unterschied sie eben so von andern Büchern, wie
es die Juden vor Christo mit den Büchern des alten Testaments gethan hatten. Schon oben ist gesagt worden, daß man in verschiedenen Kirchen über
die Göttlichkeit einiger Bücher des neuen Testaments
gezweifelt, auch hatte man nicht überall jene Bücher des alten Testaments für göttlich erkannt, welche nicht in dem Kanon oder Verzeichnisse der Juden waren. Die Päbste und Kirchenversammlungen
thaten endlich den Ausspruch, und machten ein Verzeichniß der Bücher des alten und neuen Testaments
bekannt, man nennet dieses Verzeichniß Kanon. Dadurch erklärten sie die in dem Verzeichnisse befindliche
Bücher für göttliche, und als solche die aus Gottes
Eingebung geschrieben sind. Das älteste Verzeichniß
ist von dem Pabst Innocentius dem ersten, und von
der dritten Karthaginensischen Kirchenversammlung:
eben dasselbe Verzeichniß haben die Väter der floren-
tinischen und tridentinischen Kirchenversammlung von
neuen bekannt gemacht.

§. IX.

§. IX.

Es gibt auch Offenbarungen, die nicht in den heiligen Büchern geschrieben, sondern durch mündliche Uiberlieferungen in der Kirche Christi sind erhalten worden, man nennet sie Traditionen.

Jesus Christus sandte seine Jünger aus zu predigen, das ist mündlich zu lehren: er sprach zu ihnen: gehet hin in alle Welt, und prediget das Evangelium allen Kreaturen Mark. XVI. 15. Die ersten Christen glaubten den Aposteln ehe noch einer etwas schrieb. Apostelgesch. II. 40. 41.

Derjenige Apostel der am meisten geschrieben, hat sogar befohlen auch die mündlichen Lehren zu halten. a) Diese Lehren nennet man das ungeschriebene Wort Gottes, mündliche Uiberlieferungen, Traditionen.

Man versteht also unter den mündlichen Uiberlieferungen oder Traditionen jene Glaubens = und Pflichtenlehren, welche die Apostel entweder aus dem Munde Jesu Christi selbst gehöret, oder aus Eingebung des heil. Geistes gepredigot, aber nicht niedergeschrieben haben; Lehren, welche in der Bibel nicht geschrieben stehen, die aber die katholische Kirche von jeher einstimmig bekennet; Lehren davon man den Ursprung nicht weis.

Diese überlieferte Lehren, welche man in den Schriften der Kirchenväter findet, sind auch der Grund darnach die Kirche streitige Glaubenslehren entscheidet, und den Verstand der heiligen Schrift bestimmet, wenn darüber Uneinigkeiten entstehen.

Diese

---

a) So stehet nun liebe Brüder, und haltet die Satzungen, die ihr entweder durch unser Wort, oder durch unser Sendschreiben gelernet habt. 2. Thess. II. 14.

Diese Entscheidungen sind nothwendig, denn es kom̃=
men in der heiligen Schrift Dinge vor, die schwer zu
verstehen sind. b) Es entstehen über die in der heiligen
Schrift enthaltenen Wahrheiten Streitigkeiten, c) wel=
che ohne Entscheidung niemal ein Ende haben würden.

Die Entscheidungen der Kirche sind gewiß und sicher
Christus versprach seinen Jüngern und deren Nachfolgern
(denn erstere lebten ja nicht bis ans Ende der Welt:) daß
er ihnen bis ans Ende der Welt beistehen wolle. d)
Er versprach, daß die Pforten der Hölle seine Kirche
nicht überwältigen sollen, e) daß der Tröster der heilige
Geist

Was ihr auch gelernet und empfangen, und von mir gehöret
und an mir gesehen habt, dasselbe thut; so wird der
Gott des Friedens bei euch seyn. Philip. IV. 9.
b) Wie er (Paulus) denn auch in allen Briefen thut, da=
rinn er von solchen Sachen redet, in welchen etliche Dinge
schwer zu verstehen sind, welche Dinge die Ungelehrten
und Unbeständigen verkehren: wie auch die andern Schrif=
ten, zu ihrem eigenen Verderben. Derowegen meine Brü=
der, dieweil ihr solches zuvor wisset, so verwahret euch,
auf daß ihr nicht durch Irrthum der Unwitzigen abgefüh=
ret werdet und von eurem eigenen festen Stande abfallet.
2. Petr. III. 16. 17.
c) Dieß lehret die Erfahrung aller Jahrhunderte.
d) Lehret sie alles halten, was ich euch befohlen habe. Und
sieh, ich bin bei euch alle Tage bis an das Ende der Welt.
Math. XXVIII. 20.
e) Und ich sage dir: du bist Petrus, und auf diesen Fel=
sen will ich meine Kirche bauen, und die Pforten der
Höllen werden sie nicht überwältigen. Matth. XVI.
18.

Geiſt ſie alle Wahrheiten lehren würde. f) Die Kirche
iſt die Säule und Grundfeſte der Wahrheit. g)

§. X.
Endzweck und Nutzen der geoffenbarten Religion.

Der Endzweck der geoffenbarten Religion iſt die
Ehre Gottes. Der Nutzen, den Menſchen von der Religion haben, iſt ihre ewige und zeitliche Glückſeligkeit.
Niemand zweifelt, daß die Rechtgläubigen durch die geoffenbarte Religion die ewige Glückſeligkeit erlangen, und
daß ſie dazu vornämlich diene; aber nicht jeder ſieht ein,
wie die Religion auch unſere zeitliche Glückſeligkeit beför-
dere; dieſes iſt alſo hier zu zeigen. Die troſtvolle Lehre
von der Vorſehung Gottes, der die Welt und alle Begebenheiten in derſelben regieret, machet uns mit unſerm
Zuſtande, wie er auch immer beſchaffen ſeyn mag, zu-
frieden, die Gebote Gottes befördern die zeitliche Glückſeligkeit der verſchiedenen menſchlichen Geſellſchaften: überhaupt durch den Gehorſam, welchen das vierte Gebot
nicht nur den Kindern gegen ihre Aeltern anbefiehlt, ſondern auch allen Untergebenen gegen ihre Obrigkeiten ge-
bietet als die welche verordnet ſind, die Glückſeligkeit der
menſchlichen Geſellſchaft zu verſchaffen und zu erhalten.
Gottes Gebote befördern auch die Glückſeligkeit eines jeden Menſchen insbeſondere, indem ſie uns alles dasjenige

in

---

f) Und ich will den Vater bitten, und er wird euch einen
andern Tröſter geben, daß er bei euch bleibe in Ewigkeit,
den Geiſt der Wahrheit. Joh. XIV. 16. Wenn der Geiſt
der Wahrheit kommen wird, der wird euch alle Wahrheit lehren. Joh. XVI. 13.

g) Die Kirche des lebendigen Gottes iſt eine Säule und Grundfeſte der Wahrheit. 1. Tim. III. 15.

in Sicherheit setzen, was zur zeitlichen Glückseligkeit theils gehöret, theils gerechnet wird; so versichert uns das 5te Gebot das Leben. Das 6te versichert einem Ehegatten die Treue des andern. Allen und jeden die Fortdauer der Gesundheit, der Kräfte des Leibes und der Seele, welche durch unkeusche Handlungen verdorben werden. Das 7te versichert unser Eigenthum, das 8te unsre Ehre. Das 9te und 10te Gebot aber erhält unsere Begierden, die Quellen so vieles Unheils in Ordnung.

§. XI.

Woher man von der geoffenbarten Religion insgemein Kenntnisse erhalte. Kurzer Inhalt der wahren Religion.

Die Kenntniß der göttlichen Offenbarungen, welche jedem Christen zu wissen nothwendig sind, erhält man insgemein und zuerst aus dem Katechismus. Dieses Buch unterrichtet

1) Von dem was ein katholischer Christ glauben,
2) Was er thun muß um selig zu werden.

Das erste nennet man Glaubenslehren, es sind Lehren die man für wahr halten muß, wenn man will selig werden.

Das zweyte nennet man Sittenlehren, oder Vorschriften für unsere Handlungen, die man nicht nur wissen, sondern auch befolgen muß.

1. Die Glaubenslehren.

Die vornehmsten Artikel der Glaubenslehren stehen in dem apostolischen Glaubensbekenntnisse beisammen, man findet aber auch in den übrigen Hauptstücken des Katechismus noch mehrere Glaubenslehren, besonders in dem

Haupt-

Hauptſtücke von den heiligen Sakramenten; man kan die vornehmſten Glaubenslehren unter nachſtehende Titel zuſammen bringen:

a) **Gottes Daſeyn, deſſen Eigenſchaften; Hauptpflichten der Menſchen, dazu ſie die Erkenntniß der göttlichen Eigenſchaften verbindet.**

Es iſt ein Gott; er iſt von ſich ſelbſt, das allervollkommenſte und deßhalben unſerer Liebe und Hochachtung würdigſte Weſen; er iſt der Schöpfer, Erhalter und Regierer aller Dinge, gegen uns höchſt gütig, und gegen reumüthige Sünder barmherzig. Der Menſch muß ihn nicht nur erkennen, über alles lieben, und ſeinem Willen gehorſamen, er muß ihn auch fürchten, weil er als allwiſſend jedes weis, als höchſt heilig das Böſe verabſcheuet, und es als höchſt gerecht beſtrafet.

b. **Hauptlehren der Offenbarung von den drey göttlichen Perſonen.**

Die göttliche Offenbarung lehret uns, daß drey göttliche Perſonen einer Natur und Weſenheit ſind, der Vater, der Sohn, und der heilige Geiſt; ſie lehret uns, daß Gott der Vater alles erſchaffen hat; daß die zweyte göttliche Perſon iſt Menſch geworden um für unſre Sünden genug zu thun, uns durch ſein Leiden und Sterben mit dem himmliſchen Vater auszuſöhnen, von der ewigen Verdammniß zu erlöſen, Tugend zu lehren, und Veiſpiele zur Nachfolge zu geben; daß Gott der heilige Geiſt uns in der heiligen Taufe, und durch den würdigen Genuß anderer heiligen Sakramente heilige, oder die Heiligung in uns vermehre.

E   e. Die

c. Die von Christo verordnete Mittel zu unserm Heile.

Der Menschgewordene Sohn Gottes Christus Jesus hat die Beobachtung der Gebote Gottes, das Gebet, und die heiligen Sakramente als Mittel zu unserm Heile verordnet, er hat uns selbst beten, und auch die christliche Gerechtigkeit dadurch gelehret, indem er uns vom Bösen abgemahnet, und zum Guten oder zur Tugend ermuntert hat. Er hat auch eine Kirche, eine sichtbare Versammlung seiner Gläubigen gestiftet, deren Glieder alle diejenigen seyn müssen, die wollen selig werden; er hat den heiligen Geist gesendet, der alle Wahrheit lehret; er hat versprochen bei den Seinigen zu bleiben bis ans Ende der Welt; die Kirche ist die Säule und Grundfeste der Wahrheit, ihr kommt es zu die Streitigkeiten in Glaubens- und Sittenlehren zu entscheiden, sie hat Jesum Christum zum unsichbaren, und den römischen Pabst zum sichtbaren Oberhaupte.

d. Von dem Zustande der Menschen.

Die ersten Menschen sind zwar von Gott gerecht, und nach seinem Ebenbilde erschaffen worden; allein durch freywillige Uibertretuug eines göttlichen Gebots haben sie sich verschlimmert, sie sind vom Guten ab, und zum Bösen geneigt geworden; ihre Sünde hat uns den Verlust der heiligmachenden Gnade, und die Neigung zum Bösen verursachet; wir werden deshalben als Kinder des Zorns zur Welt gebohren; wir werden erst zu Kindern und Freunden Gottes, wie auch zu Gliedern der Kirche Christi durch das Sakrament der heiligen Taufe gemacht, durch die Taufe werden wir von der Erbsünde abgewaschen und gereiniget, so wie wir durch das Sakrament der Buße von der Schuld jener Sünden befreyet werden, welche nach der Taufe sind begangen wor-

worden ; Doch bleiben wir zeitliche Strafen für unsere Sünden zu leiden schuldig. Die Strafen der Erbsünde sind
allerlei Mühseligkeiten und Schwachheiten des Leibes sowohl als der Seele, besonders aber der Tod, er besteht
in der Trennung der Seele vom Leibe ; die Seele des
Menschen ist ein rurer Geist, das Wesen was in uns
denkt, und will ; sie ist unsterblich, wird immer und ewig
seyn, sie wird, nachdem der Mensch Gutes oder Böses
gethan hat, nach dem Tode dafür belohnet, oder bestra-
set werden, die Leiber der verstorbenen Menschen am Ende
der Welt auferstehen, jeder wird mit seiner Seele wieder
vereiniget ; die Menschen werden alsdenn insgesammt von
Jesu Christo gerichtet, und hernach auch deren Leiber ewig-
währender Belohnungen im Himmel, oder ewiger Strafen in
der Hölle theilhaftig werden.

2. Die Sittenlehre.

Die christliche Sittenlehre unterrichtet uns, die Handlungen so einzurichten, daß sie Gott gefällig sind.

a. Von den Pflichten.

Pflichten sind Handlungen dazu wir verbunden sind.
Der allgemeine Unterricht von unsern Pflichten ist in den
zehn Geboten Gottes enthalten ; manche besondere Pflichten kommen auch in den Hauptstücken von der christlichen
Hoffnung, von den heiligen Sakramenten, und besonders
in dem Hauptstücke von der christlichen Gerechtigkeit vor,
sie werden in diesen Theilen des Katechismus erkläret.
Man kan aber diese Pflichten auch folgendermaßen aus-
einander setzen: man bemerke, daß es mancherlei Pflichten gibt, und zwar gegen Gott, gegen sich selbst, gegen
den Nächsten. Diese sind für jedermann ; niemand sollte
darin unwissend seyn.

b. Haupt-

b. Hauptregel der christlichen Sittenlehre.

Die Hauptregel der christlichen Sittenlehre ist: thu aus Liebe gegen Gott alles, was seinen Vollkommenheiten, und den darinn gegründeten Pflichten, und was seinem geoffenbarten Willen gemäß ist, thu was die Lehre Jesu Christi fodert, was dein eigenes, aber wahres Beste, und die Wohlfahrt deiner Nebenmenschen beförbert; unterlaß das Gegentheil, liebe den Nächsten wie dich selbst; sey tugendhaft.

c. Was Tugend ist.

Die christliche Tugend, von der allein bei dem Unterrichte in der Religion die Rede ist, beschreibet unser Katechismus also: die christliche Tugend überhaupt ist eine Gabe, welche Gott der Seele mit der heiligmachenden Gnade eingießt, um den Willen des Menschen zu solchen Handlungen fähig, und geneigt zu machen, welche dem Gesetze Jesu Christi gemäß, und des ewigen Lebens würdig sind.

Es ist eigentlich und überhaupt zu reden nur eine Tugend, sie besteht in einem kräftigen Willen, ohne Ausnahme den Geboten Gottes, dem Gesetze Jesu Christi und seiner Kirche, wie auch dem Gewissen gemäß zu handeln; aus dieser Haupttugend fließen alle einzelne Tugenden, welche von ihren verschiedenen Bewegungsgründen entweder göttliche oder sittliche, und auch von ihren verschiedenen Gegenständen, verschiedene Namen haben.

d. Was Frömmigkeit oder Gottseligkeit sey.

Man nennet Menschen, die wegen Gott tugendhaft sind, fromm, oder gottselig. Die Frömmigkeit oder Gottseligkeit besteht nicht in einer eigensinnigen, sonderbaren und ungesitteten Lebensart, sondern in dem beständigen Bestreben zu thun, was Gott gefällig ist. Sie besteht
auch

auch in der Ausübung solcher Tugenden wegen Gott, welche das Beßte der menschlichen Gesellschaft befördern. Der Gebrauch der Dinge dieser Welt streitet mit der Gottseligkeit nicht, sie verbietet nur den Mißbrauch derselben.

§. XII.
Wie die Religion auszuüben sey.

Schon oben §. 2. ist gesagt worden, daß die Religion überhaupt in der Erkenntniß wie auch in der Art Gott zu verehren und anzubeten bestehe.

1. Wer Religion zu haben in der That zeige.

Jener Mensch-zeiget in der That, daß er Religion habe, der Ehrerbietigkeit für Gott und göttliche Dinge hat, der in allem seinen Thun und Lassen Gott vor Augen hat, der sich nach Gottes Willen immer zu richten bereit und beflissen ist, der Gott so anbetet und verehret, wie Gott will angebetet und verehret seyn. Man sieht hieraus, daß die Religion innerlich und äuserlich auszuüben sey.

2. Wie man innerlich,

Innerlich übet man sie aus, wenn man den göttlichen Offenbarungen ungezweifelten Beifall gibt; den Entscheidungen der Kirche sich gehorsam unterwirft; auf Gott hoffet und vertrauet; ihn liebet; wenn man sein Gemüth zu Gott erhebt und um seine Gnade bittet, auch mit derselben treulich wirket; wenn man bereit ist ihm zu dienen, wenn man fest entschlossen ist, seinen allerheiligsten Willen sich gefallen zu lassen und getreulich zu erfüllen.

3. Wie man äuserlich die Religion ausübe.

Aeuserlich übet man die Religion aus durch wirkliche Erfüllung der göttlichen Befehle, und der Kirchengebote, durch das öffentliche Gebet, und durch Abwartung

des

des Gottesdienstes, dessen wesentlichster Theil bei den Rechtgläubigen in dem Opfer des Altars und in dem rechten Gebrauche der heiligen Sakramente, besonders des Altars besteht. Man muß auch durch Anhörung des Wortes Gottes, durch Lesung gottseliger Bücher seine Kenntnisse von der Religion erweitern, sich zum Guten ermuntern, und der Vergessenheit des Erlernten vorbauen.

4. Anmerkungen.

a. Wegen der Diener der Religion und Seelsorger.

Die Diener der Religion und besonders die Seelsorger muß ein Christ als Ausspender der heiligen Sakramente, als Vorbitter bei Gott, als Lehrer der erhabensten und nützlichsten Wahrheiten hochschätzen. Die Gebräuche der Kirche, die von ihr gut geheissenen, oder geduldeten Andachten muß er in Ehren halten und nicht verachten, die Andacht soll er aber nicht in willkührlichen, noch weniger aber in solchen Dingen suchen, welche wider die Liebe des Nächsten sind, oder die von Erfüllung unserer Pflichten abhalten.

b. Wegen der wahren Andacht.

Die wahre Andacht, mit welcher die Werke der Religion ausgeübet, und besonders unsere Gebete verrichtet werden müssen, besteht vornämlich in der Versammlung des Gemüthes vor Gott ohne freywillige Zerstreuung wie auch in der Vereinigung unsers Herzens, und unserer Begierden mit ihm.

Der grosse
Katechismus

mit

Fragen und Antworten

samt den

beweisenden Stellen.

Inhalt

des

grossen Katechismus.

I. Ab-

§. 5.

Einleitung

zu dem

Katechismus

Fr. **W**as heißt Katechismus?

A. Katechismus heißt der Unterricht in der christkatholischen Lehre; so heißt auch insgemein das Buch, in dem dieser Unterricht enthalten ist.

Fr. In wie viel Hauptstücken wird die christkatholische Lehre in diesem Katechismus vorgetragen?

A. Die christkatholische Lehre wird in diesem Katechismus in 5. Hauptstücken und einem Anhange vorgetragen.

Fr. Welche sind die 5. Hauptstücke?

A. Die 5. Hauptstücke sind:

1. Der Glauben.
2. Die Hoffnung.
3. Die Liebe.

A

4. Die

4. Die heiligen Sakramente.

5. Die christliche Gerechtigkeit.

Der Anhang ist von den vier letzten Dingen.

Das I. Hauptstück.

Von dem Glauben.

I. Abtheilung.

Was der katholische Glauben sey.

Fr. Was ist der Glauben eines katholischen Christen?

A. Der Glauben eines katholischen Christen ist ein übernatürliches Licht, eine Gabe Gottes, eine von Gott eingegossene Tugend, dadurch er alles fest, und ungezweifelt für wahr hält, was Gott geoffenbaret hat, und was die katholische Kirche zu glauben vorstellet, es sey geschrieben, oder nicht.

*. Fr. Was heißt christkatholisch glauben?

A. Christkatholisch glauben heißt, alles für wahr halten, was Gott geoffenbaret hat, und was die Kirche zu glauben vorstellet, es sey geschrieben oder nicht.

** Fr. Ist es zur Seligkeit genug, daß der katholische Christ nur im Herzen glaubet was Gott geoffenbaret hat?

A.

U. Es ist zur Seligkeit nicht genug, daß der katholische Christ nur im Herzen glaubet, was Gott geoffenbaret hat, er muß auch

1. seinen Glauben durch die Werke zeigen, (a)

2. was er im Herzen glaubet, wenn es nöthig ist, mit dem Munde öffentlich bekennen. (b)

Fr. Warum muß man glauben, was Gott geoffenbaret hat?

U. Man muß glauben, was Gott geoffenbaret hat, weil Gott die ewige Wahrheit c) und unendliche Weisheit ist, welche weder kann betrügen, noch betrogen werden.

Fr. Woher weiß man, was Gott geoffenbaret hat?

U. Was Gott geoffenbaret hat, weiß man theils aus dem geschriebenen, theils auch aus dem ungeschriebenen Worte Gottes.

Fr. Was versteht man durch das geschriebene Wort Gottes?

U. Durch das geschriebene Wort Gottes, welches man auch die heilige Schrift oder die Bibel

A 2   nen-

---

a) Was nützet es meine Brüder, wenn jemand saget: er habe den Glauben, hat aber die Werke nicht: kann ihn auch der Glauben selig machen? Jak. II. 14.
Gleichwie der Leib ohne den Geist todt ist: so ist auch der Glauben ohne die guten Werke todt. Jak. II. 26.

b) Da man mit dem Herzen glaubet, gelanget man zur Gerechtigkeit; da man aber den Glauben mit dem Munde bekennet, gereichet es einem zur Seligkeit. Röm. X. 10.

c) Die Wahrheit ist der Grund deiner Reden. Ps. CXVIII. 160.

nennet, versteht man die Sammlung jener Bücher,
welche aus Eingebung des göttlichen Geistes von
heiligen Männern sind geschrieben, und als sol=
che von der katholischen Kirche erkannt und er=
kläret worden.

**Fr. Was versteht man durch das ungeschriebe=
ne Wort Gottes?**

A. Durch das ungeschriebene Wort Gottes,
welches man auch die Tradition, oder die münd=
liche Ulberlieferung nennnet, versteht man jene
Glaubens-und Pflichtenlehren, welche die Apo=
stel entweder aus dem Munde Jesu Christi selbst
gehöret, oder aus Eingebung des heiligen Geistes
geprediget, aber nicht niedergeschrieben haben.

Fr. Wo wird die Tradition bewahret?

A. Die Tradition wird in der katholischen Kirche
allein, beständig, getreu und unverfälscht be=
wahret.

**Fr. Warum glaubet der katholische Christ der
Kirche, wenn sie etwas zu glauben vorstel=
let?**

A. Der katholische Christ glaubet der Kirche, wenn
sie etwas zu glauben vorstellet, es sey geschrie=
ben oder nicht; weil Christus die Kirche zu hö=
ren befohlen hat d), welche die Säule und
Grundfeste der Wahrheit ist. (e)

** **Fr. Ist der Glauben einem jeden Menschen,
der selig werden will, nothwendig?**

A.

---

d) Wer euch höret der höret mich. Luk. X. 16.
Wenn er aber die Kirche nicht höret, so halt
ihn wie einen Heiden, und Publikanen. Matth.
XXIII. 17.
e) 1. Tim. III. 15.

A. Der Glauben ist einem jeden Menschen, der selig werden will, nothwendig; denn ohne Glauben ist es unmöglich Gott zu gefallen. (f)

⁂ Fr. Was muß jeder Mensch, wenn er zum Gebrauche der Vernunft kömmt, nothwendig wissen und glauben, um selig zu werden?

A. Jeder Mensch muß, wenn er zum Gebrauche der Vernunft kömmt, um selig zu werden, nothwendig wissen und glauben:

1. Daß ein Gott ist.
2. Daß Gott ein gerechter Richter ist, welcher das Gute belohnet, und das Böse bestrafet. (g)
3. Daß drey göttliche Personen einer Wesenheit und Natur sind: der Vater, der Sohn, und der heilige Geist. (h)
4. Daß die zwepte göttliche Person ist Mensch geworden, um uns durch den Tod am Kreuze zu erlösen, und ewig selig zu machen. (i)

A 3   ⁂ Fr.

(f) Hebr. XI. 6.

(g) Wer zu Gott kommen will, der muß glauben, daß er sey, und daß er denen, die ihn suchen ein Vergelter sey. Hebr. XI. 6.

(h) Drey sind, welche Zeugniß geben im Himmel, der Vater, das Wort, und der heilige Geist, und diese drey sind eines. 1. Johan. V. 7.

(i) Darum ist er ein Mittler des neuen Testaments, auf daß die, welche berufen sind, vermittelst des Todes, den er zur Erlösung von den Uibertretungen erlitten hat, die ewige Erbschaft erlangeten. Hebr. IX. 15.

✱✱ Fr. Welche Wahrheiten hat jeder katholische Christ nebst den obigen Grundlehren des christkatholischen Glaubens noch zu wissen und zu glauben?

A. Jeder katholische Christ hat nebst den obigen Grundlehren des christkatholischen Glaubens noch zu wissen und zu glauben:

1. Daß die Seele des Menschen unsterblich ist. (k)

2. Daß die Gnade Gottes zur Seligkeit nothwendig ist, (l) und daß der Mensch ohne die Gnade nichts verdienstliches zum ewigen Leben wirken könne. (m)

Fr. Was ist die Gnade, welche zur Seligkeit nothwendig ist, und ohne welche der Mensch nichts verdienstliches zum ewigen Leben wirken kann?

A. Die Gnade welche zur Seligkeit nothwendig ist, und ohne welche der Mensch nichts verdienstliches zum ewigen Leben wirken kann, ist eine innerliche übernatürliche Gabe, welche

Gott

─────────────────────

(k) Fürchtet euch nicht vor denen, die den Leib tödten, die Seele aber nicht tödten können, sondern fürchtet euch vielmehr vor dem, welcher die Seele und den Leib zum Untergange in die Hölle werfen kann. Matth. X. 28. Der Staub kömmt wieder zu seiner Erde, davon er genommen worden, und der Geist kehret zurück zu Gott, der ihn gegeben hat. Pred. XII. 7.

(l) Ohne mich könnt ihr nichts thun. Joh. XV. 5

(m) Nicht daß wir etwas von uns, als von uns selbst zu denken vermögen, sondern unser Vermögen ist aus Gott. 2. Kor. III. 5.

Gott den vernünftigen Geschöpfen ohne ihr
Verdienst, wegen der Verdienste Jesu Christi verleihet.

Fr. Was ist jedem katholischen Christen
geboten zu wissen?

A. Jedem katholischen Christen ist geboten (n) zu
wissen:

1. Das apostolische Glaubensbekenntniß. (o)
2. Das Gebet des Herrn. (p)
3. Die zehn Gebote Gottes, und die fünf Gebote der Kirche. (q)

A 4   4. Die

---

n) Jeder Christ ist den Inhalt der hier genannten
Stücke schon deshalben zu wissen verbunden, weil
er die Pflicht auf sich hat, das zu glauben, und zu
thun, was hier vorkömmt: es sind aber auch aus-
drückliche Gesetze vorhanden, welche die Worte dieser Stücke zu wissen verordnen. Hier sind sie:

o) Die welche wollen getaufet werden, müssen das
apostolische Glaubensbekenntniß lernen, und es am
Donnerstage der letzten Woche dem Bischof hersa-
gen. De Consecrat. Dist. 4. can. 58.

p) Ihr sollt also beten: Vater unser der du bist ec.
Matth. VI.9.

Die Priester werden die Gläubigen erinnern,
daß sie das Glaubensbekenntniß und das Gebet des
Herrn lernen, denen, welche es vernachlässigen,
werden sie Fasten und andere Bußwerke auflegen.
Mainzer Kirchenversammlung vom J. 813. can. 45.

q) Das fünfte mayländische Concilium unter dem
heiligen Carolo Borromeo befiehlt: wer alle Artikel des apostolischen Glaubensbekenntnisses, ingleichen die Gebote Gottes, und die Gebote der
Kirche, welche uns unter einer schweren Sünde
verbinden, ingleichen das Vater unser nicht in das
Gedächtniß gefasset hat, soll die priesterliche Lossprechung nicht erhalten: er habe denn versprochen,
daß er sich bemühen wolle, dieses zu erlernen.

4. Die sieben heiligen Sakramente. (r)

5. Die christliche Gerechtigkeit. (s)

Fr. Wo ist das, was ein katholischer Christ glauben muß, vornämlich enthalten?

A. Was ein katholischer Christ glauben muß, ist vornämlich in dem apostolischen Glaubensbekenntnisse enthalten.

Fr. Wie lautet das apostolische Glaubensbekenntniß?

A. Das apostolische Glaubensbekenntniß lautet also: Ich glaube an Gott den Vater, allmächtigen Schöpfer Himmels und der Erde. Und an Jesum Christum seinen eingebornen Sohn unsern Herrn. Der empfangen ist von dem heiligen Geiste, geboren aus Maria der Jungfrau Gelitten unter pontio pilato, gekreuziget, gestorben

---

r) Der dritte Canon der arelatensischen Kirchenversammlung vom Jahr 813 befiehlt: Von der Taufe und den Geheimnissen des heiligen Glaubens soll ein jeder Erzbischof seine untergebene Bischöfe fleißig und emsig ermahnen, damit ein jeder derselben die Priester und auch das Volk seines Sprengels von dem Sakramente der Taufe wohl unterrichte und diesen Unterricht nicht vernachlässige.

Aus den mystagogischen Katechesen des heiligen Cyrilli sieht man, daß die Getauften auch von dem was andere Sakramente betrift, sind unterrichtet worden.

Die Gebote dieser Kirchenversammlungen hat man mit der Zeit in der katholischen Kirche so allgemein beobachtet, daß ob solche schon anfänglich nur für besondere Kirchen sind gegeben worden, sie endlich die Kraft allgemeiner Gebote erhalten haben.

s) Er wende sich vom Bösen und thue Gutes. I. Petr. III. II.

ſtorben und begraben. Abgeſtiegen zu der Hölle, em dritten Tage wieder auferſtanden von den Todten. Aufgefahren in den Himmel, ſitzt zu der rechten Hand Gottes, des allmächtigen Vaters. Von dannen er kommen wird zu rich= ten die Lebendigen und die Todten. Ich glau= be an den heiligen Geiſt. Eine heilige allge= meine chriſtliche Kirche, Gemeinſchaft der Heiligen. Ablaß der Sünden. Auferſtehung des Fleiſches. Und ein ewiges Leben. Amen.

** Fr. Wie viel Theile oder Artikel hat das apoſtoliſche Glaubensbekenntniß?

A. Das apoſtoliſche Glaubensbekenntniß hat 12 Theile oder Artikel.

II. Abtheilung.

Von den 12. Glaubensartikeln.

Fr. Wie lautet der erſte Glaubensartikel?

A. Der erſte Glaubensartikel lautet alſo:

Ich glaube an Gott den Vater, allmächtigen Schöpfer Himmels und der Erde.

a. Von Gott.

.*. Fr. Iſt mehr als ein Gott?

A. Es iſt nur ein Gott. (a)

.*. Fr. Was iſt Gott?

A 5   A.

---

a) Höre Iſrael, der Herr unſer Gott iſt ein einiger Herr. Deut VI. 4. Ich bin der Herr und ſonſt iſt keiner mehr, auſer mir iſt kein Gott. Iſa. XLV. 5. Wir haben nur einen Gott, den Va= ter, von welchem alle Dinge ſind, — und einen Herrn Jeſum Chriſtum, durch welchen alle Dinge ſind, und wir durch ihn. 1. Kor. VIII. 6.

A. Gott ist von sich selbst das allervollkommen=
ste Wesen. (b)

Fr. Welche Eigenschaften Gottes sollen wir
vor andern merken?

A. Folgende Eigenschaften Gottes sollen wir
vor andern merken:

1. Gott ist ewig (c); er ist allezeit gewesen, er
ist und wird immer seyn.

2. Gott ist ein purer Geist, (d) ein Wesen,
welches den allervollkommensten Verstand und
besten Willen, aber keinen Leib hat.

3. Gott ist allwissend; (e) er weiß alles, das
Vergangene, das Gegenwärtige und das Zu=
künftige; er weiß unsere geheimsten Gedanken
und kann daher nicht betrogen werden.

4. Gott ist höchst weise (f); er ordnet alles
zur Erreichung seiner Absichten, und wählet
hiezu die tauglichsten Mittel.   5. Gott

(b) Aus ihm, durch ihn, in ihm sind alle Dinge.
Ihm sey Ehre in Ewigkeit, Amen. Röm. XI. 36
Herr! es ist dir niemand gleich, du bist groß,
und dein Name ist groß und mächtig. Jer. X. 6.

(c) Ehe denn die Berge gemacht sind, und die Erde
samt ihrem Umkreise ist erschaffen worden, bist
du Gott von Ewigkeit zu Ewigkeit. Pf.
LXXXIX. 2. Dem Könige der Ewigkeit, dem
unsterblichen, unsichtbaren einigen Gott, Ehre und
Preis. 1. Tim. I. 17.

(d) Gott ist ein Geist. Joh. IV. 24.

(e) Und ist keine Kreatur vor ihm unsichtbar, son=
dern alle Dinge blos und offenbar vor den
Augen dessen, von dem wir reden. Hebr. IV. 13.
Der Herr durchforschet alle Herzen, und versteht alle
Gedanken der Gemüther. 1. Paral. XXVIII. 9.

(f) Herr wie groß und herrlich sind deine Werke, du
hast alles weislich angeordnet. Pf. CIII. 24.

5. Gott ist allmächtig (g); er hat Himmel und Erde, und alles, was ist, erschaffen, ihm ist nichts unmöglich zu machen.

6. Gott ist allgegenwärtig (h); er ist überall, im Himmel und auf Erden.

7. Gott ist höchst heilig (i) er will, und liebet das Gute, und verabscheuet das Böse. (k)

8. Gott ist höchst wahrhaft (l) und getreu; er kann weder lügen (m), noch betrügen.

9. Gott

(g) Der Herr hat alles was er gewollt, sowohl im Himmel als auf Erden, im Meere und in allen Abgründen gemacht. Ps. CXXXVI. 6. Nichts ist Gott unmöglich. Luk. I. 37.

(h) Meinest du denn, daß ich nur ein Gott in der Nähe, spricht der Herr, und nicht auch ein Gott in der Ferne sey? Wird sich wohl ein Mann in einem geheimen Orte also verbergen können, daß ich ihn nicht sehen werde? spricht der Herr. Bin ichs nicht, der Himmel und Erde erfüllet? spricht der Herr. Jerem. XXIII. 23. 24. Wohin soll ich vor deinem Angesichte fliehen? Fahre ich in den Himmel hinauf, so bist du da: fahre ich in die Hölle hinunter, so bist du auch allda gegenwärtig. Ps. CXXXVIII. 7. 8.

(i) Ich bin der Herr euer Gott, seyd heilig, weil ich auch heilig bin. Lev. XI. 44.

(k) Du hassest alle, die Ungerechtigkeit üben. Ps. V. 7.

(l) Gott ist und bleibt wahrhaftig: alle Menschen aber sind Lügner. Röm. III. 4. Alle deine Wege sind lauter Wahrheit. Ps. CXVIII. 151.

(m) Gott ist nicht wie ein Mensch, daß er lüge, auch nicht wie eines Menschen Sohn, daß ihn etwas gereue. Wenn er etwas saget, wird er es nicht thun? Wenn er etwas geredet, wird er es nicht vollziehen? Num. XXIII. 19.

9. Gott ist unveränderlich (n); er ist von Ewigkeit zu Ewigkeit in sich der nämliche.

10. Gott ist höchst gut (o), nicht nur in und von sich selbst als das vollkommenste, das beste Wesen; sondern er ist auch höchst gut oder gütig (p) gegen seine Geschöpfe; alles Gute haben wir mittelbar oder unmittelbar von ihm.

11. Gott ist höchst barmherzig (q); er verzeiht uns unsere Sünden.

12. Gott ist höchst gerecht (r); er belohnet das Gute und bestrafet das Böse (s)

. Fr. Sind mehr göttliche Personen?

U. Es sind drey göttliche Personen (t)

Fr.

(n) Ich bin der Herr, und verändere mich nicht. Malach. III. 6.

(o) Niemand ist gut als Gott allein. Luk. XVIII. 19.

(p) Lobet den Herrn, denn der Herr ist gütig. Ps. CXXXIV. 3. Was hast du aber, das du nicht empfangen hast? So du es aber empfangen, was berühmest du dich denn, als wenn du es nicht empfangen hättest? 1. Kor. IV. 7.

(q) Du herrschender Herr und Gott, der du barmherzig, gütig und geduldig, und von grosser Erbarmung und wahrhaftig bist. Exod. XXXIV. 6.

(r) Vollkommen sind die Werke Gottes, und alle seine Wege sind gerechte Urtheile, Gott ist getreu ohne alle Bosheit, gerecht und aufrichtig. Deut. XXXII. 4.

(s) Du aber häufest dir selbst den Zorn nach deinem verstockten und unbußfertigen Herzen auf den Tag des Zornes und der Offenbarung des gerechten Gerichts Gottes, der einem jeglichen nach seinen Werken vergelten wird. Röm. II. 5. 6.

(t) Das ist drey, die von einander unterschieden sind, sowohl durch eigene Namen, als auch durch beson-

Fr. Woher wiffen wir, daß es drey göttliche
Perfonen gibt?

A. Aus der heiligen Schrift wiffen wir, daß es
drey göttliche Perfonen gibt, deren jeder

1. Die göttliche Natur (u) und Wefenheit,
2. Göttliche Eigenfchaften,
3. Der göttliche Namen,
4. Göttliche Werke, und　　　　　5.

dere Handlungen oder Wirkungen. Die eigene
Namen der drey göttlichen Perfonen kommen vor:
Matth. XXVIII. 19. Taufet fie im Namen des
Vaters, des Sohnes, und des heiligen Geiftes.
1. Joh. V. 7. Drey find, welche Zeugniß geben,
der Vater, das Wort und der heilige Geift.
Befondere Handlungen oder Wirkungen der drey
göttlichen Perfonen kommen vor. Matth. III. 16. 17.
Da aber Jefus getauft ward, ftieg er alfobald her=
auf, und fieh, der Himmel wurde ihm aufgethan,
er fah den Geift Gottes wie eine Taube herab=
fahren, und auf ihn kommen, und es ließ fich
eine Stimme vom Himmel hören: dieß ift mein
geliebter Sohn, an dem ich ein Wohlgefallen ha=
be. 1. Petr. I. 2. Welche, nach der Vorfehung
Gottes des Vaters, zur Heiligung des heiligen
Geiftes, zum Gehorfam, und zur Befprengung
des Blutes Jefu Chrifti erwählet find. Die
Gnade unfers Herrn Jefu Chrifti, und die Lie=
be Gottes, und die Gemeinfchaft des heiligen
Geiftes fey mit euch allen. 2. Kor. XIII. 13.
(u) Natur und Wefenheit heißt man den Inbegriff
der Eigenfchaften, welche Dingen einer Art
zukommen. Sobald alfo erwiefen ift, daß jede
der drey göttlichen Perfonen eben diefelben Ei=
genfchaften oder göttliche Vollkommenheiten ha=
be, fo folget auch, daß alle drey einerley Na=
tur und Wefenheit haben.

5. Göttliche Verehrung beigeleget wird. (w)

.*. Fr. Wie heißen die drey göttlichen Per=
sonen? A.

(w) Jedermann, der nur an Gott glaubet, zwei=
felt nicht, daß Gott dem Vater göttliche Eigen=
schaften, der göttliche Namen, göttliche Werke,
und göttliche Verehrung zukomme. Dieß braucht
also nicht in Ansehung Gottes des Vaters, wohl
aber in Ansehung Gottes des Sohnes, und Got=
tes des heiligen Geistes erwiesen zu werden.
Hier folgen die Beweise für diese beiden göttli=
chen Personen.

Der zweyten göttlichen Person dem Sohne wer=
den beigeleget

A. Göttliche Eigenschaften oder Vollkom=
menheiten.

1. Die Allmacht. Matth. XXVIII. 18. Mir
ist gegeben alle Gewalt im Himmel und
auf Erden. Joh. I. 3. Alle Dinge sind
durch dasselbige (das Wort, dadurch der
Sohn Gottes verstanden wird) gemacht,
und nichts dessen, was gemacht ist, ist
ohne dasselbe gemacht worden.

2. Die Allwissenheit. Er wußte das Ver=
gangene: den Lebenswandel des samarita=
nischen Weibes. Joh. IV. 18. 19. Das
Gegenwärtige, doch aber verborgene: Die
Beschaffenheit Nathanaels. Joh. I. 48.
Den Groschen im Munde des Fisches.
Matth. XVII. 26. Die Eselinn mit ihrem
Füllen. Matth. XXI. 2. Die Gedanken und
Anschläge der Menschen. Luk. XI. 17. Die
Anschläge des Judas. Joh. XIII. 11.
Das Zukünftige. Die Verläugnung des
Petrus. Matth. XXVI. 34. Die Flucht
und Aergerniß der Jünger. Matth. XXVI.
31.

A Die erſte göttliche Perſon heißt der Vater;
die zwepte der Sohn, die dritte der heilige
Geiſt.   Fr. -

---

31. Sein Leiden, Sterben und Auferſtehen. Luf. XVIII. 31. 32. 33. Die Zer-
ſtörung Jeruſalems. Matth. XXIV. 2.
3. Die Allgegenwart. Mat. XXVIII. 20. Ich bin
allezeit bei euch bis ans Ende der Welt.
4. Uiberhaupt, alle göttliche Eigenſchaften.
In ihm wohnet die Fülle der Gottheit.
Koloſſ. II. 9.
B. Der göttliche Namen.
Joh. I. 1. Im Anfange war das Wort,
und das Wort war bei Gott, und Gott war
das Wort. Röm. IX. 5. Aus welchen auch
Chriſtus nach dem Fleiſche hergekommen iſt,
der da Gott iſt, über alles, und gebenedepet
in Ewigkeit. 1. Joh. V. 20. Wir wiſſen, daß
der Sohn Gottes gekommen, und uns Verſtand gegeben, daß wir den wahren Gott erkennen, und in ſeinem wahren Sohne ſepn. Dieſer
iſt der wahre Gott, und das ewige Leben.
C. Göttliche Verehrung.
Matth. XXVIII. 19. Taufet ſie im Namen
des Vaters, des Sohnes, und des heiligen
Geiſtes. Durch die Taufe werden Chriſten
zur Verehrung des Sohnes und des heiligen
Geiſtes eben ſo wie zur Verehrung des Vaters
eingeweihet. Joh. V. 23. Auf daß ſie alle
den Sohn ehren wie ſie den Vater ehren,
wer aber den Sohn nicht ehret, der ehret auch
den Vater nicht, der ihn geſandt hat. Philipp. II. 5 - 11. Ihr ſollet geſinnet ſepn, wie
auch Chriſtus Jeſus, welcher da er die göttliche Geſtalt hatte, hielt er es für keinen
Raub Gott gleich zu ſepn. —Deßhalben hat
ihn Gott erhöhet, und ihm einen Namen,
der über alle Namen iſt, gegeben. Daß alſo
im Namen Jeſu ſich alle Knie bȩten, die

Fr. Wie sind die drey göttlichen Personen von
einander unterschieden? **A.**

---

im Himmel und auf Erden beugen sollen,
auch alle Zungen bekennen sollen, daß der
Herr Jesus Christus in der Herrlichkeit
Gottes des Vaters sey. Hebr. I. 6. Und da
er abermal den Erstgebornen in die Welt eingeführet, spricht er: Und es sollen ihn alle
Engel Gottes anbeten.

Der dritten göttlichen Person, dem heiligen
Geiste werden beigeleget

A. Göttliche Eigenschaften oder Vollkommenheiten.

1.) Die Allwissenheit. 1. Kor. II. 10-12.
Uns aber hat es Gott durch seinen Geist
geoffenbaret — denn der Geist erforschet
alle Dinge. Also weiß auch niemand,
was in Gott ist, als der Geist Gottes.

2. Die Allgegenwart und Allmacht. 1
Kor. XII. 3 — 11. Niemand kann den
Herrn Jesum nennen als durch den heiligen Geist. — Es sind zwar mancherlei
Gaben; allein es ist nur ein Geist. —
Es sind auch mancherlei Wirkungen, aber
es ist nur ein Herr, der alles in allen
wirket. — Dieses alles wirket derselbige einige Geist, der es einem jeglichen
austheilet, wie er will. Da die gött lichen Eigenschaften unzertrennlich sind, so
kommen ihm auch die übrigen zu, nachdem erwiesenermaßen ihm die Allwissenheit, Allmacht und Allgegenwart zukömmt.

B. Der Göttliche Namen.
Apostelgeschichte V. 3. 4. Warum hat der
Satan dein Herz eingenommen, daß du dem
heiligen Geist vorlügest? — du hast nicht
den Menschen, sondern Gott vorgelogen. 1.
Kor. III. 16. Wisset ihr nicht, daß ihr
ein

A. Die brey göttlichen Personen sind so von einander unterschieden: der Vater ist von sich selbst von

---

ein Tempel Gottes seyd, und daß der Geist Gottes in euch wohnet? 1. Kor. VI. 19. Wisset ihr nicht, daß eure Glieder Tempel des heiligen Geistes sind, der in euch ist. Hieraus folget: daß der heilige Geist Gott sey, denn wie könnten sonst deshalben, weil der heilige Geist in den Christen wohnet, die Christen Tempel Gottes heißen?

C. Göttliche Werke.

1. Kor. XII. 1. 6. 11. Von den geistlichen Gaben aber will ich euch liebe Brüder nicht verhalten. — Es sind auch mancherlei Wirkungen, es ist aber nur ein Herr, der alles in allen wirket. Dieß aber wirket derselbige einige Geist, der es einem jeglichen austheilet, wie er will.

D. Göttliche Ehre.

Matth. XXVIII. 16. Taufet sie im Namen des Vaters, des Sohnes, und des heiligen Geistes. Durch die Taufe werden die Christen zur Verehrung des heiligen Geistes eben so eingeweihet, wie zur Verehrung des Vaters und des Sohnes. 2. Kor. XIII. 13. Die Gnade unsers Herrn Jesu Christi und die Liebe Gottes, und die Gemeinschaft des heiligen Geistes sey mit euch allen, Amen. Mit diesen Worten segnet Paulus die Korinther. Es war aber befohlen Num. VI. 23. 24. das Volk nur durch Anrufung des göttlichen Namens zu segnen. Der heilige Geist muß also Gott seyn, da Paulus, der des Gesetzes so kundig war, bei dem Segnen den Namen des heiligen Geistes brauchet.

B

von Ewigkeit (x); der Sohn ist von dem
Vater von Ewigkeit gezeuget (y); der heilige
Geist geht von dem Vater und Sohne zugleich
von Ewigkeit aus. (z)

Fr. Was für Werke werden besonders jeder
göttlichen Person zugeeignet?

A. Folgende Werke werden besonders jeder göttlichen Person zugeeignet:

Dem Vater die Schöpfung, (aa)

Dem Sohne die Erlösung, (bb)

Dem heiligen Geist: die Heiligung (cc)

.*. Fr. Wie nennet man die drey göttlichen
Personen zusammen?

A

---

x) Der Vater ist von niemand gemacht, noch ge-
schaffen, noch gezeuget. Symbol. des heil. Atha-
nasii.

y) Der Herr hat zu mir gesagt: Du bist mein Sohn,
heute hab ich dich gezeuget. Pf. II. 7.

z) Wenn aber der Tröster, der von dem Vater
ausgeht, und den ich euch in dem Namen des
Vaters senden werde, kommen wird. Joh. XV.
26. Wenn aber der Geist der Wahrheit kommen
wird — derselbe wird mich verklären, denn er wird
es von dem Meinigen nehmen, und euch verkündigen. Joh. XVI. 13. 14.

aa) Ich glaube an Gott den Vater, allmächtigen
Schöpfer Himmels und der Erde. Apostolisches
Glaubensbekenntniß.

bb) Also werden wir umsonst durch seine Gnade,
und durch die Erlösung, welche durch Christum Jesum geschehen ist, gerechtfertiget. Röm.
III. 24.

cc) Ihr seyd geheiliget durch den Geist unsers
Gottes. I. Kor. VI. 11.

A. Die drey göttlichen Personen zusammen nennet man die allerheiligste Dreyfaltig-keit.

⁂ Fr. Wodurch bekennet der katholische Christ die allerheiligste Dreyfaltigkeit?

A. Der katholische Christ bekennet die aller-heiligste Dreyfaltigkeit durch das Zeichen des heiligen Kreuzes; da er bei dem Kreuzmachen jede dieser drey göttlichen Per-sonen nennet.

⁂ Fr. Was bekennet der katholische Christ noch mehr durch das Zeichen des heil. Kreuzes?

A. Der katholische Christ bekennet auch durch das Zeichen des heiligen Kreuzes, [daß Je-sus Christus, da er am Kreuze gestorben ist, uns durch seinen Tod erlöset hat.

⁂ Fr. Wie machet man das Kreuz?

A. Das Kreuz machet man mit der rechten Hand, indem man damit die Stirne, den Mund, und die Brust bezeichnet, und saget Im Namen Gott des Vaters †, und des Sohnes †, und des heiligen Geistes †, Amen.

b. Von der Erschaffung.

⁂ Wer hat alles erschaffen?

A. Gott hat Himmel und Erde, und alles, was ist, erschaffen. (a)

B 2   ⁂ Fr.

---

a) Im Anfange schuf Gott den Himmel und die Erde. Gen. I. 1. Durch das Wort des Herrn, und durch den Athem seines Mundes sind die Him-mel und alle ihre Kraft befestiget worden. Ps. XXXII. 6.

** Fr. Was heißt das Wort erschaffen?

A. Das Wort Erschaffen heißt, aus nichts
etwas hervorbringen.

** Fr. Welche sind die merkwürdigsten Geschöpfe Gottes?

A. Die merkwürdigsten Geschöpfe Gottes sind
die Engel und Menschen.

** Fr. Was sind die Engel?

A. Die Engel sind pure Geister, (b) welche
Verstand und Willen, aber keine Leiber
haben.

** Fr. Warum hat Gott die Engel erschaffen?

A. Gott hat die Engel erschaffen, daß sie ihn
ehren, lieben, und anbeten, ihm dienen,
(c) und die Menschen schützen soll-n. (d)

** Fr. Wie hat Gott die Engel erschaffen?

A. Gott hat die Engel in seiner Gnade, und
mit vielen Vollkommenheiten erschaffen.

** Fr. Sind auch alle Engel in der Gnade
Gottes verblieben?

A.

---

b) Der du die Engel machest, daß sie Geister sind.
Pf. CIII. 4. Der seine Engel Geister, und seine
Diener Feuerflammen machet. Hebr. I. 7.

c) Lobet den Herrn ihr alle seine Engel, die ihr
voller Kraft und Macht seyd, seinen Befehl aus-
zurichten, und seinem Sinne und Geboten zu
gehorsamen. Pf. CII. 20.

d) Er hat dich seinen Engeln anbefohlen, daß sie
dich auf allen deinen Wegen bewahren. Pf.
XC. 11. Der Engel des Herrn wird sich mitten
unter die lagern, die ihn fürchten, und wird sie
erretten. Pf. XXXIII. 8.

A. Viele Engel haben die Gnade Gottes durch die Sünde der Hoffart verlohren. (e)

** Fr. Wie hat Gott die hoffärtigen Engel bestrafet?

A. Gott hat die hoffärtigen Engel, die man Teufel nennet, auf ewig verworfen, und in die Hölle verstoßen. (f)

** Fr. Welche sind nach den Engeln die merkwürdigsten Geschöpfe Gottes?

A. Die Menschen sind nach den Engeln die merkwürdigsten Geschöpfe Gottes.

** Fr. Aus was bestehen die Menschen?

A. Die Menschen bestehen aus einem Leibe, und aus einer unsterblichen Seele, (g) welche nach dem Ebenbilde Gottes (h) erschaffen ist.

** Fr. Warum hat Gott die Menschen erschaffen?   B 3   A.

---

e) Sieh, die ihm auch dieneten, sind nicht standhaft gewesen denn in seinen Engeln hat er ja Bosheit gefunden. Job. IV. 18.

f) Gott hat auch der Engel, die gesündiget haben, nicht verschonet, sondern sie mit höllischen Stricken zur Hölle hinabgezogen, und zu peinigen überlassen, damit sie zum Gerichte vorbehalten würden. 2. Petr. II. 4.

g) Daher gestaltete Gott der Herr den Menschen aus dem Leim der Erde, und blies den Athem des Lebens in sein Angesicht, also ist der Mensch lebendig und beseelet worden. Gen. II. 7. Den Beweis der Unsterblichkeit der Seele sieh oben S. 6. Not. k.

h) Also erschuf Gott den Menschen nach seinem Ebenbilde. Nach Gottes Ebenbilde erschuf er ihn. Gen. I. 27.

A. Gott hat die Menschen erschaffen, damit sie
ihn erkennen (i), ehren (k), lieben (l)
anbeten, ihm dienen, gehorsamen, und se=
lig werden sollen. (m)

Fr. Sind die Menschen Gott gehorsam ge=
blieben?

A. Schon der erste Mensch Adam war mit sei=
nem Weibe Eva Gott ungehorsam.

Fr. Auf was für eine Art ist der erste
Mensch ungehorsam geworden?

A. Der erste Mensch hat im Paradeise die
Frucht eines Baumes gegessen, die ihm
Gott verboten hatte, und dadurch gesündi=
get. (n)

Fr. Hat diese Sünde allein dem ersten Men=
schen geschadet?

A. Diese Sünde hat nicht allein dem ersten
Menschen, sondern auch uns, die wir von
ihm abstammen, geschadet; sie hat uns den
zeit=

---

i) Dieß ist aber das ewige Leben, daß sie dich, den
allein wahren Gott, und Jesum Christum, den du
gesandt hast, erkennen. Joh. XVII. 3.

k) Ich bins, der einen jeden zu meiner Ehre er=
schaffen habe. Isa. XLIII. 7.

l) Du sollst den Herrn deinen Gott von ganzem dei=
nem Herzen, von ganzer deiner Seele, und von
deinem ganzen Gemüthe lieben. Matth. XXII. 37.

m) Gott will, daß alle Menschen selig werden,
und zur Erkenntniß der Wahrheit kommen. 1. Tim.
II. 4.

n) Gen. III. 6.

zeitlichen (o) und ewigen Tod, wie auch
viele andere Uibel am Leibe und an der Seele
v rursachet.

** Fr. Sind auch die Menschen, so wie die
hoffärtigen Engel, von Gott auf ewig
verworfen worden?

A. Die Menschen sind nicht auf ewig, wie
die hoffärtigen Engel, von Gott verstossen
worden.

** Fr. Was versprach Gott zur Rettung der
wegen der Sünde verworfenen Menschen?

A. Gott versprach zur Rettung der wegen
der Sünde verworfenen Menschen einen
Erlöser zu senden (p), welcher auch Messias genannt wird.

§. 2. Von dem zweyten Glaubensartikel.

Fr. Wie lautet der zweyte Glaubensartikel?

A. Der zweyte Glaubensartikel lautet also:
Und an Jesum Christum, seinen eingebornen
Sohn, unsern Herrn.

** Fr. Wer ist Jesus Christus?

A. Jesus Christus ist

B 4   1. Der

---

o) Gleichwie die Sünde durch einen Menschen in
die Welt eingegangen ist, und durch die Sünde
der Tod, so ist also der Tod zu allen Menschen,
in welchem alle gesündiget haben, durchgedrungen Röm. V. 12.

p) Ich will Feindschaft setzen zwischen dir und
dem Weibe, und zwischen deinem Saamen und
ihrem Saamen, sie wird dir den Kopf zertre-
ten, und du wirst ihren Fersen mit List nachstel-
len. Gen. III. 15.

1. Der eingeborne Sohn Gottes des
   Vaters. (a)
2. Gott und Mensch zugleich. (b)
3. Unser Herr, (c) Gesetzgeber und
   Lehrmeister. (d)

** Was heißt Jesus?

A. Jesus heißt soviel als Heiland.

** Fr. Warum wird Jesus der Heiland genannt?

A. Jesus wird der Heiland genannt, weil
uns durch ihn Heil wiederfahren ist, da
er

(a) Also hat Gott die Welt geliebet, daß er seinen eing
gebornen Sohn gegeben. Joh. III. 16.
(b) Uns ist ein kleines Kind geboren, und soll ge-
nennt werden Wunderbar, Rathgeber, Gott. Isa.
IX. 6. Es ist ein Gott, und ein Mittler zwischen
Gott, und den Menschen, nämlich der Mensch
Christus Jesus. 1. Tim. II. 5.
(c) Mir ist gegeben alle Gewalt im Himmel, und
auf Erden. Matth. XXVIII. 18. Ihr nennet
mich Meister und Herr: und ihr saget recht, denn
ich bins auch. Joh. XIII. 13.
Der Geist des Herrn ist über mir, darum hat er
mich gesalbet, und mich gesandt, den Armen Gutes von Gott zu verkündigen. Luk. IV. 18. Isa.
LI. 1. Die Gnade Gottes unsers Heiligmachers
ist allen Menschen erschienen, und hat uns gelehret, daß wir der Gottlosigkeit, und den weltlichen Gelüsten absagen, und nüchtern, gerecht,
und gottselig in dieser Welt leben, und auf die
selige Hoffnung und auf die Zukunft der Herrlichkeit des grossen Gottes, und unsers Heilandes Jesu
Christi warten sollen. Tit. II. 11. — 13.

er uns von der Schuld und der Strafe der
Sünde, dem ewigen Tode befreyet hat. (e)

** Fr. Wie wird Jesus noch genannt?

A. Jesus wird auch Christus, das ist so viel,
als der Gesalbte, genannt. (f)

** Fr. Warum wird Jesus Christus der ein=
geborne Sohn Gottes genannt?

A. Jesus Christus wird der eingeborne Sohn
Gottes genannt, weil er der einzige ist,
welcher von seinem himmlischen Vater von
Ewigkeit her gezeuget ist.

** Fr. Wie ist Jesus Christus Gott und
Mensch zugleich?

A. Jesus Christus ist Gott und Mensch zu=
gleich, weil er Gott von Ewigkeit ist, und
weil er Mensch in der Zeit geworden ist. (g)

Fr. Ist Jesus Christus dem himmlischen Va=
ter gleich?

A. Jesus Christus ist seinem himmlischen Vater
als Gott in allem gleich (h) als Mensch

B 5   aber

(e) Sie wird einen Sohn gebären, den sollst du Je=
sum nennen, denn er wird sein Volk von ihren
Sünden befreyen. Matth. I. 21.

(f) Wie Gott Jesum von Nazareth mit dem heiligen
Geiste, und mit Kraft gesalbet hat. Apostel=
gesch. X. 38.

(g) Da hat Gott seinen Sohn gesandt, der von einem
Weibe geboren, und dem Gesetze unterworfen war,
auf daß er diejenigen, welche unter dem Gesetze
waren, erlösete. Gal. IV. 4. 5.

(h) Ich und der Vater sind eins. Joh. X. 30. Auf
daß sie alle den Sohn ehren, wie sie den Vater
ehren

aber iſt er ihm nicht gleich, ſondern minder. (i)

** Fr. Warum heißt Jeſus Chriſtus unſer Herr?

A. Jeſus Chriſtus heißt unſer Herr; weil er Gott, und unſer Erlöſer iſt.

** Fr. Warum iſt der Sohn Gottes Menſch geworden?

A. Der Sohn Gottes iſt Menſch geworden, um uns durch ſeinen Tod am Kreuze zu erlöſen (k) und ſelig zu machen.

§. 3. Von dem dritten Glaubensartikel.

Fr. Wie lautet der dritte Glaubensartikel?

A. Der dritte Glaubensartikel lautet alſo:

Der empfangen iſt von dem heiligen Geiſte, geboren aus Maria der Jungfrau.

** Fr. Hat Jeſus einen Vater?

A. Jeſus hat als Gott den himmliſchen Vater (l), als Menſch hat er keinen Vater. (m)

Fr.

---

ehren Joh. V. 23. Jeſus Chriſtus, da er die göttliche Geſtalt hatte, hielt er es für keinen Raub, Gott gleich zu ſeyn. Philip. II. 6.

(i) Der Vater iſt größer denn ich. Joh. XIV. 28.

(k) Dieweil die Kinder Fleiſch und Blut haben, ſo hat er ſich deſſelbigen auch theilhaftig gemacht, auf daß er durch den Tod denjenigen, der des Todes Gewalt hatte, das iſt: den Teufel zerſtörete, und diejenigen erlöſete, welche aus Furcht des Todes ihr Lebelang der Knechtſchaft unterworfen waren. Hebr. II. 14. 15.

(l) Der Herr hat zu mir geſagt: du biſt mein Sohn heute hab ich dich gezeuget. Pſ. II. 7.

(m) Eine Jungfrau wird empfangen, und einen Sohn gebären, welcher Emmanuel wird genannt werden. Iſa. VII. 14.

** Fr. War nicht Joseph der Gespons Mariä, der Vater Jesu Christi?

A. Joseph war bloß der Nährvater Jesu Christi. (n)

** Fr. Hatte Jesus eine Mutter?

A. Jesus hatte als Gott keine Mutter; als
Mensch hatte er Maria die seligste Jungfrau zu seiner Mutter. (o)

** Fr. Warum wird Maria die Mutter Gottes genannt?

A. Maria wird die Mutter Gottes genannt,
weil sie Jesum Christum, welcher Gott und
Mensch zugleich ist, geboren hat.

** Fr. Von wem hat Maria Jesum empfangen?

A. Maria hat Jesum von dem heil. Geiste
empfangen. (p)

Fr.

(n) Jesus fieng an ungefähr dreyßig Jahr alt zu seyn,
als er anfieng zu predigen, und wurde für einen
Sohn Josephs gehalten. Luk. III. 23. Maria
sprach zu dem Engel: Auf was für eine Weise soll das
geschehen, dieweil ich keinen Mann erkenne? Der
Engel antwortete, und sprach zu ihr: der heilige
Geist wird über dich kommen, und die Kraft des
Allerhöchsten wird dich überschatten. Darum wird
auch das Heilige, welches aus dir soll geboren
werden, Gottes Sohn genennet werden. Luk. I.
34. 35.

(o) Woher kömmt mir das, daß die Mutter des
Herrn zu mir kömmt? Luk. I. 43.

(p) Was in ihr geboren ist, das kömmt vom heiligen
Geiste her. Matth. I. 20.

** Fr. Wo hat Maria Jesum geboren?

A. Maria hat Jesum zu Bethlehem in einem
  Stalle geboren. (q)

Fr. Was hat sich nach der Geburt Jesu Chri=
  sti merkwürdiges zugetragen?

A. Die Geburt Jesu Christi ist [verkündiget
  worden.

Fr. Wie ist die Geburt Jesu Christi verkün=
  diget worden?

A. Die Geburt Jesu Christi ist verkündiget wor=
  den.

   1. Durch einen Engel den Hirten. (r)

   2. Durch einen Stern den Weisen im Mor=
  genlande.

   3. Durch die Weisen dem Herodes und den
  Schriftgelehrten. (s)

   4. Durch Simeon und Anna im Tempel dem
  Volke. (t)

Fr. Was ist auf die Verkündigung der Ge=
  burt Jesu Christi erfolget?

A. Auf die Verkündigung der Geburt Jesu Chri=
  sti sind

   1. Die Hirten eilends gekommen dasjenige zu
  sehen, was ihnen von den Engeln ist verkün=
  diget worden. (u)

   2. Christus ist am 8ten Tage nach der Vorschrift
  des Gesetzes beschnitten, und Jesus genannt
  worden. (w)

                       3. Die

(q) Luk. II. 4. 7. (r) Luk. II. 9. (s) Matth. II. 2.
  4. 5. (t) Luk. II. 29. 38. (u) Luk. II. 15. 16. (w)
Luk. II. 21.

3. Die Weisen aus dem Morgenlande haben ihn angebetet, und ihm Gold, Weyhrauch, und Myrrhe zum Geschenke gebracht. (x)

4. Er ist der Grausamkeit des Herodes, der ihn tödten wollte, durch die Flucht in Aegypten entgangen. (y)

5. Er ist von da, als Herodes gestorben war, nach Nazareth zurück gebracht, und in dieser Stadt erzogen worden. (z)

Fr. Was ist das Merkwürdigste, so wir von der Jugend Jesu wissen?

A. Das Merkwürdigste, so wir von der Jugend Jesu wissen, ist:

1. Daß Jesus, als er 12. Jahre alt war, zum Feste nach Jerusalem mit seinen Aeltern gekommen ist.

2. Daß er zu Jerusalem zurückgeblieben; nach dreyen Tagen aber von den Aeltern in dem Tempel ist gefunden worden, wo er unter den Schriftgelehrten saß, sie anhörete und befragete, so daß sich alle über seinen Verstand und seine Antworten verwunderten.

3. Daß er wieder nach Nazareth zurückgekehret, und daselbst geblieben ist.

4. Daß er seinen Aeltern unterthan gewesen ist.

5. Daß er an Alter, Weisheit und Gnade vor Gott und den Menschen zugenommen hat. (aa)

Fr.

(x) Matth. II. 11. (y) Matth. II. 13. (z) Matth. II. 23. (aa) Luc. II. 42.—52.

Fr. Was ist das Merkwürdigste, so wir von
Jesu wissen, eh er sein Lehramt antrat?

A. Das Merkwürdigste so wir von Jesu wissen,
eh er sein Lehramt antrat, ist:

1. Johannes bezeugete, daß Jesus das Lamm
Gottes sey, welches die Sünde der Welt hinweg nimmt. (bb)

2. Jesus ließ sich vom Johannes im Flusse Jor-
dan taufen.

3. Der heilige Geist kam in der Gestalt einer
Taube sichtbar über ihn herab.

4. Gott Vater ließ die Stimme hören: Dieser
ist mein geliebter Sohn, an dem ich wohlgefallen habe. (cc)

5. Jesus ward von dem Geiste in die Wüste geführet, und nachdem er vierzig Tage und
Nächte gefastet hatte, von dem Teufel versuchet, und darauf von den Engeln bedienet. (dd)

Fr. Wann trat Jesus sein Lehramt an?

A. Jesus trat sein Lehramt in dem dreyßigsten
Jahre seines Alters an. (ee)

Fr. Was ist das Merkwürdigste, so wir von
Jesu wissen, da er sein Lehramt angetreten hatte?

A. Das Merkwürdigste, so wir von Jesu wissen,
da er sein Lehramt angetreten hatte, ist:

1. Jesus reisete in seinem Vaterlande von einem
Orte zum andern. (ff)

2. Er

(bb) Joh. I. 36. (cc) Matth III. 13. — 17.
(dd) Matth. IV. 1. — 11. (ee) Luk. III. 23.
(ff) Joh. III. 22.

2. Er nahm Jünger an, und erwählete aus ihnen zwölf Apostel. (gg)

3. Er predigte und verkündigte das Geſetz der Gnaden (hh) offenbarte Wahrheiten, die wir glauben (ii), und lehrete Tugenden, die wir ausüben ſollen. (kk)

4. Er beſtrafete den Unglauben und die Laſter, widerlegte die Irrthümer der Juden, Schriftgelehrten und Phariſäer (ll)

5. Er beſtättigte ſeine Lehren durch die Zeugniſſe der Schrift, durch Wunder, und durch ſeine Beiſpiele.

6. Er weiſſagete zukünftige Dinge. (mm)

7. Er bezeigete ſich allenthalben wohlthätig. (nn)

Fr. Glaubeten alle an Jeſum?

A. Viele glaubeten an Jeſum. Aber die Hohenprieſter, Schriftgelehrten und Phariſäer haſſeten

---

(gg) Luk. VI. 13. (hh) Matth. IV. 17.—23.
(ii) Sie ſind in der für die Schulen verfaßten Religionsgeſchichte an gehörigen Orten angeführet.
(kk) Beſonders in der ſogenannten Bergrede. Matth. V. VI. VII.
(ll) Die Beweiſe hierüber finden ſich ſehr vielfältig in dem heiligen Evangelium. Man müßte deſſen Inhalt ganz ausſchreiben, und das Zuſammengehörige zuſammenſetzen, welches man der Weitläuftigkeit halben aber billig unterläßt.
(mm) Alles dieſes lieſt man in den Schriften der Evangeliſten.
(nn) Gott hat Jeſum von Nazareth mit dem heiligen Geiſte und mit Macht geſalbet, der umhergezogen iſt, viel Gutes gethan, und alle, die unter der Gewalt des Teufels waren, geſund gemacht hat; denn Gott war mit ihm. Apoſtelgeſch. X. 38.

ten ihn seiner Lehre wegen, und trachteten ihn zu tödten.

§. 4. **Von dem vierten Glaubensartikel.**

Fr. *Wie lautet der vierte Glaubensartikel?*

A. Der vierte Glaubensartikel lautet also Gelitten unter Pontio Pilato, gekreuziget, gestorben, und begraben.

** **Fr. Konnte Jesus leiden?**

A. Jesus konnte als Mensch, nicht aber als Gott leiden.

** **Fr. Hat Jesus auch wirklich gelitten?**

A. Jesus hat wirklich, und zwar an der Seele und an dem Leibe gelitten.

** **Fr. Was hat Jesus an seiner Seele gelitten?**

A. Jesus hat an seiner Seele grosse Angst, und Traurigkeit gelitten. (a)

** **Fr. Was hat Jesus an seinem Leibe gelitten?**

A. Jesus hat an seinem Leibe viele Mühseligkeiten und Drangsalen, viele Schläge und Wunden gelitten; er ist gegeißelt, und mit Dörnern gekrönet worden. (b)

** **Fr. Was hat Jesus noch mehr gelitten?**

A. Jesus hat gelitten viele Verachtung, Verspottung, Lästerungen, Verleumbung, und andere Unbilden. (c)

Fr. Unter wem hat Jesus gelitten?

A.

(a) Meine Seele ist betrübet bis in den Tod. Math. XXVI. 38.

(b) (c) Sieh die Leidensgeschichte Jesu.

A. Jesus hat unter Pontio Pilato des römischen Kaisers Tiberius Landpfleger in Judäa gelitten. (d)

Fr. Wer verklagete Jesum bei dem Pilatus?

A. Die Hohenpriester, Schriftgelehrten, und Aeltesten des Volkes verklageten Jesum bei dem Pilatus. (e)

Fr. Warum ward Jesus bei dem Pilatus verklaget?

A. Jesus ward bei dem Pilatus aus blossem Hasse und Neide verklaget, unter dem Vorwande, als wäre er ein Verführer und Aufwiegler des Volkes. (f)

Fr. Was erfolgete auf die Anklage der Hohenpriester, Schriftgelehrten und Aeltesten des Volkes?

A. Auf die Anklage der Hohenpriester, Schriftgelehrten und Aeltesten des Volkes erfolgete die Kreuzigung Jesu Christi, welche die Juden begehreten, und wozu Pilatus einwilligete. (g)

** Fr. Wo ist Jesus Christus gekreuziget worden und gestorben?

A. Jesus Christus ist auf dem Kalvariberge nahe bei der Stadt Jerusalem gekreuziget worden, und am Kreuze gestorben. (h)

Fr. Was war das Kreuzigen für eine Strafe?

A. Das Kreuzigen war die schimpflichste Todesstrafe.

Fr. Wer begrub den Leib Jesu Christi?

A.

(d) (e) (f) (g) (h) Sieh die Leidensgeschichte Jesu.

A. Joseph von Arimathäa, und Nikodemus begruben den Leib Jesu Christi. (i)

Fr. Wohin ward der Leib Jesu Christi begraben?

A. Der Leib Jesu Christi ward in ein neues in Felsen gehauenes Grab gebracht, darein noch niemand war geleget worden. (k)

Fr. Blieb die Gottheit nach Jesu Christi Tode mit dem Leibe, und seiner Seele vereiniget?

A. Die Gottheit blieb mit dem Leibe und der Seele vereiniget; obschon bei dem Sterben die Seele Jesu Christi sich von dem Leibe trennete.

§. 5. Von dem fünften Glaubensartikel.

Fr. Wie lautet der fünfte Glaubensartikel?

A. Der fünfte Glaubensartikel lautet also: Abgestiegen zu der Hölle, am dritten Tage wieder auferstanden von den Todten.

** Fr. Ist Jesus Christus mit dem Leibe und der Seele zur Hölle abgestiegen?

A. Nur die Seele Jesu Christi ist in die Hölle hinabgestiegen. (a)

** Fr.

(i) (k) Sieh die Leidensgeschichte Jesu. Matth. XXVI. XXVII. Mark. XIV. XV. Luk. XXII. XXIII. Joh. XVIII. XIX

(a) Von der Seele Christi zeuget der XV. Psf. 10. Du wirst meine Seele in der Hölle nicht lassen. Apostelgesch. II. 31. So hat ers vorgesehen, und von der Auferstehung Christi geredet, daß er weder in dem Grabe sey gelassen worden, noch sein Fleisch die Verwesung erfahren habe.

** **Fr.** Was versteht man unter dem Worte Hölle?

A. Man versteht unter dem Worte Hölle jene verborgene Oerter, wo die Seelen der Abgestorbenen aufbehalten werden, welche die himmlische Seligkeit nicht erlanget haben.

** **Fr.** Gibt es mehrere Gattungen solcher verborgenen Oerter, die man Hölle nennet?

A. Es gibt mehrere Gattungen solcher verborgenen Oerter, die man Hölle nennet; so nennet man

1. Und zwar eigentlich den Ort, wo die Verdammten ewig gepeiniget werden. (b)

2. Den Ort, wo die Seelen zeitliche Strafen für ihre im Leben nicht abgebüßten Sünden leiden (c); dieser Ort heißt das Fegfeuer.

3. Endlich den Ort, in welchem die Seelen der verstorbenen Frommen aufbehalten wurden, wo sie in der seligen Hoffnung ihrer Erlösung ruhig, und ohne Schmerzen warteten, bis Jesus zu ihnen hinabgestiegen ist; dieser Ort heißt die Vorhölle. (d)

C 2   **Fr.**

(b) Es starb auch der Reiche, und ward in die Hölle begraben. Luk. XVI. 22

(c) Die Kirche in der Messe für die Abgestorbenen sagt: Herr Jesu Christ, König der Glorie, befreye die Seelen aller deiner abgestorbenen Gläubigen von den Strafen der Hölle.

(d) So hat er es vorgesehen und von der Auferstehung Christi geredet, daß er weder in der Hölle

Fr. Warum ſtieg Jeſus Chriſtus in die Vorhölle?

A. Jeſus Chriſtus ſtieg in die Vorhölle, um die
Seelen der Altväter daraus zu befreyen. (e)

Fr. Wer waren die Altväter?

A. Die Altväter waren die Patriarchen, die Propheten, und andere Fromme, welche verſtorben
ſind, eh Jeſus Chriſtus in die Vorhölle abgeſtiegen iſt.

** Fr. Wann iſt Jeſus Chriſtus nach ſeinem
Abſterben wieder von den Todten auferſtanden?

A. Jeſus Chriſtus iſt am dritten Tage und zwar
aus eigener Macht (f) unſterblich und glor-
reich, als ein Uiberwinder des Todes und
des Teufels von den Todten auferſtanden (g)

** Fr.

---

le iſt verlaſſen worden, noch ſein Fleiſch die
Verweſung geſehen hat. Apoſtelgeſch. II. 31.

(e) Du biſt in die Höhe hinaufgefahren, du haſt die
Gefangenen mit dir geführet. Pſ. LXVII. 19.
Du haſt auch durch das Blut deines Bundes dei-
ne Gefangenen — herausgelaſſen. Zach. IX. 11.

(f) Darum liebet mich der Vater, weil ich meine Seele
dargebe, doch daß ich ſie wiederum zu mir nehme,
denn niemand nimmt ſie von mir, ſondern ich gebe ſie von mir ſelbſt dar, und ich habe Macht ſie
darzugeben, und hab auch Macht ſie wieder zu
mir zu nehmen. Joh. X. 17. 18.

(g) Auf daß er durch den Tod denjenigen der des Todes
Gewalt hatte, das iſt den Teufel zerſtörete. Hebr.
II.

** **Fr.** Warum ist Jesus Christus von den Todten auferstanden?

A. Jesus Christus ist von den Todten auferstanden:

1. Um die **Schrift** (h), und seine eigene Weissagungen zu erfüllen. (i)

2. Um der Welt einen unwiderleglichen Beweis von der Wahrheit seiner Lehre, und der Göttlichkeit seiner Sendung, zu geben. (k)

3. Um unsere Hoffnung zu stärken, und uns die künftige Auferstehung zu versichern. (l)

C 3   §. 6.

II. 14. Endlich will ich sie aus der Hand des Todes erlösen, ja von dem Tode will ich sie erretten. O Tod ich will dein Tod seyn. Hölle ich will dein Biß seyn. Osee XIII. 14. Er ist auferstanden, wie er gesaget hat. Matth. XXVIII. 6.

(h) Du wirst meine Seele nicht in der Hölle lassen, noch zugeben, daß die Verwesung über deinen Heiligen komme. Pf. XV. 10.

(i) Jesus sagte zu ihnen, brechet diesen Tempel ab, und ich will ihn in dreyen Tagen wieder aufrichten, er aber redete von dem Tempel seines Leibes. Joh. II. 19. 21.

(k) Ist aber Christus nicht auferstanden, so folget, daß unsere Predigt vergeblich, und euer Glaube auch vergeblich sey. 1. Kor. XV. 14.

(l) Nun aber ist Christus von den Todten auferstanden, der Erstling unter den Schlafenden. Indem durch einen Menschen der Tod, und auch durch einen Menschen die Auferstehung herkömmt. 1. Kor. XV. 20. 21.

§. 6. Von dem sechsten Glaubensartikel.

Fr. Wie lautet der sechste Glaubensartikel?

A. Der sechste Glaubensartikel lautet also: Aufgefahren in den Himmel; sitzt zu der rechten Hand Gottes des allmächtigen Vaters.

Fr. Wann ist Jesus in den Himmel gefahren?

A. Jesus ist am vierzigsten Tage nach seiner Auferstehung in den Himmel gefahren. (a)

Fr. Wie ist Jesus in den Himmel gefahren?

A. Jesus ist in Gegenwart seiner Jünger, (b) auf dem Oelberge, aus eigener Macht in den Himmel gefahren.

Fr. Wo sitzt Jesus in dem Himmel?

A. Jesus sitzt in dem Himmel zur rechten Hand Gottes des allmächtigen Vaters. (c)

Fr. Was heißt das: Jesus sitzt zur rechten Hand Gottes des allmächtigen Vaters?

A. Jesus sitzt zur rechten Hand Gottes heißt soviel, als: Jesus ist im beständigen Besitze der höchsten Gewalt und Herrlichkeit über alles im Himmel und auf Erden. (d)

§. 7. Von dem siebenten Glaubensartikel.

Fr. Wie lautet der siebente Glaubensartikel?

A.

(a) Luk XXIV. 50. 51.   (b) Apostelgesch. I. 9.

(c) Send ihr nun mit Christo auferstanden, so suchet was droben ist, wo Christus ist, sitzend zur rechten Hand Gottes. Koloss. III. 1.

(d) Römischer Katechismus, in dem sechsten Artikel des apostolischen Glaubensbekenntnisses, im 3. §. Mir ist gegeben alle Gewalt im Himmel und auf Erden. Matth. XXVIII. 18.

A. Der siebente Glaubensartikel lautet also: Von dannen er kommen wird zu richten die Lebendigen und die Todten.

** Fr. Wird Jesus wieder kommen?

A. Jesus wird am jüngsten Tage von dem Himmel wiederkommen.

Fr. Wie wird Jesus am jüngsten Tage wieder kommen?

A. Jesus wird am jüngsten Tage in den Wolken des Himmels sichtbar, mit grosser Macht und Herrlichkeit wieder kommen. (a)

** Fr. Warum wird Jesus am jüngsten Tage wiederkommen?

A. Jesus wird am jüngsten Tage wieder kommen, um alle Menschen, die Lebendigen und Todten zu richten. (b)

Fr. Welche versteht man unter den Lebendigen, welche unter den Todten?

A. Man versteht unter den Lebendigen die Gerechten, unter den Todten die Sünder.

** Fr. Wie wird Jesus am jüngsten Tage die Menschen richten?

A. Jesus wird die Menschen, nachdem sie Gutes oder Böses gethan haben, richten

C 4   (c)

(a) Sie werden des Menschen Sohn in den Wolken des Himmels mit grosser Macht und Herrlichkeit sehen kommen. Matth. XXIV. 30.

(b) Er hat uns befohlen dem Volke zu predigen, und zu bezeugen, daß er (Christus) derjenige sey, der von Gott zum Richter der Lebendigen und Todten verordnet ist. Apostelgesch. X. 42.

(c); er wird die Gerechten mit dem ewigen Le=
ben im Himmel belohnen, und die Sünder ewig
in der Hölle strafen. (d)

§. 8. Von dem achten Glaubensartikel.

Fr. Wie lautet der achte Glaubensartikel?

A. Der achte Glaubensartikel lautet also: Ich
glaube an den heiligen Geist.

** Fr. Welche göttliche Person ist der heilige
Geist?

A. Der heilige Geist ist die dritte göttliche
Person; a) er ist wahrer Gott. b).

Fr. Von wem geht der heilige Geist aus?

A. Der heilige Geist geht vom Vater und Sohne
zugleich aus. c)

** Fr. Wo heiliget uns der heilige Geist?

A. Der heilige Geist heiliget uns

1. In der heiligen Taufe. d)

2. In dem Sakramente der Busse.

3. So oft wir die übrigen heiligen Sakra=
mente würdig empfangen.

** Fr. Wie heiliget uns der heilige Geist?

A. Der heilige Geist heiliget uns, indem er uns
durch die Eingießung der heiligmachenden Gna=
de

(c) Wir müssen alle vor dem Richterstuhl Christi
offenbaret werden, auf das ein jeglicher empfan=
ge, nachdem er in seinem eigenen Leibe Gutes
oder Böses gewirket hat. 2. Kor. V. 10.

(d) Alsdenn werden die Bösen in die ewige Pein,
die Gerechten in das ewige Leben eingehen.
Matth. XXV. 46.

(a) 1. Joh. V 7.   (b) Sieh oben S. 16. u. f. S.

c) Sieh oben. Joh. XV. 26. Joh. XVI. 13. 14. 15.

(d) Er hat uns nicht um der Werke der Gerechtigkeit

be zu Kindern Gottes machet, oder die
heiligmachende Gnade in uns vermehret.

** Fr. Was wirket der heilige Geiſt noch mehr
durch ſeine Gnade in uns?

A. Der heilige Geiſt erleuchtet unſern Verſtand, er lehret (e) und beweget uns nach
dem Willen Gottes zu handeln ; f) er verleihet uns ſeine Gaben. g)

** Fr. Welche ſind die Gaben des heiligen Geiſtes?

A. Die Gaben des heiligen Geiſtes ſind folgende :

1. Die Gabe der Weisheit. 2. Des Verſtandes. 3. Des Rathes. 4. Der Stärke. 5. Der Wiſſenſchaft. 6. Der Gott-
ſeligkeit. 7. Der Furcht des Herrn. h)

C 5   §. 9.

---

wegen, — ſondern wegen ſeiner Barmherzigkeit
durch die Taufe der Wiedergeburt, und durch
die Erneuerung des heiligen Geiſtes errettet. Tit.
III. 5.

(e) Der Tröſter aber der heilige Geiſt, den der Vater,
in meinem Namen ſenden wird, derſelbe wird
euch alles lehren. Joh. XIV. 26.

(f) Gott iſt es, der in euch beide das Wollen, und
Vollziehen nach ſeinem Wohlgefallen wirket.
Philipp. II. 13.

(g) Es ſind zwar mancherlei Gaben, aber es iſt
nur ein Geiſt, ſo ſind auch — mancherlei Wirkungen, es iſt aber nur ein Herr, der alles in allen wirket; — dieß alles aber wirket derſelbe einige Geiſt, der es einem jeglichen austheilet, wie
er will, 1. Cor. XII. 4. 6. 11.

(a) Iſa. XI. 2. 3.

§. 9. Von dem neunten Glaubensartikel.

Fr. Wie lautet der neunte Glaubensartikel?

A. Der neunte Glaubensartikel lautet also: Eine heilige allgemeine christliche Kirche, Gemeinschaft der Heiligen.

a. Von der Kirche.

** Fr. Was ist die heilige allgemeine christliche Kirche?

A. Die heilige allgemeine christliche Kirche ist eine sichtbare Versammlung aller rechtgläubigen Christen unter einem sichtbaren Oberhaupte dem römischen Pabste, welche einerlei Lehre bekennen, und einerlei Sakramente brauchen.

** Fr. Gibt es auch ein unsichtbares Oberhaupt der Kirche?

A. Es gibt auch ein unsichtbares Oberhaupt der Kirche, und dieses ist Jesus Christus. a)

Fr. Wer hat das sichtbare Oberhaupt der Kirche bestellet?

A. Jesus Christus hat das sichtbare Oberhaupt der Kirche bestellet.

Fr. Wen hat Jesus Christus zum sichtbaren Oberhaupte der Kirche bestellet?

A. Jesus Christus hat Petrum zum sichtbaren Oberhaupte der Kirche bestellet. b)

Fr.

(a) Der Mann ist des Weibes Haupt, wie Christus das Haupt ist der Kirche. Eph. V. 23.

(b) Du bist Petrus, das ist ein Fels: und auf diesen Felsen will ich meine Kirche bauen, und die

Fr. Wer ist nach dem Petrus das sichtbare Oberhaupt der Kirche?

A. Alle rechtmässige auf einander folgende römische Päbste sind das sichtbare Oberhaupt der Kirche, und Stadthalter Jesu Christi.

** Fr. Gibt es mehr als eine wahre Kirche?

A. Es ist nur eine wahre Kirche, auser welcher keine Seligkeit zu hoffen ist.

Fr. Woraus erkennet man die wahre Kirche?

A. Die wahre Kirche erkennet man aus vier Merkmalen.

** Fr. Welche sind die vier Merkmale der wahren Kirche?

A. Die vier Merkmale der wahren Kirche sind: 1.) Daß sie einig. c) 2) Heilig. d) 3.) Allgemein oder katholisch. e) Und 4) apostolisch ist. f)

Fr.

die Pforten der Höllen sollen sie nicht übermältigen. Matth. XVI. 18. Er (Christus) spricht zu ihm (Petrus) — weide meine Lämmer — weide meine Schafe. Joh. XXI. 16. 17.

(c) Es ist ein Herr, ein Glauben, eine Taufe. Eph. IV. 5.

(d) Damit er ihm selbst eine herrliche Kirche darstelle, die keinen Makel noch Runzeln, oder etwas dergleichen habe, sondern damit sie heilig und unbefleckt sey. Eph. V. 27.

(e) Gehet hin in alle Welt, und prediget das Evangelium allen Kreaturen. Mark. XVI. 15.

(f) Ihr seyd erbauet auf den Grund der Apostel und Propheten. Eph. II. 20.

Fr. Wie ist die wahre Kirche einig?

A. Die wahre Kirche ist einig (g): 1) indem sie
ein Oberhaupt, 2) einerlei Lehre hat: und
3) auch einerlei Sakramente brauchet.

Fr. Wie ist die wahre Kirche heilig?

A. Die wahre Kirche ist heilig: 1) Weil ihr Stifter
Jesus Christus heilig ist. 2) Weil ihre Lehre
heilig ist. 3.) Weil sie heilige Sakramente
brauchet. 4) Weil sie ihre Glieder zur Heiligkeit leitet. 5) Weil es in ihr immer Heilige
gibt.

Fr. Wie ist die wahre Kirche allgemein, oder
katholisch?

A. Die wahre Kirche ist allgemein, oder katholisch: 1) Weil sie Jesus Christus für alle Menschen, 2) für alle Zeiten, und 3) für alle
Oerter gestiftet hat.

Fr. Wie ist die wahre Kirche apostolisch?

A. Die wahre Kirche ist apostolisch: 1) Weil sie
glaubet, und lehret, was die Apostel geglau-
bet und gelehret haben. 2) Weil die Apostel
kraft des Befehls Jesu Christi ihre Lehre in der
ganzen Welt verbreitet haben. 3) Weil ihre
Bischöfe Nachfolger der Apostel sind.

** Fr. Wie nennet man die wahre Kirche noch
anders?

A. Man nennet die wahre Kirche auch die römische; weil die Kirche von Rom das Haupt
aller

(g) Gott ist nicht ein Gott der Uneinigkeit, sondern des Friedens, wie ich auch in allen Kirchen der Heiligen lehre. 1. Kor. XIV, 33.

aller übrigen Kirchen, und der Mittelpunkt
der Einigkeit ist.

b. Von der Gemeinschaft der Heiligen.

** Fr. Wie haben rechtgläubige Christen unter einander Gemeinschaft?

A. Rechtgläubige Christen haben unter einander Gemeinschaft wie die Glieder eines Leibes. a)

Fr. Wie wird solche Gemeinschaft genannt?

A. Die Gemeinschaft unter den rechtgläubigen Christen, wird die Gemeinschaft der Heiligen genannt.

Fr. Warum wird die Gemeinschaft unter
rechtgläubigen Christen die Gemeinschaft
der Heiligen genannt?

A. Deswegen wird die Gemeinschaft unter rechtgläubigen Christen die Gemeinschaft der Heiligen genannt; weil alle zur Heiligkeit berufen, b) und weil alle Christen durch das Sakrament der Taufe geheiliget sind.

** Fr.

(a) Lasset uns in der Liebe thun, was recht ist, und
in allen Dingen in ihm nämlich in Christo, der
das Haupt ist, wachsen, aus welchem der ganze
Leib zusammengefüget, und mit einander durch alle
Gelenke verknüpfet ist, dadurch ein Glied dem andern
dienet, nach der Wirkung eines jeglichen Gliedes
nach seiner Maß, und machet, daß der Leib zu
Erbauung seiner selbst aufwächst. Eph. IV. 15. 16.
Gleichwie wir in einem einzigen Leibe viel Glieder
haben, und alle diese Glieder nicht einerlei Verrichtung haben, also sind wir viel in Christo,
die wir mit ihm nur einen Leib ausmachen.
Röm. XII. 4. 5.

(b) Seyd in allem euren Wandel auch heilig,
gleichwie derjenige, welcher euch berufen hat, heilig

** Fr. Worin besteht die Gemeinschaft der Heiligen?

A. Die Gemeinschaft der Heiligen besteht in dem, daß alle Glieder der Kirche an den geistlichen Gütern Theil nehmen. c)

Fr. Welche sind die geistlichen Güter, an welchen alle Glieder der Kirche Theil nehmen?

A. Die geistlichen Güter, an welchen alle Glieder der Kirche Theil nehmen, sind:

1.) Die heiligen Sakramente.

2.) Das heiligste Meßopfer. 3) Das Gebet. 4.) Gute Werke. 5.) Die Verdienste der Gläubigen.

** Fr. Welche sind die Glieder der Kirche, die unter einander Gemeinschaft haben?

A. Glieder der Kirche, die unter einander Gemeinschaft haben, sind:

1. Die Gläubigen auf der Erde.

2. Die Heiligen in dem Himmel, und

3. Die Seelen der Verstorbenen, welche in dem Fegfeuer sind.

** Fr. Was haben die Gläubigen auf der Erde für eine Gemeinschaft untereinander?

A.

---

lig ist; denn es steht geschrieben: ihr sollt heilig seyn, weil ich heilig bin. 1. Petr. I. 15. 16. Die nach dem Vorsatz zur Heiligkeit berufen sind. Röm. VIII. 28

(c) Ich bin theilhaftig aller deren, die dich fürchten, und deine Gebote halten. Ps. CXVIII. 63.

A. Die Gläubigen auf der Erde haben Gemeinschaft untereinander; indem ihr Gebet (d),
und der Verdienst ihrer guten Werke einander
zugute kommen.

Fr. Was haben die Gläubigen auf der Erde
für eine Gemeinschaft mit den Heiligen im
Himmel?

A. Die Gläubigen auf der Erde haben Gemeinschaft mit den Heiligen im Himmel, indem die
Gläubigen auf der Erde die Heiligen verehren,
und um ihre Fürbitte anrufen (e); die Heiligen
im Himmel aber für die Gläubigen auf der Erde bei Gott bitten. (f)

Fr. Was haben die Gläubigen auf der Erde
für eine Gemeinschaft mit den Seelen der
Verstorbenen in dem Fegfeuer?

A. Die Gläubigen auf der Erde haben Gemeinschaft mit den Seelen der Verstorbenen in dem
Fegfeuer; indem die Gläubigen auf der Erde
für

(d) Bittet für einander, daß ihr selig werdet, denn
das Gebet eines Gerechten vermag sehr viel. Jak.
V. 16.

(e) Ingleichen halten wir dafür, daß, die mit
Christo regierende Heiligen zu verehren, und
anzurufen sind, und daß sie ihr Gebet für uns
aufopfern. So sagt das aus den Schlüssen des
tridentinischen Concilii gemachte katholische Glaubensbekenntniß.

(f) Onias aber hat geantwortet und gesagt: dieß ist
Jeremias der Prophet Gottes, ein Liebhaber der
Brüder und des Volkes Israel; dieß ist der
Mann, der viel bittet für das Volk, und für
die ganze heilige Stadt. 2. Machab. XV. 14.

für die Seelen der Verstorbenen (g) in dem Fegfeuer bei Gott bitten, und ihnen mit ihrem Gebete, mit guten Werken, und vornämlich damit
helfen, daß sie die heilige Messe für sie aufopfern, die Seelen der Verstorbenen aber aus
Dankbarkeit für die Gläubigen auf der Erde bei
Gott bitten.

§. 10. **Von dem zehnten Glaabensartikel.**

Fr. Wie lautet der zehnte Glaubensartikel?

A. Der zehnte Glaubensartikel lautet also:
Ablaß der Sünden.

** Fr. Was lehret uns dieser Glaubensartikel?

A. Dieser Glaubensartikel lehret uns, daß Christus seiner Kirche Gewalt gegeben hat, die
Sünden nachzulassen. (a)

Fr. Wer hat in der wahren Kirche die Gewalt die Sünden nachzulassen?

A. In der wahren Kirche haben die Bischöfe und
Priester die Gewalt, Sünden nachzulassen.

** Fr. Wo werden die Sünden nachgelassen?

A.

(g) Ist derowegen ein heiliger und heilsamer Gedanken für die Todten beten damit sie von Sünden
erlediget werden. 2. Machab. XII. 46

(a) Nehmet hin den heiligen Geist, welchen ihr die
Sünden vergeben werdet, denen sind sie vergeben,

A. Die Sünden werden im Sakramente der Taufe, (b) und im Sakramente der Buſſe nachgelaſſen. (c)

Fr. Welche Sünden werden durch die Taufe, und welche durch die Buſſe nachgelaſſen?

A. Die Erbſünde, und alle wirkliche vor der Taufe begangene Sünden werden durch die Taufe nachgelaſſen; durch die Buſſe aber jene Sünden, die nach der Taufe ſind begangen worden.

§. 11. Von dem eilften Glaubensartikel.

Fr. Wie lautet der eilfte Glaubensartikel?

A. Der eilfte Glaubensartikel lautet alſo: Auferſtehung des Fleiſches.

** Fr. Was verſteht man unter der Auferſtehung des Fleiſches?

A. Unter der Auferſtehung des Fleiſches verſteht man, daß Gott am jüngſten Tage die

Ver-

---

geben, und welchen ihr ſie behalten werdet, denen ſind ſie behalten. Joh. XX. 22. 23.

(b) Wie Chriſtus ſich ſelbſt für ſie dargegeben hat, auf daß er ſie heiligte, nachdem er ſie mit der Waſſertaufe durch das Wort des Lebens gereiniget hat. Eph. V, 26.

(c) Dir will ich die Schlüſſel des Himmelreiches geben, was du binden wirſt auf Erden, das ſoll auch im Himmel gebunden ſeyn, und was du wirſt löſen auf Erden, ſoll auch im Himmel gelöſet ſeyn. Matth. XVI. 19. Wahrlich ſage ich euch, alles was ihr auf Erden binden werdet, das wird auch im Himmel gebunden ſeyn; und alles was ihr auf Erden werdet löſen, das wird auch im Himmel gelöſet ſeyn. Matth. XVIII. 18.

D

Verſtorbenen erwecken werde (a), und daß
Menſchen mit ihrem Fleiſche, das iſt: mit
eben den Leibern, die ſie im Leben gehabt
haben, auferſtehen werden. (b)

Fr. Warum werden die Menſchen mit ihren
Leibern auferſtehen?

A. Die Menſchen werden mit ihren Leibern auferſtehen, damit die Leiber mit der Seele entweder ewig belohnet, oder ewig beſtrafet werden. (c)

§. 12. Von dem zwölften Glaubensartikel.

Fr. Wie lautet der zwölfte Glaubensartikel?

A. Der zwölfte Glaubensartikel lautet alſo:
Ein ewiges Leben.

** **Fr.** Was glauben und bekennen wir mit
den Worten des zwölften Glaubensartikels?

A. Wir glauben und bekennen mit den Worten des zwölften Glaubensartikels eine ewige
immerwährende Seligkeit, welche das
Ver-

(a) Derſelbige, der Jeſum Chriſtum von den Todten
erwecket hat, wird eure ſterbliche Leiber durch
ſeinen Geiſt, der in euch wohnet, lebendig
machen. Röm. VIII. 11.

(b) Ich werde wieder mit meiner Haut umgeben
werden, und werde in meinem Fleiſche meinen Gott ſehen. Job. XIX. 26.

(c) Es kömmt die Stunde, in welcher alle, die in
den Gräbern ſind, die Stimme des Sohnes Gottes hören werden, und es werden alsdenn die
Gutes gethan haben, zur Auferſtehung des
ewigen Lebens hervorgehen, die aber Böſes
gethan haben, zur Auferſtehung des Gerichtes. Job. V. 28. 29.

Verlangen der Heiligen und Auserwählten
vollkommen erfüllen wird. (a)

Fr. Wie wird das Verlangen der Heiligen,
und Auserwählten vollkommen erfüllet
werden?

A. Das Verlangen der Heiligen, und Auserwähl=
ten wird vollkommen erfüllet werden; weil sie
Gott ewig anschauen, lieben, genießen.

Fr. Werden denn nicht auch die Teufel und
Gottlosen ein immerwährendes und ewi=
ges Leben haben?

A. Die Teufel und die Gottlosen werden ein im=
merwährendes, das ist: ewiges, aber zugleich
höchst unglückseliges Leben haben (b); indem
sie für ihre Sünden ewige Strafen in der
Hölle leiden werden. (c)

D 2   Fr.

---

a) Mit unaussprechlicher und herrlicher Freude wer=
det ihr euch freuen. Und das Ende eures Glau=
bens erlangen, nämlich die Seligkeit der Seelen.
I. Korrinth. II. 9. — Kein Auge hat es gesehen
und kein Ohr gehöret; es ist auch in keines Men=
schen Herz gekommen, was Gott denjenigen bereitet
hat, die ihn lieben.

(b) Gehet hinweg ihr Vermaledeyten in das ewige
Feuer, das dem Teufel und seinen Engeln be=
reitet ist. Matth. XXV. 41.

(c) Wenn ich der Herr Jesus mit seinen mächtigen
englischen Heerschaaren von dem Himmel offenba=
ren wird, um mit Feuerflammen an denen Ra=
che zu üben, die Gott nicht erkennen, und dem
Evangelio unsers Herrn Jesu Christi nicht
Gehorsam leisten, welche mit dem Untergange von
dem Angesicht des Herrn, und von der Herrlich=
keit seiner Macht ewig werden gestrafet werden.
2. Thessal. I. 7. 8. 9.

Fr. Warum wird das apostolische Glaubensbekenntniß mit dem Worte Amen beschlossen?

A. Das apostolische Glaubensbekenntniß wird mit dem Worte Amen beschlossen; weil das Wort Amen ein Ausdruck ist, durch welchen man etwas bestättiget.

** Fr. Was bestättigen wir durch das Wort Amen am Ende des Glaubensbekenntnisses?

A. Wir bestättigen durch das Wort Amen, daß wir an dem Inhalte des apostolischen Glaubensbekenntnisses nicht zweifeln, sondern alles für wahr halten, was darin enthalten ist.

Das II. Hauptstück.
Von der Hoffnung.
I. Abtheilung.
Was die christliche Hoffnung sey.

Fr. Was ist die christliche Hoffnung?

A. Die christliche Hoffnung ist eine übernatürliche von Gott eingegossene Tugend (a), vermög

---

(a) Paulus ein Diener Gottes — mit der Hoffnung des ewigen Lebens, welches Gott, der nicht lüget,

mig welcher wir alles mit Zuverſicht von Gott
verlangen, und erwarten, was er verſprochen
hat. (b)

∴ Fr. Was heißt chriſtlich hoffen?

A. Chriſtlich hoffen heißt von Gott zuver-
ſichtlich erwarten, was er uns verſprochen
hat.

∴ Fr. Was hoffen wir von Gott?

A. Wir hoffen von Gott das ewige Leben,
das iſt: die ewige Seligkeit, und die
Mittel ſolche zu erlangen.

** Fr. Warum hoffen wir?

A. Wir hoffen, weil Gott allmächtig, in Erfüllung ſeiner Verheiſſungen getreu, unendlich gütig und barmherzig iſt, folglich erfüllen kann und will, was er verſprochen hat.

∴ Fr. Wodurch wird die chriſtliche Hoffnung
geübet?

A. Die chriſtliche Hoffnung wird hauptſächlich durch das Gebet geübet.

D 3   II. Ab-

---

lüget vor den Zeiten der Welt verheiſſen hat.
Tit. I. 2. Gebenedeyet ſey Gott der Vater unſers Herrn Jeſu Chriſti, der uns nach ſeiner groſ-
ſen Barmherzigkeit, durch die Auferſtehung Jeſu
Chriſti von den Todten, zu der lebendigen Hoffnung wiedergeboren hat. 1. Petr. I. 2.

(b) Laſſet uns in der Bekenntniß unſerer Hoffnung un-
beweglich verharren; denn der die Verheiſſung
gethan hat, iſt getreu. Hebr. X. 23.

II. Abtheilung.

Von dem Gebete.

§. 1. Von dem Gebete überhaupt.

Fr. Worin besteht das Gebet?

A. Das Gebet besteht in Erhebung des Geistes zu Gott.

Fr. Warum beten wir?

A. Wir beten, um Gott als den höchsten Herrn schuldig zu ehren, und ihm sowohl für das empfangene Gute zu danken, als auch ihn um das, was uns für künftig nöthig ist, zu bitten.

Fr. Warum beten wir noch mehr?

A. Wir beten noch mehr um die Vergebung der Sünden; um in allgemeinen, und besondern, in eigenen und in des Nächsten Nöthen von Gott Hilfe zu erbitten.

Fr. Auf wie vielerlei Art kann man beten?

A. Man kann auf zweierlei Art beten: entweder bloß innerlich; oder zugleich auch äuserlich; und beide Arten des Gebetes haben wir von Jesu Christo und von den Aposteln erlernet.

Fr. Wie betet man innerlich?

A. Man betet innerlich, wenn man bloß die Gedanken seines Gemüthes, und die Begierden seines Herzens zu Gott erhebet. (a)

Fr.

(a) So betete Anna im Tempel. 1. Kön. I. 13. Anna aber redete in ihrem Herzen — und ward gar

Fr. Wie betet man äuferlich?

A. Man betet äuferlich, wenn man die Gedanken seines Gemüthes und die Begierden des Herzens mit Worten ausdrücket, und dieses wird
das mündliche Gebet genannt.

Fr. Was ist bei dem mündlichen Gebete zu
beobachten?

A. Bei dem mündlichen Gebete ist zu beobachten, daß der Geist oder die Seele des Menschen eben das denken, wollen, und verlangen
müsse, was die Worte des mündlichen Gebetes
ausdrücken.

Fr. Ist auch das mündliche Gebet nützlich,
und nothwendig?

A. Das mündliche Gebet ist nützlich und nothwendig, weil der Betende selbst dadurch zur Andacht
erwecket, und weil andere, welche die Worte
des Gebetes hören, erbauet, und zum Beten
ermuntert werden.

Fr. Warum gebrauchen wir uns der Gebetbücher?

A. Wir gebrauchen uns der Gebetbücher, weil sie
gottselige Gedanken, und heilige Begierden enthalten, die man beim Beten haben soll. Sie
kommen denen zu Hilfe, die sich selbst mit Worten über ihr Anliegen nicht ausdrücken können.

∴ **Fr.** Ist man schuldig zu beten?

D 4 **A.**

gar keine Stimme gehöret. So betete David.
Er sagt: Pf. XXVI. 8. Mein Herz hat zu dir
geredet.

A. Man ist schuldig zu beten; denn das Beten ist eine der vornehmsten Pflichten unserer Religion. (b)

Fr. Was verbindet uns zu beten?

A. Gottes Gebot (c), Christi Beispiel (d) und Befehl (e) verbinden uns zu beten.

Fr. In wessen Namen müssen wir beten?

A. Wir müssen im Namen Jesu beten. (f)

Fr. Wie sollen wir beten?

A. Wir sollen mit Demuth (g) und reumüthigem Herzen, im Geiste und in der Wahrheit (h) mit Glauben und Zuversicht beten. (i)

** Fr.

(b) Betet ohn Unterlaß. 1. Thess. V. 17. 1. Tim. II. 1.

(c) Rufe mich an am Tage der Trübsal, so will ich dich erretten, und du sollst mich preisen. Ps. XLIX. 15.

(d) Luk. VI. 12. Matth. XXVI. 39.

(e) Bittet und es wird euch gegeben werden; denn ein jeglicher, der bittet, der empfängt. Matth. VII. 7.

(f) Wahrlich, wahrlich sag ich euch, wenn ihr den Vater etwas bitten werdet in meinem Namen, so wird er es euch geben. Joh. XVI. 23.

(g) Das Gebet eines Menschen, der sich demüthiger, wird durch die Wolken dringen. Syr. XXXV. 21.

(h) Gott ist ein Geist, und die ihn anbeten, die müssen ihn anbeten im Geiste, und in der Wahrheit. Joh. IV. 24.

(i) Er bitte aber im Glauben, und zweifle nicht. Jak. I. 6.

** Fr. Wo ist alles, um was wir beten sollen, enthalten?

A. Alles, um was wir beten sollen, ist im Vater unser, das ist: in dem Gebete des Herrn enthalten. (k)

§. 2. Von dem Gebete des Herrn insonderheit.

⁎⁎ Fr. Wer hat uns beten gelehret?

A. Christus unser Herr hat uns beten gelehret.

⁎⁎ Fr. Wodurch lehrete uns Christus beten?

A. Christus lehrete uns durch das Vater unser beten, welches auch das Gebet des Herrn heißt.

⁎⁎ Fr. Wie lautet das Vater unser?

A. Das Vater unser lautet also: Vater unser, der du bist in dem Himmel. Geheiliget werde dein Namen. Zukomme uns dein Reich. Dein Wille geschehe wie im Himmel, also auch auf Erden. Gib uns heut unser tägliches Brod. Und vergib uns unsere Schulden, als auch wir vergeben unsern Schuldigern. Und führe uns nicht in Versuchung. Sondern erlöse uns von dem Uibel. Amen.

** Fr. Woraus besteht das Gebet des Herrn?

A. Das Gebet des Herrn besteht aus einer Vorrede und sieben Bitten.

D 5   a. Von

(k) Matth. VI. 9.— 13.

a. Von der Vorrede.

** Fr. Wie lautet die Vorrede?

A. Die Vorrede lautet also: Vater unser, der du bist im Himmel.

** Fr. Zu wem rufen wir mit diesen Worten der Vorrede?

A. Mit diesen Worten der Vorrede rufen wir zu Gott, der unser Vater ist. (a)

** Fr. Warum nennen wir Gott einen Vater?

A. Wir nennen Gott einen Vater, weil er die Menschen nach seinem Ebenbilde erschaffen hat (b), und väterlich für sie sorget. (c)

** Fr. Warum nennen wir Gott unsern Vater?

A. Wir nennen Gott unsern Vater, weil er uns alle durch den heiligen Geist in der heiligen Taufe zu seinen Kindern (d), zu seinen

Erben,

─────────────

a) Haben wir denn nicht alle einen Vater, hat uns nicht ein Gott erschaffen? Malach. II. 10.

b) Ist er nicht dein Vater, der dich gemacht und erschaffen hat? Deut. XXXII. 6.

c) Ihr sollt nicht sorgen und sagen: Was werden wir essen, was werden wir trinken, oder womit werden wir uns bekleiden? denn nach diesem allem trachten die Heiden. Euer Vater aber weiß daß ihr dieses alles bedürfet. Matth. VI. 31. 32.

Alle eure Sorge leget auf ihn, denn er sorget für euch. 1. Petr. V. 7.

d) Ihr habt empfangen den Geist derer die zu Kindern angenommen sind, durch welchen wir rufen, Abba lieber Vater. Röm. VIII. 15.

Erben, zu Miterben Jesu Christi (e) und untereinander zu Brüdern gemachet hat.

** Fr. Warum sagen wir: der du bist in dem Himmel?

A. Wir sagen: der du bist in dem Himmel; weil Gott, ob er gleich überall gegenwärtig ist, dennoch vornämlich in dem Himmel wohnet (f), wo er sich seinen Auserwählten von Angesicht zu Angesicht zeiget, und zu genießen gibt.

b. Von den dreyen ersten Bitten des Gebets des Herrn.

** Fr. Wie lautet die erste Bitte?

A. Die erste Bitte lautet also: Geheiliget werde dein Namen.

** Fr. Warum bitten wir zuerst, daß Gottes Namen geheiliget werde?

A. Wir bitten zuerst, daß Gottes Namen geheiliget werde; weil wir allezeit, und vor allen Dingen um jenes bitten sollen, was Gottes Ehre angeht (g), und hernach erst um das, was uns oder dem Nächsten nöthig ist.

** Fr.

(e) Sind wir aber Kinder, so sind wir auch Erben, und zwar Erben Gottes, Miterben aber Jesu Christi. Röm. VIII. 17.

(f) Wer an diesem Orte beten wird, den erhöre von deiner Wohnung, das ist vom Himmel, und sey ihm gnädig. 2. Paral. VI. 21.

(g) Suchet zuerst das Reich Gottes, und seine Gerechtigkeit, so wird euch dieses alles gegeben werden. Matth. VI. 33.

** **Fr.** Was begehren wir in der erſten Bitte
des Vater unſer?

A. In der erſten Bitte des Vater unſer begehren wir,

1. Daß Gott von allen Menſchen auf Erden
erkannt; und daß ſein heiligſter Namen
bekennet, und allenthalben gelobet werde.

2. Daß die Sünder zu Gott bekehret, und
und zur Buſſe mögen beweget werden.

3. Daß ſein heiligſter Namen niemals weder
durch Ketzerey, und Irrglauben, noch
durch Gottesläſterung, und unchriſtliches
Leben entheiliget werde.

** **Fr.** Wie lautet die zweyte Bitte?

A. Die zweyte Bitte lautet alſo: Zukomme uns dein Reich.

** **Fr.** Was begehren wir in der zweyten
Bitte?

A. In der zweyten Bitte begehren wir,

1. Daß Gott ſeine Kirche und das Reich ſeiner Gnaden ausbreite, und befeſtige; das
Reich des Teufels aber, und der Sünde
zerſtöhre.

2. Daß er den Glauben, die Hoffnung und
die Liebe uns eingieße, und dieſe Tugenden
in uns vermehre.

3. Endlich, daß er uns nach dieſem Leben
den Himmel verleihen wolle.

** **Fr.** Wie lautet die dritte Bitte?

A. Die dritte Bitte lautet alſo: Dein Willen
geſchehe, wie im Himmel alſo auch auf Erden.

** **Fr.** Was begehren wir in der dritten Bitte?

A. Wir begehren in der dritten Bitte,

1.

1. Daß uns Gott die Gnade verleihen wolle, seinen göttlichen Willen in allen Zufällen auf Erden so genau und gern zu vollziehen, wie ihn die Engel und Heiligen im Himmel vollziehen.

2. Daß Gott alles abwenden wolle, was die Erfüllung seines göttlichen Willens verhindert.

c. Von den vier letzten Bitten des Gebets des Herrn.

** Fr. Wie lautet die vierte Bitte?

A. Die vierte Bitte lautet also: Gib uns heut unser tägliches Brod. -

** Fr. Was begehren wir in der vierten Bitte?

A. In der vierten Bitte begehren wir,

1. Daß Gott uns alles geben wolle, was uns zur Unterhaltung unsers leiblichen und geistlichen Lebens nöthig ist.

2. Daß Gott Theurung, und Hunger, wie auch die Sünde, welche oft solche Strafen nach sich zieht, von uns gütigst abwenden wolle.

** Fr. Wie lautet die fünfte Bitte?

A. Die fünfte Bitte lautet also: Vergib uns unsere Schulden als auch wir vergeben unsern Schuldigern.

** Fr. Was begehren wir in der fünften Bitte?

A. Wir begehren in der fünften Bitte, daß uns Gott unsere Sünden vergebe, gleichwie wir denen von Herzen verzeihen, welche uns beleidiget haben.

** Fr. Wie lautet die sechste Bitte?

A. Die sechste Bitte lautet also: Und führe uns nicht in Versuchung.

** Fr. Was begehren wir durch diese sechste Bitte?

A. Wir begehren durch diese sechste Bitte, daß uns Gott zur Zeit der Versuchung seine Hilfe nicht entziehe, noch gestatte, daß wir der Versuchung unterli gen.

** Fr. Von wem werden wir hauptsächlich versuchet?

A. Wir werden hauptsächlich versuchet, von der Welt, von unserem Fleische, das ist: von unsern bösen Lüsten und Begierden, (h) und von dem Teufel.

** Fr. Werden auch die Frommen und Gerechten von Gott versuchet?

A. Auch die Frommen und Gerechten werden von Gott versuchet, wenn Gott ihre Tugend prüfet,

1. Durch Krankheit.

2. Durch Armuth, und andere Trübsale.

** Fr.

---

h) Alles was in der Welt ist, das ist entweder Begierlichkeit des Fleisches, oder Begierlichkeit der Augen, oder Hoffart des Lebens, welche nicht aus dem Vater ist, sondern aus der Welt. 1. Joh. II. 16. Ein jeglicher wird versuchet, wenn er von seiner eigenen Lust gereizet und gelocket wird. Jak. I. 14. Seyd nüchtern und wachet, denn euer Widersacher der Teufel geht herum, wie ein brüllender Löwe, und suchet welchen er verschlinge. 1. Petr. V. 8. Ziehet an den Harnisch Gottes, auf daß ihr bestehen könnet gegen die listigen Nachstellungen des Teufels. Ephes. VI. 11.

Fr. Wie lautet die ſiebente Bitte?

A. Die ſiebente Bitte lautet alſo: Son,
dern erlöſe uns von dem Uibel.

Fr. Was begehren wir in der ſiebenten
Bitte?

A Wir begehren in der ſiebenten Bitte,

1. Daß uns Gott vorzüglich von dem Uibel
der Seele, welches die Sünde iſt, erlöſe,
und uns von der zeitlichen und ewigen
Strafe der Sünde bewahre.

2. Daß uns Gott auch von den leiblichen
Uibeln befreye, wenn ſie nicht zu unſerm
Heile ſind. (i)

3. Daß uns Gott die Gnade verleihe alle
Trübſale, die er uns zuſchicket, mit Ge,
duld und Standhaftigkeit zu leiden. (k)

Fr. Was heißt das Wort Amen?

A. Amen ein hebräiſches Wort, heißt ſoviel
als: es geſchehe, oder es wird geſchehen.

§. 3. Von dem engliſchen Gruſſe.

Fr. Was für ein Gebet verbinden katho,
liſche Chriſten gemeiniglich mit dem Va,
ter unſer?

A.

(i) Selig iſt der Mann, der die Verſuchung über,
trägt, denn nachdem er bewährt iſt, wird er die
Krone des Lebens erhalten, welche Gott denſeni,
gen verheißen hat, die ihn lieben. Jak. I. 12. Und
weil du Gott angenehm wareſt, ſo war vonnö,
then, daß dich die Anfechtung bewährte. Tob.
XII. 13.

(k) Im Ofen werden die Geſchirre des Hafners be,
währet, und gerechte Menſchen in der Anfech,
tung der Trübſal. Syr. XXVII. 6.

A. Katholische Christen verbinden gemeiniglich mit dem Vater unser den englischen Gruß.

Fr. Was ist der englische Gruß.

A. Der englische Gruß ist ein Gebet, mit welchem wir die heilige Jungfrau Maria, die Mutter Gottes vorzüglich vor allen Engeln und Heiligen verehren und anrufen.

Fr. Wie lautet der englische Gruß?

A. Der englische Gruß lautet also: Gegrüßet seyst du Maria, voll der Gnaden, der Herr ist mit dir. Du bist gebenedeyet unter den Weibern, und gebenedeyet ist die Frucht deines Leibes, Jesus. Heilige Maria Mutter Gottes, bitt für uns arme Sünder itzt und in der Stunde unsers Absterbens. Amen.

Fr. Aus wie viel Theilen besteht der englische Gruß?

A. Der englische Gruß besteht aus drey Theilen: aus dem Grusse des Erzengels Gabriel: aus dem Grusse der Elisabeth: und aus den Worten der Kirche.

Fr. Wie begrüßte der Engel Gabriel Mariam?

A. Der Engel Gabriel b grüßte Mariam mit folgenden Worten: Gegrüsseft seyst du (Maria) voll der Gnaden, der Herr ist mit dir, du bist gebenedeyet unter den Weibern. (l)

Fr.

_____

(Luk. I. 28.

Fr. Wie begrüßte die Elisabeth Mariam?

A. Elisabeth wiederholte die Worte des Engels: Du bist gebenedeyet unter den Weibern; und setzte noch folgende Worte hinzu: und gebenedeyet ist die Frucht deines Leibes. (m)

Fr. Welche Worte hat die Kirche beigesetzet?

A. Die Kirche hat folgende Worte beigesetzet: Jesus. Heilige Maria Mutter Gottes bitt für uns arme Sünder itzt und in der Stunde unsers Absterbens. Amen.

Fr. Warum sagen wir: Heilige Maria Mutter Gottes?

A. Wir sagen heilige Maria Mutter Gottes; weil

1. Die heilige Jungfrau Maria Jesum Christum geboren hat, der wahrhaftig Gott ist.

2. Weil uns dieser Namen Vertrauen und Zuversicht erwecket, daß Gott ihre Fürbitt erhöre.

Fr. Warum sagen wir: bitt für uns arme Sünder?

A. Wir sagen: bitt für uns arme Sünder, damit Maria durch das Bekenntniß unseres Elendes bewogen werde, uns den Geist der Busse, und die Vergebung unserer Sünden von Gott zu erbitten.

Fr. Warum sagen wir: bitt für uns itzt und in der Stunde unsers Absterbens?

E.   A.

_____

(m) Luc. I. 42.

A. Wir sagen: bitt für uns izt und in der Stunde unsers Absterbens: weil wir immer, sowohl izt als in der Sterbstunde, in welcher die Anfechtungen des Teufels öfters am heftigsten sind, den göttlichen Beistand nöthig haben.

** Fr. Zu welcher Zeit verehret die katholische Kirche die Mutter Gottes besonders mit dem englischen Grusse?

A. Die katholische Kirche verehret die Mutter Gottes mit dem englischen Grusse besonders, da Morgens, Mittags und Abends zum Gebete geläutet wird.

** Fr. Woran soll man sich bei diesem Läuten erinnern?

A. Man soll sich bei diesem Läuten vorzüglich der Menschwerdung des Sohnes Gottes dankbarlich und andächtig erinnern.

Das III. Hauptstück.
Von der Liebe.
I. Abtheilung.
Was die christliche Liebe sey.

Fr. Was ist die christliche Liebe?

A. Die christliche Liebe ist eine übernatürliche von Gott eingegossene Tugend (a), durch wel-

---

(a) Die Liebe Gottes ist ausgegossen in unsere Herzen, durch den h illgen Geist, der uns gegeben ist. Rom. V 5.

welche wir Gott den Herrn, weil er das höchste Gut ist, um seiner selbst willen, den
Nächsten aber wegen Gott wie uns selbst lieben.

.˙. Fr. Was heißt christlich lieben?

A. Christlich lieben heißt Gott als das höchste Gut wegen seiner selbst, und den Nächsten wegen Gott lieben (b); wegen Gott
alles gern thun, was er befohlen hat.

** Fr. Müssen wir Gott auch noch aus einem andern Bewegungsgrunde, als wegen seiner selbst, lieben?

A. Wir müssen Gott auch deßwegen lieben,
weil er gegen uns höchst gütig ist. (c)

** Fr. Wie müssen wir Gott lieben?

A. Wir müssen Gott lieben über alles, aus
ganzem unserem Herzen, aus ganzer unserer
Seele, aus ganzem unserem Gemüthe, und
aus allen unsern Kräften.

** Fr. Was heißt Gott über alles lieben?

A. Gott über alles lieben heißt: Gott allen
Geschöpfen vorziehen, und höher schätzen als

E 2

alles,

(b) Du sollst den Herrn deinen Gott lieben von
deinem ganzen Herzen, und von deiner ganzen
Seele, und von deinem ganzen Gemüthe. Dieß
ist das größte und vornehmste Gebot. Das andere
aber ist diesem gleich: Du sollst deinen Nächsten
lieben als dich selbst. Matth. XXII. 37. 38. 39.

(c) Lasset uns Gott lieben, weil er uns zuerst geliebet hat. 1. Joh. IV. 19.

alles, was uns angenehm, und wohlgefällig
seyn kann.

Fr. Was heißt Gott aus ganzem Herzen,
aus ganzer Seele, aus allen Kräften,
und aus ganzem Gemüthe lieben?

A. Gott aus ganzem Herzen, aus ganzer Seele, aus allen Kräften, und aus ganzem Gemüthe lieben, heißt: alle seine Gedanken,
alle seine Begierden und alle seine Worte und
Werke auf Gott richten, lieber alles, auch
sogar das Leben verlieren, und alles lieber
leiden, als wider Gottes Gebote handeln
wollen.

** Fr. Wer wird unter dem Worte Nächster
verstanden?

A. Unter dem Worte Nächster wird ieder
Mensch, Freund und Feind verstanden. (d)

.*. Fr. Was heißt den Nächsten lieben?

A. Den Nächsten lieben, heißt dem Nächsten wohlwollen, ihm das thun, was ihm
angenehm und nützlich ist, alles unterlassen,
was ihm unangenehm und nachtheilig ist. (e)

Fr.

(d) Sieh die Erzählung Jesu vom barmherzigen Sa-
maritaner. Luk. X. 29. — 37.

(e) Die Liebe ist geduldig, sie ist gütig: Die Liebe eifert nicht, sie handelt nicht boshaftig, sie bläst
sich nicht auf. Sie ist nicht ehrgeitzig, sie' suchet
nicht das Ihrige, sie erbittert sich nicht, sie gedenket nichts arges. Sie erfreuet sich nicht der
Ungerechtigkeit, sondern sie erfreuet sich der Wahrheit. Sie träget alles, sie glaubet alles, sie hoffet
alles, sie duldet alles. 1. Kor. XIII. 4. 5. 6. 7.

Fr. **Was heißt den Nächsten wegen Gott lieben?**

A. Den Nächsten wegen Gott lieben, heißt
den Nächsten lieben, weil er das Ebenbild
Gottes ist, und weil Gott befohlen hat den
Nächsten zu lieben. (f)

Fr. **Was heißt den Nächsten wie sich selbst lieben?**

A. Den Nächsten wie sich selbst lieben, heißt
dem Nächsten nichts thun, was wir selbst ver-
nünftiger Weise nicht gern hätten, es heißt
ihm das erweisen, was wir selbst mit Rechte
für uns verlangen können. (g)

** Fr. **Ist die christliche Liebe nothwendig?**

A. Die christliche Liebe ist so nothwendig, daß
der Mensch, welcher den Gebrauch seiner
Vernunft hat, ohne die Liebe das ewige Leben
nicht erlangen kan. (h)

E 3   ∴ Fr.

---

f) So jemand saget: ich habe Gott lieb, und hasset
seinen Bruder, der ist ein Lügner. Denn der seinen Bruder, den er siehet, nicht liebet, wie kann
er Gott lieben, den er nicht siehet. Das Gebot
haben wir von Gott, daß, wer Gott liebet, auch
seinen Bruder lieben solle. 1. Joh. IV. 20. 21.

g) Alles was ihr wollt, daß euch die Leute
thun sollen, das thut ihnen auch. Denn das
ist das Gesetz und die Propheten. Matth. VII. 12.

(h) Wer nicht liebet, der bleibt in dem Tode. Derjenige ist ein Todtschläger, der seinen Bruder hass-
set. Nun wisset ihr, daß kein Todtschläger
das ewige Leben in ihm bleibend habe. 1.
Joh. III. 14. 15.

⁘ Fr. Wie beweiſet man die Liebe gegen
Gott und den Nächſten?

A. Man beweiſet die Liebe gegen Gott und den
Nächſten durch Haltung der zehn Gebote. (i)

II. Abtheilung.

Von den zehn Geboten Gottes überhaupt.

⁘ Fr. Welche ſind die zehn Gebote Gottes?

A. Nach dem weſentlichen Inhalte ſind die
zehn Gebote Gottes folgende:

1. Du ſollſt allein an einen Gott glauben.

2. Du ſollſt den Namen deines Gottes nicht
eitel nennen.

3. Du ſollſt den Feyertag heiligen.

4. Du ſollſt deinen Vater und Mutter ehren, auf daß
du lange lebeſt, und es dir wohl gehe auf Erden.

5. Du ſollſt nicht tödten.

6. Du ſollſt nicht Unkeuſchheit treiben.

7. Du ſollſt nicht ſtehlen.

8. Du ſollſt kein falſches Zeugniß geben wider
deinen Nächſten.

9. Du ſollſt nicht begehren deines Nächſten
Hausfrau.

10. Du ſollſt nicht begehren deines Nächſten Gut.

Fr. Wie ſind die 10. Gebote Gottes in der
heiligen Schrift ausgedrückt?

A.

(i) Wer meine Gebote hat, und ſie hält, der iſts
der mich liebet, Joh. XIV. 21.

A. Die zehn Gebote Gottes sind in der heiligen Schrift also ausgedrückt:

1. Ich bin der Herr dein Gott. Du sollst keine fremden Götter neben mir haben. Du sollst dir kein geschnitztes Bild machen, dasselbe anzubeten.

2. Du sollst den Namen Gottes deines Herrn nicht vergeblich führen.

3. Gedenke, daß du den Sabath heiligest.

4. Du sollst Vater und Mutter ehren, auf daß du lange lebest, und es dir wohl gehe auf Erden.

5. Du sollst nicht tödten.

6. Du sollst nicht ehebrechen.

7. Du sollst nicht stehlen.

8. Du sollst kein falsches Zeugniß geben wider deinen Nächsten.

9. Du sollst nicht begehren deines Nächsten Weib.

10. Du sollst nicht begehren deines Nächsten Haus, Acker, Knecht, Magd, Ochs, Esel, noch alles, was sein ist.

Fr. Was ist für ein Unterschied zwischen den letzten Geboten in den beiden Büchern der heiligen Schrift, in denen sie vorkommen?

A. In dem Wesentlichen ist in den letzten zweyen Geboten kein Unterschied, er ist nur in der Ordnung und in dem Ausdrucke; im Buche Exodus wird besonders und zuerst verboten zu begehren des Nächsten Haus, alsdann wird auch besonders verboten zu begehren des Nächsten Weib, und alles was sein ist. Aber im Buche Deuteronomium wird zuerst verboten zu begehren des Nächsten Weib, und alsdann unter

einem des Nächsten Haus und alles was sein
ist.

So wie die zehn Gebote aus der heiligen
Schrift oben angeführet sind, stehen sie in vielen katholischen Katechismen.

** Fr. Wem gab Gott die zehn Gebote?

A. Gott gab die zehn G:bote dem Moyses auf
dem Berge Sinai für das israelitische
Volk, als es nach dem Auszuge aus Egypten
in der Wüste war. (a)

Fr. Wie gab Gott die zehn Gebote?

A. Gott gab die zehn Gebote auf zween stei-
nernen Tafeln mit seinem Finger geschrieben
unter Donner und Blitz, und zwar,

1. Um das Volk zur Erfüllung desto geneig-
ter,

2. Um es ehrerbietiger gegen seinen Willen
zu machen.

3. Um bei den Uibertretern Furcht für seine
Macht; und für die angedrohten Strafen
zu erwecken.

Fr. Sind auch wir schuldig die zehn Gebote
Gottes zu halten?

A. Auch wir sind schuldig die zehn Gebote
Gottes zu halten:

1. Weil sie eine Erklärung des natürlichen
Gesetzes sind, das in unsere Herzen geschrieben ist.

2. Weil

(a) Sieh die Geschichte der göttlichen Gesetzgebung.
Exod. XIX. und XX.

2. Weil sie Jesus Christus selbst bestättiget und zu halten befohlen hat. (b)

Fr. Kann man die zehn Gebote Gottes halten?

A. Man kann die zehn Gebote Gottes halten, weil Gott einem jeden hiezu die Gnade gibt. (c)

Fr. Was enthalten die zehn Gebote Gottes?

A. Die ersten drey Gebote enthalten die Pflichten gegen Gott, die sieben andern die Pflichten gegen den Nächsten.

Fr. Wo findet man den Inhalt der zehn Gebote Gottes kurz beisammen?

A. Den Inhalt der zehn Gebote findet man kurz in den zweyen Geboten der Liebe beisammen.

Fr. Welches ist das erste Gebot der Liebe?

A. Das erste Gebot der Liebe ist: Du sollst Gott deinen Herrn lieben aus ganzem deinem Herzen, aus ganzer deiner Seele, aus deinem ganzen Gemüthe, und aus allen deinen Kräften. (d)

G 5   **Fr.**

(b) Ihr sollt nicht meinen, daß ich kommen sey das Gesetz oder die Propheten abzustellen. Ich bin nicht gekommen sie abzustellen, sondern zu erfüllen. Matth. V. 17.

(c) Meinen Geist will ich in euch pflanzen, und machen, daß ihr in meinen Geboten wandelt, und meine Satzungen bewahret, und mit der That vollbringet. Ezech. XXXVI. 27. Gott ist es der in euch beide das Wollen und das Vollziehen nach seinem Wohlgefallen wirket. Philip. II. 13. Ich vermag alles in dem, der mich stärket. Philip. IV. 13.

(d) Matth. XXII. 37. 38.

.·. Fr. Welches ist das zweyte Gebot der
Liebe?

A. Das zweyte Gebot der Liebe ist: Du sollst dei=
nen Nächsten lieben, wie dich selbst. (e)

.·. Fr. Wie erklärte Christus das Gebot der
Liebe des Nächsten?

A. Christus erklärte das Gebot der Liebe des
Nächsten mit folgenden Worten: Thut den
Menschen alles, was ihr wollet, daß sie euch
thun sollen: denn das ist, was das Gesetz und
die Propheten lehren. (f)

·· Fr. Was ist von jedem der zehn Gebote zu
merken?

A. Es ist zu merken, daß in jedem Gebote et=
was befohlen, und auch etwas verboten
wird.

III. Abtheilung.

Von den zehn Geboten Gottes insbesondere.

§. 1. Von den dreyen ersten Geboten, welche
die Pflichten gegen Gott enthalten.

·· Fr. Was wird durch das erste Gebot be=
fohlen?

A·

A. Durch das erste Gebot wird befohlen, daß wir an einen Gott glauben, (a) ihn anbeten, (b) auf ihn hoffen, (c) ihn lieben sollen. (d)

Fr. Was wird durch das erste Gebot verboten?

A. Durch das erste Gebot wird verboten Unglauben, (e) Abgötterey, (f) Kezerey, (g) Wahrsagerey, Aberglauben, Zauberey,

---

(a) Ohne den Glauben ist nicht möglich Gott zu gefallen. Denn wer zu Gott kommen will, muß glauben daß er sey. Hebr. XI. 6.

(b) Es steht geschrieben: Du sollst Gott deinen Herrn anbeten, und ihm allein dienen. Matth. IV. 10.

(c) Die den Herrn fürchten, hoffen auf den Herrn. Er ist ihr Helfer und Beschirmer. Pf. CXIII. 11. Hoffet auf ihn alle Gemeine der Völker. — Gott ist unser Helfer in Ewigkeit. Pf. LXI. 9.

(d) Höre Israel der Herr unser Gott ist ein einiger Herr. Du sollst den Herrn deinen Gott lieben, von deinem ganzen Herzen und von deiner ganzen Seele, und aus allen deinen Kräften. Deut. VI. 4. 5.

(e) Wer nicht glaubet, der wird verdammt werden. Marc. XVI. 16.

(f) Welche die Wahrheit in Lügen verwandelt haben: und Ehre erzeiget, und vielmehr gedienet der Kreatur, als dem Schöpfer, der gebenedeyet ist in Ewigkeit, Amen. Röm. I. 25. Wendet euch nicht zu den Abgöttern, und machet euch keine gegossene Götter. Ich bin der Herr euer Gott. Lev. XIX. 4. Werdet auch nicht Diener der Abgötter, wie einige von ihnen. 1. Kor. X. 7.

(g) Einen kezerischen Menschen, nachdem er ein oder zweymal ist ermahnet worden, sollst du fliehen. Tit. III. 10.

rey, (h) Haß Gottes, (i) Verzweiflung,
Mißtrauen, (k) oder auch vermessentliches
Vertrauen auf Gottes Barmherzigkeit. (l)

** Fr. Ist es nicht wider das erste Gebot,
wenn man die Engel und die Heiligen ehret und anrufet?

U. Es ist nicht wider das erste Gebot, sondern
es ist gut und nützlich, wenn man die Engel
und die Heiligen ehret und anrufet. (m)

Fr.

(h) Wendet euch nicht zu den Zauberern, und fra-
get nichts von den Wahrsagern, damit ihr durch
sie nicht verunreiniget werdet. Ich bin der Herr
euer Gott. Lev. XIX. 31. Wenn sich eine Seele zu den Zauberern und Wahrsagern wendet,
und mit denselben Unreinigkeit treibet, so will
ich mein Angesicht wider sie setzen, und sie
mitten aus ihrem Volke hinweg räumen. Lev. XX. 6.

(i) Gott stehe auf, und seine Feinde werden zerstreuet;
und die ihn hassen, sollen vor seinem Angesichte
fliehen. Ps. LXVII. 2.

(k) Verlieret euer Vertrauen nicht, welches eine
grosse Belohnung hat. Hebr. X. 35.

(l) Berachtest du den Reichthum seiner Güte, seiner
Geduld und Langmüthigkeit? Weist du nicht,
daß dich die Güte Gottes zur Busse leitet?
Röm. II. 4.

(m) Wenn nun aus tausenden nur ein Engel für
ihn redet, und dieses Menschen Gerechtigkeit Gott
vorträgt; so wird er sich über ihn erbarmen, und
sagen: errette ihn, daß er nicht in das Verderben
hinunter fahre; denn ich habe an ihm gefunden,
weswegen ich ihm gnädig seyn will. Job. XXXIII.
23. 24. Ich sehe aber, daß deine Freunde so

Gott,

** Fr. Warum rufen katholische Christen die Engel an?

A. Katholische Christen rufen die Engel an, weil sie den Menschen zum Schutze bestimmet sind: weil sie die Menschen lieben, für ihr Heil sorgen, für sie bitten, und weil sie Gott beständig anschauen, auch ihm das Gebet der Menschen vortragen. (n)

** Fr.

Gott, sehr hoch geehret worden: ihre Herrschaft ist überaus mächtig worden. Pf. CXXXVIII. 17. Lobet den Herrn in seinem Heiligthum, lobet ihn in seinem festen Firmament. Pf. CL. 1. Concil. Trident. Seff. 25. in eben diesem Dekret weiter unten. Die heilige Kirchenversammlung besielt allen Bischöfen und den übrigen die das Amt zu lehren auf sich haben — nach dem von den ersten Zeiten der christlichen Religion herrürenden Gebrauche der katholischen Kirche, und nach der einstimmigen Lehre der heiligen Väter und den Verordnungen der Kirchenversammlungen von der Fürbitte, Anrufung der Heiligen, Verehrung der Reliquien und dem rechtmäßigen Gebrauche der Bilder — die Gläubigen fleißig zu unterweisen und zu belehren, daß die Heiligen, welche mit Christo regieren, ihre Gebete für die Menschen darbringen, und daß es gut und nützlich sey sie anzurufen.

(n) Er hat seinen Engeln befohlen von dir, daß sie dich behüten auf allen deinen Wegen. Sie werden dich auf den Händen tragen, damit du deinen Fuß nicht etwa an einen Stein stoffest. Pf. XC. 11. 12.

Habt Acht, daß ihr nicht jemand von diesen Kleinen verachtet; denn ich sage euch: ihre Engel in dem Himmel sehen allezeit, das Angesicht meines Vaters, der in dem Himmel ist. Matth. XVIII. 10.

Als du mit Zähren betetest, die Todten begrubest, und deswegen von der Mahlzeit aufstundest, und die Todten des Tages in deinem Hause ver-

** Fr. Warum rufen katholische Christen auch die Heiligen an?

A. Katholische Christen rufen auch die Heiligen an, nicht als ob sie aus eigener Macht helfen könnten, sondern weil sie Freunde Gottes sind, und weil sie auch für die Menschen bei Gott bitten. (o)

** Fr. Ist der Gebrauch der Bilder in der katholischen Kirche nicht wider das erste Gebot Gottes, welches verbietet Bilder zu machen?

A. Der Gebrauch der Bilder in der katholischen Kirche ist nicht wider das erste Gebot Gottes, denn dieses verbietet nur Bilder zu machen um sie anzubeten. (p)

** Fr.

---

bargest, um sie des Nachts zu begraben, da brachte ich dein Gebet vor den Herrn. Tob. XII. 12. Und es kam ein anderer Engel, und stund bei dem Altare, und hatte ein goldnes Rauchfaß, und ihm wurde viel Rauchwerk gegeben, damit er nämlich das Gebet der Heiligen auf dem goldnen Altar, der vor Gottes Throne war, aufopferte. Und der Rauch des Rauchwerks von den Gebeten der Heiligen gieng von der Hand des Engels hinauf vor Gott. Offenb. Joh. VIII. 3. 4.

(o) Dieß ist Jeremias der Prophet Gottes, ein Liebhaber der Brüder, und des Volks Israel. Dieß ist der Mann, der viel bittet für das Volk, und die ganze heilige Stadt. 2. Mach. XV. 14. Conc. Trident. Sess. 25. wie oben.

(p) Ihr sollt euch kein geschnitztes Bild machen, es anzubeten. Lev. XXVI. 1.

Fr. Wie und warum verehren katholische Christen Bilder?

A. Katholische Christen verehren die Bilder, weil sie etwas verehrungswürdiges, als etwan eine göttliche Person, oder die Mutter Gottes, oder einen Heiligen vorstellen. Die Verehrung ist nicht auf das Bild, sondern auf das, was dadurch vorgestellet wird, gerichtet.

Fr. Handeln katholische Christen nicht wider das erste Gebot, da sie auch Reliquien verehren?

A. Katholische Christen handeln nicht wider das erste Gebot, da sie Reliquien verehren, weil sie solche nicht anbeten. (q)

Fr. Wie und warum verehren katholische Christen die Reliquien?

A. Die katholischen Christen verehren die Reliquien;

1. Weil

(q) Concil. Trident. Seff. 25. In dem Dekret von Anrufung der Heiligen, heißt es also: Die Leiber der heiligen Martyrer, und anderer die mit Christo lebten, welche lebendige Glieder Christi und Tempel des heiligen Geistes gewesen sind, auch von ihm zum ewigen Leben werden auferwecket und verherrlichet werden, sind von den Gläubigen zu verehren, als solche, dadurch den Menschen von Gott viele Wohlthaten verliehen werden.

1. Weil sie Uiberbleibsel jener Körper sind, in welchen die Heiligen entweder durch die Marter Gott ein Opfer geworden sind, oder aber durch die Buße und andere Tugendwerke Gott in einem besondern Grade der Vollkommenheit gedienet haben.

2. Weil Gott eben diese Uiberbleibsel nach der Auferstehung der Todten ewig im Himmel verherrlichen wird. (r)

3. Weil Gott durch Reliquien öfters Wunder gewirket, und den Menschen viele Wohlthaten erwiesen hat. (s)

✿ Fr.

---

r) Welcher unsern geringen Leib durch die Wirkung, mit welcher er auch alle Dinge ihm unterwerfen kann, erneuern, und denselben der Klarheit seines Leibes gleichförmig machen wird. Philipp. III. 21.

s) Kein Ding hat ihn (den Elias) überwunden, und sein todter Leib hat auch geweissaget. In seinem Leben hat er Wunderdinge gethan, und nach seinem Tode auch Wunder gewirket. Syr. XLVIII. 14. 15.

Eliseus schlug das Wasser mit dem Mantel des Elias der ihm entfallen war, und es theilte sich nicht. Da sprach er: Wo ist nun der Gott Elias? Und er schlug das Wasser, und es theilte sich in zwey Theile, und Eliseus gieng hindurch. 4. Kön. II. 14.

Dazumal begruben etliche einen Menschen, und da sie die Räuber sahen, warfen sie den todten Leib in das Grab des Eliseus: und da er des Eliseus Gebeine anrürte, wurde der Mensch wiederum lebendig, und stund auf seinen Füssen. 4. Kön. XIII. 21.

Und

** Fr. Was wird in dem zweyten Gebote ver=
boten?

A. In dem zweyten Gebote wird verboten,
Gottes Namen zu entheiligen.

** Fr. Wie entheiliget man Gottes Namen?
A. Man entheiliget Gottes Namen

1. Durch alle Sünden, (t)

2. Hauptsächlich durch die Gotteslästerung;
(u) da man von Gott, von der wahren
Religion, und seinen Heiligen verächtlich
redet.

3. Da man ohne Noth oder gar falsch
schwöret. (w)

           4. Da

Und Gott that nicht geringe Wunder durch Pau=
lum, also daß sie auch von seinem Leibe die Schweiß=
und Schurztücher nahmen, und selbige den Kran=
ken auflegten, wodurch die Krankheiten von ihnen
wichen, und die bösen Geister ausfuhren. Ap.
Gesch. XIX. 11. 12.

(t) Der du dich des Gesetzes rühmest, und Gott durch
Uibertretung des Gesetzes verunehrest. Röm.
II. 23.

(u) Wer den Namen des Herrn lästert, der soll
des Todes sterben :. Die ganze Gemeine soll ihn
steinigen. Er sey ein einheimischer Bürger, oder
ein Frembling. Wer den Namen des Herrn lästert,
der soll des Todes sterben. Lev. XXIV. 16.

(w) Ihr sollt allerdings nicht schwören : weder
bei dem Himmel, denn er ist Gottes Thron;
noch bei der Erde, denn sie ist seiner Füsse Schem=
mel; noch bei Jerusalem, denn sie ist eines grossen
Königs Stadt. Matth. V. 34.   Du

F

4. Da man die Gott gemachten Gelübde
bricht. (x)

5. Da man den Namen Gottes ohne Noth
und ohne Ehrerbietigkeit nennet. (y)

6. Da man das Wort Gottes entweder
verfälschet, oder mißbrauchet. (z)

** Fr. Was wird in dem zweyten Gebote be-
fohlen?

A.

Du sollst nicht fälschlich schwören bei meinem
Namen, noch den Namen deines Gottes verun-
heiligen. Ich bin der Herr! Lev. XIX. 12.
Vor allen Dingen aber meine Brüder! schwöret
nicht, weder bei dem Himmel, weder bei der
Erde, noch bei einem andern Eide. Euer Wort
aber soll seyn ja, ja: nein, nein; auf daß
ihr nicht in das Gericht fallet. Jak. V. 12.

(x) Wenn du dem Herren deinem Gott ein Gelübde gethan hast, so sollst du nicht säumen, dasselbe abzu-
statten; denn der Herr dein Gott wird es for-
dern, und wenn du es aufschiebst, so wird
dir solches zur Sünde gerechnet werden. Willst
du nicht geloben, so bist du ohne Sünde. Was
aber einmal ist gelobet worden: das sollst du halten
und thun, wie du dem Herrn deinem Gott verheißen, und freywillig mit deinem Munde geredet
hast. Deut. XXIII. 21. 22. 23.

(y) Du sollst den Namen des Herrn deines Gottes nicht vergeblich mit deinem Munde nennen.
Denn der Herr wird den nicht unschuldig halten,
der den Namen des Herrn seines Gottes vergeblich
ausspricht. Exod. XX. 7.

(z) Wir sind nicht diejenigen, wie ihrer viel sind, die
das Wort Gottes verfälschen. 2. Kor. II. 17.

A. In dem zweyten Gebote wird befohlen, daß man Gottes Namen heiligen, und ehrerbie‍tig brauchen solle.

Fr. Wie ehret und heiliget man den Na‍men Gottes?

A. Man ehret und heiliget den Namen Gottes

1. Wenn man Gott freymüthig vor der gan‍zen Welt bekennet. (aa)

2. Wenn man Gott in geistlichen und leibli‍chen Nöthen um Hilfe und Beistand bit‍tet. (bb)

3. Wenn man durch einen rechtmässigen Eid Gott zum Zeugen anruft, um etwas glaubwürdig zu machen. (cc)

F 2   4. Wenn

(aa) Ich will dich hoch rühmen mein Gott und König, und deinen Namen immer und ewig‍lich preisen. Ich will dich alle Tage loben, und deinen Namen immer und ewiglich rühmen. Pf. CXLIV. 1. 2. Wer mich bekennen wird vor den Menschen, den werde ich auch bekennen vor mei‍nem Vater. Matth. X. 32.

(bb) Rufe mich an am Tage der Trübsal; so will ich dich retten, und du sollst mich preisen. Pf. XLIX. 15. Dieses ist das Vertrauen, das wir zu ihm haben, daß er uns erhöret in allem, was wir bitten werden nach seinem Willen. 1. Joh. V. 14.

(cc) Du sollst den Herrn deinen Gott fürchten, und ihm allein dienen, und bei seinem Namen schwö‍ren. Deut. VI. 13.

4. Wenn man die Gelübde, die man Gott gemacht hat, getreu erfüllet. (dd)

5. Wenn man das **Wort Gottes** fleißig und andächtig höret. (ee)

6. Wenn man alles zum **Lobe** und zur **Ehre** des göttlichen **Namens** unternimmt, oder Gott aufopfert. (ff)

** Fr. **Was wird in dem dritten Gebote befohlen?**

A. In dem dritten Gebote wird befohlen am **Sonntage**, welcher schon seit den Zeiten der Apostel zum Andenken der Auferstehung Christi zu unserm **Feyertage** ist bestimmet worden, von der Arbeit zu ruhen, und **gttselige Werke zu thun.** (gg)

** Fr. **Was wird im dritten Gebote verboten?**

A. Im dritten Gebote wird verboten

1. Alle

(dd) **Gelobet, und haltet es dem Herrn eurem Gott, der schrecklich ist, alle die ihr um ihm her Gaben bringet.** Pf. LXXV. 12.

(ee) **Laffet das Wort Gottes reichlich unter euch wohnen. lehret und ermahnet euch selbst in aller Weisheit mit Pfalmen und Lobgefängen und geistlichen Liedern, und singet Gott mit Dankfagung in eurem Herzen.** Kol. III. 16. Seslig sind die das Wort Gottes hören und bewahren. Luf. XI. 28.

(ff) **Saget Gott und dem Vater allezeit Dank für alles im Namen unfers Herrn Jefu Christi.** Eph. V. 20. Ihr effet, oder trinket, oder thut etwas anders, so thut alles zur Ehre Gottes. 1. Kor. X. 31.

(gg) **Gedenke, daß tu den Sabath heiligest.** Exod. XX. 8.

1. Alle knechtliche Arbeit ohne Noth und
rechtmäſſige Erlaubniß. (hh)
2. Alle andere Verrichtungen, welche dieſen
Tag entweder entheiligen, oder deſſen Hei=
ligung verhindern.

§. 2. Von den ſieben letzten Geboten, welche
die Pflichten gegen den Nächſten enthalten.

*" Fr. Was wird in dem vierten Gebote be=
fohlen?

A. In dem vierten Gebote wird vorzüglich be=
fohlen, daß Kinder ihre Aeltern ſollen
lieben, ehren, (a) ihnen dienen (b), in al=
lem, was nicht wider Gottes Gebote iſt, ge=

F 3   hor=

(hh) Sechs Tage ſollſt du arbeiten, und alle deine
Werke thun. Allein am ſiebenten Tage iſt der
Sabath des Herrn deines Gottes : an demſel=
ben ſollſt du kein Werk thun, noch du, noch dein
Sohn, noch deine Tochter, noch dein Knecht, noch
deine Magd, noch dein Vieh, noch dein Ein=
kömmling, der innerhalb der Thore deiner Stadt
iſt. Exod. XX. 9. 10.
(a) Ehre deinen Vater und deine Mutter, welches
das erſte Gebot iſt, dem er eine Verheiſſung ge=
than. Eph. VI. 2. Ehre deinen Vater, von
deinem ganzen Herzen ; und vergiß nicht des
Seufzens deiner Mutter. Syr. VII. 29.
(b) Wer den Herrn fürchtet, der ehret ſeine Aeltern
und dienet denjenigen, von welchen er ge=
boren iſt, wie ſeinen Herren. Ehre deinen Vater
mit der That, mit Worten, und mit aller Geduld.
Syr. III. 8. 9.

horſamen, (o) in geiſtlichen und leiblichen
Nöthen beiſtehen, (d) und für ſie beten. (e)
** Fr. Was wird in dem vierten Gebote ver=
boten?
A. Jn dem vierten Gebote wird verboten, den
Aeltern ungehorſam zu ſeyn, (f) ſie zu haſ=
ſen,

(c) Jhr Kinder ſeyd den Aeltern unterthan, durch=
aus in allem gehorſam, denn das iſt dem Herrn
wohlgefällig. Kol. III. 20. Jhr Kinder ſeyd
euren Aeltern gehorſam im Herrn, denn das iſt
billig. Epheſ. VI. 1. Man muß Gott mehr
gehorſam ſeyn, denn den Menſchen. Apoſtelg.
V. 29.

(d) Wenn aber eine Wittwe Kinder hat, oder Kindes
Kinder: ſo lerne ſie zuvor ihr eigenes Haus re=
gieren, und den Aeltern, gleiches mit gleichem
vergelten: denn das iſt Gott angenehm. 1. Tim.
V. 4. Mein Sohn gedulde deinen Vater im
Alter; und betrübe ihn nicht in ſeinem Leben.
Wenn er auch an Verſtande abnimmt, ſo habe Ge=
duld mit ihm, und verachte ihn nicht in deiner
Stärke: denn die Barmherzigkeit, welche du dei=
nem Vater erzeigeſt, wird nicht vergeſſen werden.
Syr. III. 14. 15.

(e) So bitte ich nun, daß vor allen Dingen geſchehe
bittliches Flehen, Gebet, Fürbitte, und Dank=
ſagung für alle Menſchen. 1. Tim. II. 1.
2.

(f) Es werden Menſchen ſeyn, die ſich ſelbſt lieb ha=
ben; geizig, den Aeltern ungehorſam, mit La=
ſtern behaftet: und dieſe ſollſt du meiden. 2.
Tim. III. 2. 5.

sen, (g) zu verachten, (h) zu spotten, (i) zu schmähen, oder zu verfluchen (k), sie in Nöthen zu verlassen, oder ihnen zu schaden. (l)

** Fr. Was ist den Kindern welche dieses Gebot erfüllen, verheißen?

A. Kindern, welche dieses Gebot erfüllen, ist langes Leben und Wohlergehen verheißen. (m)

** Fr. Was haben die Kinder, welche dieses Gebot nicht erfüllen, zu befürchten?

§ 4   A.

(g) Sieh die Geschichte Absalons. 2. B. der Kön. Kap. XV. — XVIII

(h) Höre deinen Vater der dich erzeuget hat, und verachte deine Mutter nicht, wenn sie alt geworden ist. Spr. XXIII. 22.

(i) Ein Auge das seinen Vater verspottet, und das die Geburt seiner Mutter verachtet, das sollen die Raben von den Bächen ausgraben, und die jungen Adler sollen es fressen. Spr. XXX. 17.

(k) Wer seinem Vater oder seiner Mutter fluchet, der soll des Todes sterben: er hat seinem Vater und seiner Mutter geflucht, sein Blut sey auf ihm. Lev. XX. 9.

(l) Wer seinen Vater oder Mutter schlägt, der soll des Todes sterben. Exob. XXI. 15. Wer seinem Vater oder Mutter etwas nimmt; und spricht, daß es keine Sünde sey, der ist eines Todschlägers Geselle. Spr. XXVIII. 24.

(m) Ehre deinen Vater und deine Mutter, wie dir der Herr dein Gott befohlen hat; daß du lange Zeit lebest, und dir es wohl gehe in dem Lande, das dir der Herr dein Gott geben wird. Deut. V. 16.

A. Kinder, welche dieses Gebot nicht erfüllen, haben die schwersten zeitlichen und ewigen Strafen zu fürchten. (n)

Fr. Was sind die Aeltern ihren Kindern schuldig?

A. Die Aeltern sind schuldig,

1. Ihre Kinder in dem wahren Glauben, und andern nöthigen Erkenntnissen entweder selbst, oder durch andere zu unterweisen, und zur Furcht Gottes anzuhalten. (o)

2. Alles Aergerniß nach Möglichkeit zu verhindern, und ihnen durch untadelhaften Wandel gute Beispiele zu geben. (p)

3. Für das geistliche und leibliche Wohl ihrer Kinder Sorge zu tragen, ihnen das nöthige zu erwerben, zu geben, und Hilfe zu leisten. (q)

4. Die

(n) Verflucht sey, der seinen Vater und seine Mutter nicht ehret: und alles Volk soll sagen, Amen. Deut. XXVII. 16.

○) Ihr Väter reitzet eure Kinder nicht zum Zorne, sondern erziehet sie in der Lehre, und in der Zucht des Herrn. Eph. VI. 4. Unterweise deinen Sohn, so wird er dich erfreuen, und deine Seele ergötzen. Spr. XXIX. 17.

(p) Wer einen von diesen Kleinen die an mich glauben, ärgert, dem wäre es besser, daß ihm ein Mühlstein an seinen Hals gehenkt und er in die Tiefe des Meeres versenket würde. Matth. XVIII. 6.

(q) Der Fromme läßt seine Kinder und Kindeskinder zu Erben: Das Gut des Sünders aber wird für den Gerechten aufbehalten. Spr. XIII.

22.

4. Die Fehler und Gebrechen ihrer Kinder weder zu gelind, noch zu scharf, sondern allezeit
mit Liebe und Sanftmuth zu bestrafen. (r)

** Fr. Geht das vierte Gebot auch andere Personen, als die Kinder und Aeltern an?

A. Das vierte Gebot geht nicht allein Kinder
und Aeltern, sondern auch alle Untergebene,
und alle ihre geistliche und weltliche Obrigkeiten, ingleichen alle Lehrmeister, ja auch
gewissermassen jene Personen an, welche ihres
Alters und Ansehens wegen ehrwürdig sind.

** Fr. Was sind Untergebene ihren Vorgesetzten und Obrigkeiten schuldig?

A. Die Untergebenen sind schuldig gegen ihre
Vorgesetzten und Obrigkeiten, sie mögen gut
oder bös seyn, sich so, wie die Kinder gegen ihre Aeltern zu bezeigen. Das meiste,
was Kindern in Ansehung der Aeltern geboten und verboten ist, ist auch Untergebenen in

F 2   Ab-

---

92. Richtet eure Herzen auf alle Worte, die ich
euch heute bezeuge, daß ihr sie euren Kindern be-
fehlet zu halten und zu thun, und alles zu erfüllen, was in diesem Gesetze geschrieben ist. Deut.
XXXII. 46.

(r) Bestrafe deinen Sohn und verzweifle nicht an
ihm; doch sollst du nicht so weit kommen, daß du
ihn tödtest Spr. XIX. 18. Entziehe dem Kinde
die Züchtigung nicht, denn wenn du es mit der
Ruthe schlägst, wird es nicht sterben. Wenn du
es mit der Ruthe schlägst, so wirst du seine Seele von der Hölle erretten. Spr. XXIII. 13. 14.

Abficht auf ihre Vorgeſetzten geboten nnd
verboten. (s)

Fr. Was ſind Obrigkeiten und Vorgeſetzte ih#
ren Untergebenen ſchuldig?

A. Die Obrigkeiten und Vorgeſetzten ſind ihren
Untergebenen überhaupt das meiſte von dem
ſchuldig, wozu die Aeltern gegen ihre Kinder
verbunden ſind: beſonders aber ſind ſie ſchuldig
ihre Unterthanen bei der wahren Religion zu
er=

(s) Seyd gehorſam euren Vorſtehern und ihnen
unterthänig: denn ſie wachen, als die Rechen#
ſchaft geben werden für eure Seelen, damit ſie
ſolches mit Freuden thun, und nicht mit Seufzen.
denn das iſt nicht euer Nutzen. Hebr. XIII. 17.
Die Prieſter, welche wohl vorſtehen, ſoll man
zweyfacher Ehre würdig halten: inſonderheit
die im Worte und in der Lehre arbeiten. 1.
Thn. V. 17. Eine jegliche Seele ſey unterthan der
obrigkeitlichen Gewalt. Denn es iſt keine Ge#
walt als von Gott; was aber Gewalt hat, das
iſt von Gott verordnet. Röm. XIII. 1. Derohal#
ben ſeyd aller menſchlichen Kreatur unterthan
um Gotteswillen: es ſey gleich dem Könige als
dem vortreflichſten; oder den Fürſten, als die von
ihm geſendet ſind, zur Rache der Uebelthäter und
zum Lobe der Frommen. 1. Pet. II. 13. 14. Die
Knechte ermahne, daß ſie ihren Herren unter#
thänig ſeyn, und in allen Dingen wohlgefällig,
daß ſie nicht widerſprechen, noch etwas verun#
treuen, ſondern in allem guten Glauben bewei#
ſen; damit ſie die Lehre Gottes unſers Heilandes
in allen Dingen zieren. Tit. II. 9. 10. Ihr Knech#
te ſeyd den Herren mit aller Furcht unterthan,
nicht allein den guten und beſcheidenen, ſondern
auch den ungeſchlachten. 1. Petr. II. 18.

erhalten, ihnen Gerechtigkeit wiederfahren zu laſſen, ſie wider Gewaltthätigkeiten und Unrecht zu ſchützen. (t)

Fr. Was wird durch das fünfte Gebot verboten?

A. Durch das fünfte Gebot wird verboten weder jemanden andern, noch ſich ſelbſt zu tödten, oder zu beſchädigen. (u)

Fr. Was wird durch das fünfte Gebot mehr verboten?

A. Durch das fünfte Gebot wird auch Zorn, (w) Haß, (x) Aergerniß, (y)

---

t) Ihr Herren thut euren Knechten was recht und billig iſt, und wiſſet, daß ihr auch einen Herrn im Himmel habt. Kol. IV. 1. Ihr Herren thut ihnen auch desgleichen, und unterlaſſet das Drohen, und wiſſet, daß ſowohl ihrer als euer Herr in dem Himmel iſt, bei welchem kein Anſehen der Perſon iſt. Eph. VI. 9.

(u) Ich will euer Blut an allen Thieren rächen, die es werden vergoſſen haben. Ich will auch das Leben des Menſchen von der Hand des Mannes und ſeines Bruders, der ihn wird getödtet haben, fodern. Gen. IX. 5. Wer Menſchenblut vergießt, deſſen Blut ſoll auch vergoſſen werden. Denn der Menſch iſt nach dem Ebenbilde Gottes erſchaffen worden. Gen. IX. 6.

(w) Ich aber ſage euch, daß ein jeglicher der mit ſeinem Bruder zürnet, des Gerichtes wird ſchuldig ſeyn: wer aber zu ſeinem Bruder ſagen wird: Raka! der wird des Rathes ſchuldig ſeyn. Wer aber ſagen wird: du Narr! der wird des hölliſchen Feuers ſchuldig ſeyn. Matth. V. 21.

(x) Wer ſeinen Bruder haſſet, der iſt ein Todtſchläger, und ihr wiſſet, daß kein Todtſchläger das

(y) und alle Beleidigungen des Nächsten
verboten. (z)

** Fr. Was wird durch das fünfte Gebot befohlen?

A. Durch das fünfte Gebot wird befohlen,

1. Frieden und Einigkeit mit jedermann,
   auch sogar mit denen, die uns beleidiget
   haben, zu halten. (a)

2. Jedermann gute Beispiele zu geben. (b)

3. Dem Nächsten geistliche und leibliche
   Wohlthaten zu erweisen. (c)

** Fr. Was wird durch das sechste Gebot
verboten?

A.

---

das ewige Leben in ihm bleibend habe. 1.
Joh. III. 15.

(y) Wer einen von diesen Kleinen, die an mich
glauben, ärgert, dem wäre es besser, daß
ihm ein Mühlstein an seinen Hals gehenkt, und
er in die Tiefe des Meeres versenket würde. Wehe
der Welt, der Aergernisse halben: es müssen
Aergernisse kommen; aber wehe dem Menschen,
durch welchen Aergernisse kommen. Matth.
XVIII. 6. 7.

(z) Wie ihr wollt, daß euch die Leute thun, desgleichen thut ihr auch ihnen. Luk. VI. 31.

(a) Wenn es möglich ist, so haltet, was euch an-
belanget, mit allen Menschen Frieden. Röm.
XII. 18. ingleichen die folgende 3. Verse.

(b) Lasset euer Licht leuchten vor den Menschen, damit sie eure gute Werke sehen, und euren Vater,
der in dem Himmel ist, preisen. Matth. V.
16.

(c) Ihr aber lieben Brüder höret nicht auf Gutes zu
thun. 2. Thess. III. 13.

A. Durch das sechste Gebot werden verboten alle Arten der unkeuschen Werke, Gebärden, Worte, (d) das freywillige Wohlgefallen und Einwilligen bei unreinen Gedanken und Begierden, (e) auch alles was zur Unkeuschheit verleitet.

Fr. Was verleitet zur Unkeuschheit?

A. Zur Unkeuschheit verleitet Frechheit in der Kleidung, Müssiggang, (f) Unmässigkeit im

---

(d) Die Werke des Fleisches sind offenbar, als da sind Hurerey, Unreinigkeit, Unzucht, Geilheit, von welchen ich euch vorsage, wie ich euch schon zuvor gesagt habe, daß die solche Dinge thun das Reich Gottes nicht erlangen. Gal. V. 19. 21. Meidet die Unzucht, alle Sünde die der Mensch thut ist ausser dem Leibe: wer aber Unzucht treibt, der sündiget an seinem Leibe. 1. Kor. VI. 18. Hurerey und Unreinigkeit sollen unter euch nicht genennet werden, oder schändliche Worte Eph. V. 3. 4.

(e) Ihr habt gehöret, daß zu den Alten gesagt ist: du sollst nicht ehebrechen, ich aber sage euch: ein jeglicher der ein Weib ansieht, ihrer zu begehren: hat schon die Ehe mit ihr in seinem Herzen gebrochen. Matth. V. 27, 28. Eine Jungfrau sollst du nicht beschauen, auf daß du durch ihre Gestalt nicht etwan geärgert werdest. Denn um der Weiber Schönheit Willen sind viele Leute zum Verderben gerathen: und dadurch wird die böse Begierlichkeit wie ein Feuer angezündet. Syr. IX. 5. 9.

(f) Sieh! das war die Missethat deiner Schwester Sodoma: Hoffart, Völle des Brodes und Ueberfluß; ihr, und ihrer Tochter Müssiggang. Ezech. XVI. 49.

im Essen, und Trinken, (g) allzufreyer Um-
gang mit Personen des andern Geschlechtes,
Vorwitz der Augen, (h) und das Lesen
unzüchtiger Bücher.

Fr. Welche sind gemeiniglich die Folgen des
Lasters der Unkeuschheit?

A. Die bösen Folgen des Lasters der Unkeuschheit sind:

1. Vergessenheit Gottes.
2. Blindheit des Verstandes.
3. Verstockung des Willens.
4. Zuweilen Abfall vom Glauben (i)
5. Schädliche und schändliche Krankheiten des
Leibes. (k)

6. We-

(g) Ich habe sie gesättiget, da haben sie Ehebruch begangen, und im Hurrenhause Unzucht ge-
trieben. Jer. V. 7. Trinket euch nicht voll im
Weine, in welchem Unkeuschheit ist: sondern
werdet voll des heiligen Geistes. Ephes. V. 18.

(h) Ich habe mit meinen Augen einen Bund gemacht, daß ich auch keine Gedanken hätte von
einer Jungfrau. Job XXXI. 1. Wende dein Angesicht von einem geschmückten Weibe, und
sieh nicht um nach der schönen Gestalt einer
Fremden. Syr. IX. 8.

(i) Salomons Exempel. 3. Kön. XI. 1. 10.

(k) Wer sich zu schlechten Weibsleuten gesellet, der
wird zum Buben werden. Eiter und Wärme
werden ihn erben, man wird ihn auch zum besondern Beispiel hoch anziehen, und seine Seele wird aus der Zahl hinweg gethan werden Syr.
XIX. 3.

ʒ. Wegen dieſes Laſters ſind auch mehrmals ganze Länder, Städte und Völker von Gott ſehr ſchwer geſtrafet worden. (1)

Fr. Warum wird in dieſem Gebote, ſo wie es in der heiligen Schrift ſteht, hauptſächlich und ausdrücklich der Ehebruch verboten?

A. Der Ehebruch wird in dieſem Gebote hauptſächlich und ausdrücklich verboten, weil Perſonen, welche die Ehe brechen, nebſt dem ſchändlichen Laſter der Unkeuſchheit, auch das Laſter der Ungerechtigkeit begehen.

** Fr. Was wird durch das ſechſte Gebot befohlen?

A. Durch das ſechſte Gebot wird befohlen, ſich an Leib und Seele keuſch zu verhalten, und zwar ſogar in Gedanken; Worten und Gebärden; (m) auch wird geboten alle ſündhaften Gelegenheiten zu meiden. (n)

** Fr.

---

(1) Sodoma, und Gomorra.

(m) Dieß iſt der Wille Gottes, eure Heiligung: daß ihr euch von Unzucht enthaltet. Und daß ein jeglicher unter euch ſein Gefäß in Heiligung und in Ehren zu beſitzen wiſſe, und nicht in ungiemlichen Lüſten wie die Heiden, die von Gott nichts wiſſen. 1. Theſ. IV. 3. 4. 5. Dieweil wir nun dieſe Verheiſſungen haben, ihr Liebſten! ſo laſſet von aller Beſleckung des Fleiſches und des Geiſtes uns reinigen, und die Heiligung in der Gottesfurcht vollenden. 2. Kor. VII. 1.

(n) Gib deine Seele keinesweges auf unzüchtige Weiber, damit du dich ſelbſt ſammt deiner Erbſchaft nicht verderbeſt. Syr. IX. 6.

Fr. Was wird durch das siebente Gebot
verboten?

A. Durch das siebente Gebot wird verboten
der Diebstahl, (o) der Betrug im Maſ-
ſe und Gewichte, (p) die Zurückhaltung
des fremden Gutes, (q) und des Liedloh-
nes, (r) der Wucher, (s) und alle Beſchä-
digung des Nächſten an ſeinem Vermögen,
und an ſeinen Rechten. (t)

Fr.

(o) Du ſollſt nicht ſtehlen. Matth. XIX. 18.

(p) Eure Wage ſoll aufrichtig ſeyn, euer Gewicht
gleich und Maaßgerecht, und euer Seſter richtig. Lev. XIX. 36.

(q) Wenn ein Menſch ſündiget, und mit Verachtung
des Herrn ſeinem Nächſten ein hinterlegtes
Pfand ableugnet, das ſeinem Glauben anvertrauet war; oder ihm Schmach und Läſterung
anthut; oder findet etwas, was verlohren iſt, und
verleugnet das; thut auch darüber einen falſchen
Eid, oder etwas anders thut von einigen Dingen,
darinn die Menſchen zu ſündigen pflegen; wenn er
der Miſſethat überzeuget iſt; ſo ſoll er wieder geben.
Lev. VI. 2. 3. 4.

(r) Wehe dem der ſein Haus mit Ungerechtigkeit
bauet, und ſeine Gemächer mit Unrecht, der ſeinen
Nächſten ohne Urſache unterdrücket, und gibt
ihm ſeinen verdienten Lohn nicht. Jer. XXII. 13.

(s) Wenn du Geld vorſtreckeſt meinem armen Volke, das
bei dir wohnet, ſo ſollſt du es nicht erdrücken wie
ein Ubertreiber; noch mit Wucher überfallen.
Exod. XXII. 25.

(t) Du ſollſt deinem Nächſten kein Unrecht thun,
noch ihn mit Gewalt unterdrücken. Deines
Tag-

** Fr. Was wird durch das siebente Gebot befohlen?

A. Durch das siebente Gebot wird befohlen,
jedem das Seinige zu lassen, zu geben und
zu leisten, (u) das Entfremdte zurück zu-
stellen, (w) und den zugefügten Schaden
wieder gut zu machen. (x)

** Fr. Was wird durch das achte Gebot verboten?

A.

———————————————————————

Tagelöhners Lohn soll bei dir nicht bleiben bis an
den Morgen. Handelt nichts Ungerechtes im
Gewichte, mit der Elle, mit dem Gewichte,
und mit dem Maasse. Lev. XIX. 13. 35.

u) Gebet einem jeglichen was ihr schuldig seyd.
Schatzung dem Schatzung gebühret. Zoll dem
Zoll gebühret. Röm. XIII. 7.
Gebet dem Kaiser, was des Kaisers ist, und Gott,
was Gottes ist. Matth. XXII. 21.

w) Wenn ich aber zum Gottlosen sage, du sollst des
Todes sterben, und er bekehret sich von seiner Sünde und thut Recht und Gerechtigkeit, und derselbe
Gottlose gibt das Pfand wieder zurück, und
gibt wieder was geraubet ist, und wandelt in
den Geboten des Lebens, und thut nichts Unrech-
tes, der soll des Lebens leben und nicht sterben.
Ezech. XXXIII. 14. 15.

x) Wenn jemand einen Acker oder Weinberg be-
schädiget, und läßt sein Vieh abfressen, was einem andern zugehöret, der soll, nachdem der Scha-
de geschätzet wird, das Allerbeste wieder geben,
das er auf seinem Acker oder Weinberge hat. Exod.
XXII. 5.

G

A. Durch das achte Gebot wird verboten falsches Zeugniß, (y) falsche Anklage, (z) alles Lügen, auch Scherz = und Nothlügen, (a) Verleumdung, (b) Ehrabschneidung, (c) falscher Argwohn, (d) freventliches Urtheil, (e) Ohrenblasen. (f)

** Fr.

(y) Ein falscher Zeuge wird nicht ungestraft bleiben, und wer Lügen redet, der wird nicht entfliehen, — wer lügen wird, der wird zu Grunde gehen. Spr. XIX. 5. 9.

(z) Ein ungetreuer Zeuge verlachet das Gericht, und der Gottlosen Mund verschlingt die Ungerechtigkeit. Spr. XIX. 28.

(a) Ihr sollt nicht lügen. Lev. XIX. 11. Leget die Lügen ab, und redet die Wahrheit, ein jeglicher mit seinem Nächsten, denn wir sind Glieder unter einander. Ephes. IV. 25.

(b) Verläumdet einander nicht liebe Brüder! Wer seinem Bruder übel nachredet, oder wer seinen Bruder urtheilet, der redet dem Gesetze übel nach, und urtheilet das Gesetz. Wenn du aber das Gesetz urtheilest, so bist du nicht ein Thäter des Gesetzes, sondern ein Richter. Jak. IV. 11.

(c) Ein böses Maul thu von dir hinweg, und lasterhafte Lippen laß weit von dir seyn. Spr. IV. 24.

(d) Keiner gedenke in seinem Herzen etwas böses wider seinen Freund. Zach. VIII. 17.

(e) Wer bist du nun, der du einen fremden Knecht richtest? Er steht oder fällt seinem Herrn. Er wird aber stehen, denn Gott ist mächtig genug ihn aufzurichten. Röm. XIV. 4.

(f) Verflucht ist ein Ohrenbläser, und einer der zweyzüngig ist: Denn er wird unter vielen Unruhe anrichten, die Friede miteinander haben. Syr. XXVIII. 15.

** Fr. Was wird durch das achte Gebot be-
foblen?

A. Durch das achte Gebot wird befohlen die
Wahrheit, (g) die Aufrichtigkeit in unsern Reden und Handlungen, (h) die Vertheidigung des guten Namens des Nächsten, (i) die Wiederrufung der Verleumdung und Ehrabschneidung.

** Fr. Was verbieten die zwey letzten Gebote?

A. Die zwey letzten Gebote verbieten alle
Begierden nach dem, was andern zugehöret.

** Fr. Was wird durch die zwey letzten Gebote befohlen?

A. Durch die zwey letzten Gebote wird die Reinigkeit des Herzens, (k) die Zähmung bö-

G 2   ser

(g) Redet die Wahrheit ein jeglicher mit seinem Nächsten. Eph. IV. 25.

(h) Das ist mein Bitten, daß eure Liebe jemehr und
mehr reich werde in der Erkenntniß, und in allem Verstande, damit ihr das Bessere prüfen mö-
get: auf daß ihr aufrichtig und ohne Anstoß
seyd auf den Tag Christi. Philip. I. 9. 10.
Der keine Sünde gehabt hat, in dessen Munde
kein Betrug ist gefunden worden. 1. Pet.
II. 22.

(i) Thu deinen Mund auf für einen Stummen
und in Sachen aller Kinder, die vorbeigehen:
Thu deinen Mund auf, und erkenne was richtig ist, und schaffe Recht dem Elenden und Armen. Spr. XXXI. 8. 9.

(k) Selig sind die eines reinen Herzens sind, denn
sie werden Gott anschauen. Matth. V. 8.

ſer Lüſte (l) und beſonders befohlen kein
Verlangen nach dem zu haben, was nicht
unſer iſt. (m)

** Fr. Warum hat Gott auch unſere Verlan=
gen und Begierden dem Geſetze unter=
worfen?

A. Gott hat auch unſere Verlangen und Begier=
den dem Geſetze unterworfen um uns anzu=
zeigen:

1. Daß er der Herr unſerer Herzen iſt (n)

2. Daß ihm nichts von allem dem verbor=
gen iſt, was in unſeren Herzen vor=
geht. (o)

3. Daß ſein Geſetz weit vortreflicher iſt,
als alle menſchliche Geſetze, welche nur un=
ſre äuſerliche Handlungen, nicht aber auch
uns

(l) Laſſet die Sünde nicht herrſchen in eurem
ſterblichen Leibe, demſelben gehorſam zu ſeyn
in ſeinen böſen Lüſten. Röm. VI. 12. Welche
Chriſti ſind, die haben ihr Fleiſch ſamt den
Laſtern und böſen Lüſten gekreuziget. Gal.
V. 24.

(m) Du ſollſt nicht begehren deines Nächſten Weib,
Haus, Knecht, Magd, Ochs, Eſel, noch al=
les, was ſein iſt. Erod. XX. 17.

(n) So wie die Waſſerſtröme, ſo iſt das Herz des Kö=
nigs in der Hand des Herrn. Er neiget es wohin er
will. Sprüch. XXI. 1. Der Herr wäget die Her=
zen. v. 2.

(o) Der in des Herzensgrund ſieht, und der deine
Seele erhält, wird nicht betrogen. Spr. XXIV. 12.

unſere innerliche Geſinnungen einrichten
können. (p)

4. Daß um die Sünde auszurotten, es noth=
wendig ſey, ſolche gleich in ihrer Quelle
welche die böſe Luſt iſt, zu erſticken. (q)

** Fr. Was lernet man aus den zwey letzten
Geboten?

U. Aus den zwey letzten Geboten lernet man,
daß ein Chriſt die vorgeſchriebenen Pflichten
nicht nur äuſerlich erfüllen, ſondern daß er
auch innerlich den Willen haben, das iſt:
von ganzem Herzen bereit ſeyn ſoll, alles
zu thun und zu laſſen, was geboten oder ver=
boten iſt. (r)

** Fr. Was hat Gott denjenigen verheißen,
die ſeine Gebote halten?

G 3   U.

────────────────────────────

(p) Wo iſt ſo ein herrliches Volk, welches die Ce=
remonien, die gerechte Satzungen und das gan=
ze Geſetz hat, ſo ich euch heutiges Tages vor die
Augen lege. Deut. IV. 8. Wir wiſſen, daß das
Geſetz geiſtlich iſt. Röm. VII. 14.

(q) Ein jeglicher wird verſuchet, wenn er von ſei=
ner Luſt angereitzet, und gelocket wird. Dar=
nach wenn die Luſt empfangen hat, gebärt ſie die
Sünde, die Sünde aber, wenn ſie vollendet iſt,
gebärt den Tod. Jak. I. 14. 15.

(r) Nicht ein jeder, der zu mir ſagen wird, Herr,
Herr! wird in das Himmelreich eingehen, ſondern
der wird in das Himmelreich eingehen, welcher den
Willen meines himmliſchen Vaters erfüllet.
Matth. VII. 21.

A. Gott hat denjenigen, welche seine Gebote
halten, das ewige Leben (s) und auch
auf dieser Welt vielfältigen Segen ver-
heissen (t)

✝ IV. Abtheilung.

Von den Kirchengeboten überhaupt.

** Fr. Hat die katholische Kirche Gewalt Gebote zu geben?

A. Die katholische Kirche hat Gewalt Gebote
zu geben, und zwar von Jesu Christo. (a)

Fr. Hat die katholische Kirche auch Gebote
gegeben?

A. Die katholische Kirche hat Gebote gegeben. (b)
** Fr.

(s) Willst du zum Leben eingehen, so halte die Gebote. Matth. XIX. 17.

(t) Ich erweise Barmherzigkeit vielen tausenden,
nämlich denen, die mich lieben, und meine Gebote halten. Exod. XX. 6.

(a) Wer euch höret, der höret mich, und wer euch
verachtet, der verachtet mich. Wer mich aber
verachtet, der verachtet den, der mich gesandt hat.
Luk. X 16.

(b) Die Apostel schreiben an die Brüder aus den Heiden. Es hat dem heiligen Geiste und uns gefallen, euch keine Last mehr aufzulegen, als diese
nothwendige Stücke, nämlich: daß ihr euch von dem
was den Abgöttern geopfert ist, auch von dem Blute,
von dem erstickten Fleische und Hurerey enthaltet.
Wenn ihr euch von diesen Stücken werdet enthalten, so werdet ihr wohl thun. Ap. Gesch. XV.
28.

** Fr. Sind wir schuldig die Gebote der Kirche zu halten, und warum?

A. Wir sind schuldig die Gebote der Kirche zu
halten: (c)

　1. Weil uns das vierte Gebot Gottes die
　　 Schuldigkeit aufleget, sowohl der geistlichen
　　 als weltlichen Obrigkeit zu gehorsamen.

　2. Weil Christus unser göttlicher Gesetzgeber
　　 in dem Evangelio ausdrücklich befohlen hat
　　 die Kirche zu hören. (d)

** Fr. Wie viel sind Gebote der Kirche, welche man vorzüglich wissen und beobachten soll?

A. Gebote der Kirche, welche man vorzüglich
wissen und beobachten soll, sind folgende
fünf:

　1. Du sollst die gebotenen Feyertage hal-
　　 ten.

　2. Du sollst die heilige Messe an Sonn-
　　 und Feyertagen mit gebührender An-
　　 dacht hören.

G 4　　　　　　3. Du

---

28. 29. Paulus gieng durch Syriam und Cilici-
am und stärkte die Kirchen, und befahl ihnen
die Gebote der Apostel und Aeltesten zu halten. Apostelgesch. XV. 41.

(c) Seyd gehorsam euren Vorstehern und ihnen
unterthänig, denn sie wachen, als die Rechnung
für eure Seelen geben werden, damit sie solches
mit Freuden und nicht mit Seufzen thun. Denn
das ist nicht euer Nutzen. Hebr. XIII. 17.

(d) Wenn er diese auch nicht höret, so zeige es der
Kirche an. Wenn er aber die Kirche nicht höret, so halte ihn für einen Heiden und Publikanen. Matth. XVIII. 17.

3. Du follſt die gebotenen Faſttage halten, als die vierzigtägige Faſten, die
Quatemberzeiten, und andere gebotene
Faſttage, auch ſollſt du am Freytage
und Samſtage vom Fleiſcheſſen dich
enthalten.

4. Du ſollſt deine Sünden dem verordneten Prieſter jährlich zum wenigſten einmal beichten, und um die öſterliche Zeit
das hochwürdige Sakrament des Altars empfangen.

5. Du ſollſt an verbotenen Zeiten keine
Hochzeit halten.

V. Abtheilung.

Von den Kirchengeboten insbeſondere.

§. 1. Von den zweyen erſten Kirchengeboten.

A. Das erſte Kirchengebot: Du ſollſt die gebotenen Feyertage halten.

** Fr. Was befiehlt die Kirche durch das erſte Gebot?

A. Die Kirche befiehlt durch das erſte Gebot
die Feyertage eben ſo zu feyern, als wie die
Sonntage, folglich auch an Feyertagen zu
ruhen, nicht zu arbeiten, ſondern gottſelige
Werke zu thun.

** Fr. Was verbietet die Kirche durch das
erſte Gebot?

A.

A. Die Kirche verbietet durch das erste Gebot
alles dasjenige am Feyertage zu thun, was
am Sonntage verboten ist, nämlich:

1. Knechtliche Arbeit ohne Noth und recht=
mäßige Erlaubniß, welche Arbeit an Feyerta=
gen wie am Sonntage für den ganzen Tag
verboten ist.

2. Solche Verrichtungen und Ergötzlichkeiten
welche diesen Tag entweder entheiligen,
oder dessen Heiligung verhindern.

B. Das zweyte Kirchengebot: Du sollst die hei=
lige Messe an Sonn=und Feyertagen mit
gebührender Andacht hören.

** Fr. Was wird im zweyten Kirchengebote
befohlen?

A. Im zweyten Kirchengebote wird befohlen an
Sonn= und Feyertagen die heilige Messe ganz
mit Andacht zu hören.

** Fr. Was soll man noch thun, um die Sonn=
und Feyertage nach der Absicht der Kir=
che zu heiligen?

A. Um die Sonn=und Feyertage nach der Ab=
sicht der Kirche zu heiligen, soll man nebst
der heiligen Messe auch die Predigt aufmerk=
sam anhören, die heiligen Sakramente der
Busse und des Altars empfangen, geistliche
Bücher lesen, dem nachmittägigen Gottes=
dienste beiwohnen, und andere gute Werke
verrichten.

Fr. Warum sind die Feste des Herrn, der se=
ligsten Jungfrau, und der Heiligen einge=
setzet?

A. Die Feste des Herrn sind zum Andenken der heiligen Geheimnisse eingesetzet, welche an diesen Tagen gefeyert werden: die Feste aber der seligsten Jungfrau und der Heiligen zur Dankbarkeit für die vielen Gnaden, die ihnen Gott verliehen hat, zum Andenken ihrer Tugenden, und zu unserer Aneiferung solchen nachzufolgen.

Fr. Was hat ein katholischer Christ nach der Absicht der Kirche an den Feyertagen zu thun?

A. An den Feyertagen hat der katholische Christ:

1. Die Gnaden, welche dem menschlichen Geschlechte überhaupt, oder den Heiligen insbesondere sind erwiesen worden, andächtig zu betrachten, und dafür Gott zu danken.

2. Die Tugenden der Heiligen als Beispiele zu erwegen, denen er folgen soll.

3. Durch ihre Fürbitte bei Gott in seinen Nöthen Hilfe zu suchen.

** Fr. Was wird durch das zweyte Kirchengebot verboten?

A. Durch das zweyte Kirchengebot wird besonders die Trägheit im Gottesdienste an Sonn- und Feyertagen verboten: dergleichen ist:

1. Wenn man keine ganze Messe oder solche nicht mit Andacht höret, oder der Predigt nur selten beiwohnet.

2. Wenn man die Zeit des gebotenen Gottesdienstes mit Essen und Trinken, Spielen und andern Lustbarkeiten zubringt, welche von dem Gottesdienste abhalten.

1. Von

1. Von der heiligen Meſſe.

a. Was die heilige Meſſe iſt, und was in derſelben geſchieht.

.*.* Fr. Was iſt die heilige Meſſe?

A. Die heilige Meſſe iſt das unblutige Opfer
des neuen Teſtamentes, das immerwährende
Denkmal des blutigen Opfers, welches Jeſus
Chriſtus am Kreuze vollbracht hat. (e)

Fr. Warum nennet man die heilige Meſſe ein
Opfer?

A. Die heilige Meſſe nennet man ein Opfer,
weil in derſelben Gott dem allmächtigen der Leib
und das Blut Jeſu Chriſti auf dem Altare dargebracht wird.

Fr. Warum heißt die heilige Meſſe ein unblutiges Opfer?

A. Die heilige Meſſe heißt ein unblutiges Opfer,
weil in derſelben kein Blut vergoſſen wird, wie
es am Kreuze geſchehen iſt.

** Fr. Wer hat das heilige Meßopfer eingeſetzet?

A.

(e) Conc. Trid. Seſſ. 22. c. 1. Unſer Gott und Herr
Jeſus Chriſtus hat bei der letzten Mahlzeit in der
Nacht da er überliefert ward, ſeinen Leib und
ſein Blut Gott dem Vater unter den Geſtalten
des Brodes und Weines geopfert; und unter den
äuſern Zeichen dieſer Dinge, denen die er zu Prieſtern
des neuen Teſtamentes damals verordnete, überge-
ben, es zu nehmen; zugleich aber hat er auch ihren
Nachfolgern im Prieſterthume befohlen, dieſes O-
pfer darzubringen mit den Worten: dieſes thut
zu meinem Gedächtniſſe.

A. Jesus Christus hat das heilige Meßopfer im letzten Abendmahle eingesetzet.

** Fr. Wie hat Jesus Christus das heilige Meßopfer eingesetzet?

A. 1. Jesus Christus nahm das Brod und den Kelch mit Wein.

2. Er segnete beides und sprach über das Brod: das ist mein Leib, und über den Kelch: dieß ist der Kelch meines Blutes.

3 Er gab beides den anwesenden Aposteln zu genießen.

4. Er befahl: das thut zu meinem Gedächtnisse. (f)

Fr. Warum hat Jesus Christus das heilige Meßopfer eingesetzet?

A. Jesus Christus hat das heilige Meßopfer eingesetzet,

1. Um in seiner Kirche ein wahres und eigentliches Opfer bis an das Ende der Welt zu hinterlassen.

2. Um das immerwährende Andenken des blutgen Opfers am Kreuze in seiner Kirche zu erhalten.

3. Um uns ein besonderes Merkmal seiner unerblichen Liebe zu geben. (g)   ** Fr.

_____

(f) Matth. XXVI. 26. 27. 28. Marc. XIV. 22. 23. 24. Luf. XXII. 19. 20.

(g) Die ganze Lehre der christkatholischen Kirche von dem heiligen Meßopfer ist in der 22. Sitzung der tridentinischen Kirchenversammlung in 9. Kapiteln und eben soviel Kanonen beisammen zu finden, ingleichen in dem Dekrete welches auf die Kanonen folget.

** Fr. Wer opfert in der katholischen Kirche
das heilige Meßopfer?

A. In der heiligen Messe opfert unsichtbarer
Weise Jesus Christus sich selbst seinem
himmlischen Vater für uns auf; sichtbarer
Weise aber verrichtet dieses Opfer der Priester.

Fr. Was ist für ein Unterschied unter dem
Opfer Jesu Christi am Kreuze und dem
heiligen Meßopfer?

A. Das heilige Meßopfer ist eben dasselbige Opfer,
welches Jesus Christus am Kreuze vollbracht hat:
nur in der Weise zu opfern ist ein Unterschied.
Am Kreuze vergoß Jesus sein Blut, in dem
heiligen Meßopfer wird kein Blut vergossen.

Fr. Wie verrichtet der Priester das heilige
Meßopfer?

A. Der Priester verrichtet das heilige Meßopfer
so, daß er eben das thut, was Jesus Christus
im letzten Abendmahle that.

1. Er nimmt das Brod, und den Kelch mit
Weine.

2. Er segnet beides, und spricht darüber die
nämlichen Worte Jesu Christi, durch welche
die Verwandlung des Brodes, und Weines in
den Leib und das Blut Jesu Christi geschieht.

3. Er genießt den Leib und das Blut Jesu Christi selbst, und gibt beides unter der Gestalt
des Brods auch den Gläubigen, wenn sie
kommuniciren wollen, zu genießen.

** Fr. Warum verrichtet der Priester das heilige Meßopfer?

A. Der Priester verrichtet das heilige Meßopfer:

1. Um

1. Um Gottes oberste Herrschaft, und die höchste Gewalt, die er über alle Geschöpfe hat, zu bekennen.

2. Um Gott für alle seine Wohlthaten zu danken.

3. Um von Gott die Vergebung der Sünden zu erlangen.

4. Um von Gott alle diejenigen Gnaden, deren wir bedürftig sind, zu erbitten.

** Fr. Wem wird das heilige Meßopfer geopfert?

A. Das heilige Meßopfer wird und kann nur Gott allein geopfert werden.

Fr. Wird das heilige Meßopfer auch zu Ehren der Heiligen gehalten?

A. Das heilige Meßopfer wird wohl auch zu Ehren und zum Andenken der Heiligen gehalten; allein da opfert der Priester nicht den Heiligen, sondern Gott allein.

Fr. Warum wird das heilige Meßopfer zu Ehren der Heiligen gehalten?

A. Das heilige Meßopfer wird zu Ehren der Heiligen gehalten,

1. Um Gott für die Gnaden zu danken, welche er den Heiligen erwiesen hat.

2. Um die Heiligen anzurufen, damit sie ihre Fürbitte bei Gott mit unserem Gebete vereinigen.

** Fr. Für wen wird das heilige Meßopfer von dem Priester geopfert?

A. Das heilige Meßopfer wird von dem Priester für Lebendige und Todte geopfert.

b. Wie

b. Wie man die heilige Messe hören soll.

Fr. Wie soll man die heilige Messe hören?

A. Man soll die heilige Messe ganz hören, keinen beträchtlichen Theil derselben aus eigner Schuld versäumen; es ist nicht genug nur gegenwärtig zu seyn, da dieselbe gelesen wird, man muß sie: 1. aufmerksam 2. ehrerbietig 3. andächtig hören.

Fr. Was heißt die heilige Messe aufmerksam hören?

A. Die heilige Messe aufmerksam hören heißt: keine freywillige Zerstreuung haben; auf die Theile der heiligen Messe Achtung geben; seinen Geist mit Gott beschäftigen.

Fr. Was heißt die heilige Messe ehrerbietig hören?

A. Die heilige Messe ehrerbietig hören heißt: der heiligen Messe mit einer anständigen Leibesstellung, und mit auferbaulichen Gebärden beiwohnen. Man soll:

1. Wenn das Evangelium gelesen wird, stehen, und sich mit dem heiligen Kreuze bezeichnen. Man soll

2. Bei der Wandlung niederknien, dabei sowohl, als bei der heilgen Kommunion an die Brust klopfen.

3. Man soll bei der heillgen Messe sich nicht vorwitzig umsehen,

4. Man soll auch alle andere Unanständigkeiten als schwätzen, lachen, u. d. gl. meiden.

Fr. Was heißt die heilige Messe andächtig hören?

A.

A. Die heilige Messe andächtig hören heißt: während der heiligen Messe, und besonders bei den vornehmsten Theilen derselben Gott von Herzen und mit Demuth anbeten, ihm für empfangene Wohlthaten danken.

Fr. Welche sind die vornehmsten Theile der heiligen Messe?

A. Die vornehmsten Theile der heiligen Messe sind : das Evangelium , Offertorium, die Wandlung, und Kommunion.

Fr. Was soll man bei dem Evangelium thun?

A. Bei dem Evangelium soll man sich erinnern, daß es eine Schuldigkeit ist die Lehren des Evangeliums zu erkennen, auch vor der ganzen Welt zu bekennen, zu vertheidigen, und darnach zu leben.

Fr. Was soll man bei dem Offertorium thun?

A. Bei dem Offertorium soll man seine Meinung mit der Meinung des Priesters vereinigen, und sich Gott aufopfern.

Fr. Was soll man bei der Wandlung thun?

A. Bei der Wandlung soll man Jesum Christum unter den Gestalten des Brodes und Weines anbeten, und indem man auf die Brust klopfet, bekennen, daß unsere Sünden am Tode Christi schuld sind. Man soll seine Sünden bereuen, Glauben, Hoffnung, und Liebe erwecken.

Fr. Was soll man bei der Kommunion des Priesters thun?

A. Bei der Kommunion des Priesters, wenn man nicht wirklich kommuniciret, soll man es geistlicher Weise thun, das ist: man soll

ein

ein Verlangen haben den Leib Jesu Christi
würdig zu empfangen.

2. Von den Predigten.

. Fr. Was gehöret sonst noch zum Gottesdienste?

A. Die Predigt, das Anhören des Wortes
Gottes gehöret auch zum Gottesdienste.

** Fr. Warum soll man die Predigten anhören?

A. Man soll die Predigten anhören,

1. Weil in den Predigten das Wort Gottes
vorgetragen, und erkläret wird.

2. Weil die wenigsten Menschen die Glaubenswahrheiten deutlich, und ausführlich genug
wissen; indem viele in der Jugend nicht lang
und aufmerksam genug den Unterricht anhören, in welchem die Glaubens-und Sittenlehre ausführlich vorgetragen wird.

Fr. Warum ist es nöthig die Predigten anzuhören, wenn man auch noch so gut von der
Religion unterrichtet ist?

A. Es ist nöthig die Predigten anzuhören, wenn
man auch noch so gut von der Religion unterrichtet ist;

1. Weil man leicht wieder vergißt, was man
von der Religion gewußt hat.

2. Weil man sehr oft das zu thun unterläßt,
was man zu thun schuldig ist, wenn man dazu nicht erinnert und aufgemuntert wird.

Fr. Was muß derjenige thun, welcher von
den Predigten Nutzen haben will?

A. Der von den Predigten Nutzen haben will,
muß

1. Ohne Zerstreuung und sehr aufmerksam zuhören.

2. Das was gesaget wird, muß er auf sich anwenden, und es nicht auf andere deuten. Endlich muß er einen ernstlichen Willen haben, und sich bemühen, die Lehren des Predigers zu befolgen.

3.) Von dem nachmittägigen Gottesdienste.

Fr. Worin besteht der nachmittägige Gottesdienst?

A. Der nachmittägige Gottesdienst besteht hauptsächlich in der Vesper, und auch nach Verschiedenheit der Kirchen in andern Andachten; dergleichen sind Predigten, die christliche Lehre, der Rosenkranz, Litaneyen und der heilige Segen.

Fr. Was ist der heilige Rosenkranz?

A. Der heilige Rosenkranz ist eine gewisse in der katholischen Kirche eingeführte Art zu beten, welche aus dem apostolischen Glaubensbekenntnisse, aus einer gewissen Zahl des Vater unser, und des englischen Grusses besteht.

Fr. Warum ist der heilige Rosenkranz in der katholischen Kirche eingeführet worden?

A. Der heilige Rosenkranz ist in der katholischen Kirche eingeführet worden zur öftern Erinnerung der Geheimnisse der Menschwerdung, des Leidens und der Auferstehung Jesu Christi, diese Geheimnisse sind in dem Glaubensbekenntnisse enthalten, und werden auch oft noch besonders genannt. Der Rosenkranz ist auch zur

Vereh-

Verehrung der seligsten Jungfrau Maria eingeführet.

§. 2. Von den dreyen letzten Geboten der Kirche.

C. Das dritte Kirchengebot: Du sollst die gebotenen Fasttage halten, als die vierzigtägige
Fasten, die Quatemberzeiten und andere gebotene Fasttage; auch sollst du am Freytage
und Samstage vom Fleischessen dich enthalten. h)

** Fr. Was befiehlt das dritte Kirchengebot?

A. Das dritte Kirchengebot befiehlt, daß
man am Freytage, und Samstage sich vom
Fleischessen, an den übrigen gebotenen Fasttagen aber auch von allen Gattungen der
Milch und Eyerspeisen enthalte; es sey
denn daß eine giltige und allgemeine Ge-
wohnheit, wie solche in den meisten deutschen
Länder eingeführt ist, deren Genuß erlau-
bet.

** Fr. Wird das dritte Kirchengebot dadurch
schon ganz erfüllet, wenn man an den
gebotenen Fasttagen sich nur von den verbotenen Speisen enthält?

H 2   A. Um

(h) Von dem Fasten redet die tridentinische Kirchenversammlung Sess. 25. in einem eigenen Dekrete
nur überhaupt, sie schärfet aber die Beobachtung
dessen ein, was hierüber in andern Kirchenversammlungen ist verordnet worden. Verschiedene
Canones dieser Kirchenversammlungen sind in den
meisten Ausgaben angeführet, und können daselbst
nachgesehen werden.

A. Um das dritte Kirchengebot ganz zu erfüllen, muß man sich an gebotenen Fasttagen auch einen Aebruch thun, welcher darin besteht, daß man sich des Tages hindurch nur einmal satt ißt.

Fr. Ist jedermann verbunden am Freytage und Samstage wie auch an andern gebotenen Fasttagen sich vom Fleischessen zu enthalten?

A. Jedermann, der nicht rechtmässige Erlaubniß hat Fleisch zu essen ist verbunden, am Freytage und Samstage wie auch an andern gebotenen Fasttagen sich vom Fleischessen zu enthalten.

Fr. Welche sind nicht verbunden, sich an gebotenen Fasttagen einen Abbruch zu thun?

A. Junge Personen unter 21. Jahren, und alle, die ohne merklichen Schaden ihrer Gesundheit nicht fasten können, sind nicht verbunden sich an den gebotenen Fasttagen Abbruch zu thun.

Fr. Ist derjenige, welcher Erlaubniß hat, Fleisch zu essen, an gebotenen Fasttagen frey von der Schuldigkeit sich Abbruch zu thun?

A. Derjenige, welcher Erlaubniß hat Fleisch zu essen, ist nicht frey von der Schuldigkeit, sich an gebotenen Fasttagen Abbruch zu thun, weil die Erlaubniß Fleisch zu essen von der Erlaubniß sich nicht Abbruch zu thun unterschieden ist.

Fr. Wovon soll man sich an den Fasttagen nach der Absicht der Kirche enthalten?

A. Man soll sich an den Fasttagen nach der Absicht der Kirche von allen lähmenden Ergötzlichkeiten enthalten, denn Fasttage sind Bußtage.

D. Das vierte Kirchengebot: Du sollst deine Sünden dem verordneten priester jährlich zum

wenigs

wenigſten einmal beichten, und um die öſterliche Zeit das hochwürdige Sakrament des
Altars empfangen.

** Fr. Was befiehlt das vierte Kirchengebot?
U. Das vierte Kirchengebot befiehlt die jährli-
che Beichte, wie auch die heilige Kommunion zur öſterlichen Zeit.

E. Das fünfte Kirchengebot: Du ſollſt an
verbotenen Zeiten keine Hochzeit halten.

** Fr Was wird durch das fünfte Kirchengebot verboten?

U. Durch das fünfte Kirchengebot wird verboten
vom erſten Adventſonntage bis zum Feſte
der heiligen drey Könige, oder Chriſti Er-
ſcheinung; und von Aſchermittwoche bis
auf den erſten Sonntag nach Oſtern Hochzeiten zu halten.

Fr. Warum ſind die Hochzeiten zu dieſen Zeiten verboten?

U. Die Hochzeiten ſind zu dieſen Zeiten verboten, damit wir dieſe Zeiten mit Andacht, mit
Bußwerken zubringen, und die Geheimniſſe
ohne Zerſtreuung betrachten, welche uns die Kirche damals vorſtellet, wovon uns die bei den
Hochzeiten meiſtentheils eingeführten Feyerlichkei-
ten, und Ergötzungen abhalten.

Das IV. Hauptstück.

Von den heiligen Sakramenten.

I. Abtheilung.

Von den heiligen Sakramenten überhaupt.

.˙. Fr. **W**as ist ein Sakrament?

A. Ein Sakrament ist ein sichtbares Zeichen der unsichtbaren Gnade, welches von Christo dem Herrn zu unserer Heiligung eingesetzet ist.

Fr. Warum heißen die heiligen Sakramente sichtbare Zeichen?

A. Die heiligen Sakramente heißen sichtbare Zeichen, weil bei jedem Sakramente etwas vorkömmt, das man sieht, oder durch einen Sinn wahrnimmt: so sieht man z. B. bei der Taufe das Wasser.

Fr. Warum heißen die heiligen Sakramente Zeichen?

A. Die heiligen Sakramente heißen Zeichen, weil sie aus der Einsetzung Christi durch äußerliche Dinge die innerliche Heiligung, welche sie wirken, bedeuten.

** Fr. Wie werden wir durch die heiligen Sakramente geheiliget?

A. Wir werden durch die heiligen Sakramente geheiliget, indem einige uns ordentlicher Weise die heiligmachende Gnade; und die

Recht-

'Rechtfertigung ertheilen, andere aber diese Gnade in uns vermehren.

** Fr. Durch welche Sakramente wird uns ordentlicher Weise die heiligmachende Gnade und die Rechtfertigung ertheilet?

A. Die heiligmachende Gnade und die Rechtfertigung wird uns ordentlicher Weise durch die Sakramente der Taufe und der Busse ertheilet.

Fr. Wie heißt die Taufe und Busse deßhalben, weil sie ordentlicher Weise die heiligmachende Gnade ertheilen?

A. Weil uns die Taufe sowohl als die Busse die heiligmachende Gnade ordentlicher Weise ertheilen: so heißt man sie die Sakramente der Todten; denn sie erwecken den Sünder, welcher geistlicher Weise todt ist, zum ewigen Leben.

Fr. Wie heißen die Sakramente, durch welche die heiligmachende Gnade in uns vermehret wird?

A. Die Sakramente, dadurch diese heiligmachende Gnade in uns vermehret wird, heißen Sakramente der Lebendigen.

Fr. Warum nennet man diese Sakramente, Sakramente der Lebendigen?

A. Man nennet sie Sakramente der Lebendigen, weil diejenigen, welche sie empfangen, die heiligmachende Gnade, worin das geistliche Leben der Seele besteht, schon haben sollen.

Fr. Welche sind die Sakramente der Lebendigen?

 H 4   A. Die

A. Die Sakramente der Lebendigen sind die Firmung, das Sakrament des Altars, die letzte Oelung, die Priesterweihe, die Ehe.

Fr. Was ist von den Sakramenten noch zu merken?

A. Es ist von den Sakramenten noch zu merken:

1. Daß jedes Sakrament auch seine eigene Gnabe ertheile.

2. Das das Sakrament der Taufe, der Firmung, und der Priesterweihe der Seele ein unauslöschliches Merkmal eindrücke; wegen dieses Merkmals kann ein Christ ein solches Sakrament nicht öfters als einmal giltig, und ohne Todsünde empfangen. (a)

Fr. Woher haben die Sakramente ihre Kraft zu wirken?

A. Die Sakramente haben ihre Kraft zu wirken von ihrem Urheber Jesu Christo.

Fr. Wie viel sind Sakramente, und wie heißen sie?

A. Es sind sieben Sakramente, (b) sie heißen:

1. Die Taufe. 2. Die Firmung. 3. Das Sakrament des Altars. 4. Die Buße. 5. Die letzte Oelung. 6. Die Priesterweihe. 7. Die Ehe.   II.

a) Conc. trid. Seff. VII. can. 9. de Sacramentis in genere. Wenn jemand saget: in den dreyen Sakramenten, nämlich der Taufe, der Firmung und der Priesterweihe werde nicht ein Merkmal (das ist ein gewisses geistliches und unauslöschliches Zeichen) in die Seele eingedrücket, um des willen sie nicht wiederholet werden können, der sey von unserer Gemeinschaft ausgeschlossen.

b) Trid. Seff. VII. can. I. de Sacramentis in genere. Wenn jemand saget: die Sakramente des

II. Abtheilung,

Von den heiligen Sakramenten insbesondere.

§. 1. Von dem Sakramente der Taufe.

Fr. Was ist die Taufe?

A. Die Taufe ist das erste und nothwendigste Sakrament, in welchem der Mensch durch das Wasser und Wort Gottes von der Erbsünde und von allen andern wirklichen Sünden, wenn er dergleichen vor der Taufe begangen hat, gereiniget, und in Christo als eine neue Kreatur zum ewigen Leben wieder gebohren, und geheiliget wird.

Fr. Warum heißt die Taufe das erste Sakrament?

A. Die Taufe heißt das erste Sakrament, weil man zuerst muß getaufet seyn, eh man ein anderes Sakrament empfangen kann.

Fr. Warum heißt die Taufe das nothwendigste Sakrament?

A. Die Taufe heißt das nothwendigste Sakrament, weil ohne die Taufe niemand, (c) ja sogar kein Kind kann selig werben.

H 5 **Fr.**

neuen Bundes sind nicht alle von Jesu Christo unserm Herrn eingesetzet; oder es seyn mehr oder weniger als sieben, nämlich die Taufe, die Firmung, das Sakrament des Altars, die Buße, die lezte Oelung, die Priesterweihe, und die Ehe, oder auch eines von diesen sieben sey nicht wirklich und eigentlich ein Sakrament, der sey von unserer Gemeinschaft ausgeschlossen.

(c) Jesus sprach: wahrlich, wahrlich sage ich dir, es sey denn, daß jemand aus dem Wasser

Fr. Was wirket das Sakrament der Taufe?

A Das Sakrament der Taufe wirket

1. Die Nachlassung der Erbsünde und aller andern vor der Taufe begangenen Sünden, (d) auch aller ewigen uud zeitlichen Strafen.

2. Unserer Seele wird in derselben die göttliche Gnade ertheilet, durch welche wir gerechtfertiget, (e) Kinder Gottes, und Erben des ewigen Heils werden. (f)

3. Diejenigen, welche die Taufe empfangen, gehen in die Kirche ein, und werden derselben Glieder. (g)

4. Der Seele wird ein unauslöschliches Merkmal eingedrücket, deßwegen kann man auch

die

---

oder aus dem heiligen Geiste wiederum geboren werde, so kann er in das Reich Gottes nichteingehen. Joh. III. 5.

(d) Gott hat uns nicht um der Werke der Gerechtigkeit willen, die wir gethan haben, sondern wegen seiner Barmherzigkeit durch die Taufe der Wiedergeburt und durch die Erneuerung des heiligen Geistes errettet. Tit. III. 5. Wer da glaubet und getaufet wird, der wird selig seyn, wer aber nicht glaubet, der wird verdammt werden. Mark. XVI. 16.

(e) Ihr seyd abgewaschen, ihr seyd geheiliget und gerechtfertiget, durch den Namen unsers Herrn Jesu Christi, und durch den Geist unsers Gottes. I. Kor. VI. 11.

(f) Gott hat uns — — durch die Taufe der Wiedergeburt — — errettet — — auf daß wir durch seine Gnade gerechtfertiget, Erben seyn nach der Hoffnung des ewigen Lebens. Tit. III. 7.

(g) Wir sind alle durch einen Geist zu einem Leibe getauft worden, wir sind Juden oder Heiden, Knechte oder Freye. I. Kor. XII. 13.

die Taufe nicht öfters als einmal giltig, und ohne Todsünde empfangen. (h)

Fr. Wie können aber Erwachsene selig werden, welche nicht Gelegenheit haben das Sakrament der Taufe wirklich zu empfangen?

A. Erwachsene, welche nicht Gelegenheit haben, das Sakrament der Taufe wirklich zu empfangen, können selig werden

1. Durch die Begierdtaufe.
2. Durch die Bluttaufe.

Fr. Worin besteht die Begierdtaufe?

A. Die Begierdtaufe besteht in einem heftigen Verlangen das Sakrament der Taufe, wenn es möglich wäre, zu empfangen; es muß aber bei diesem Verlangen eine vollkommene Liebe gegen Gott, wahre Reu und Leid über die begangenen Sünden erwecket werden.

Fr. Worin besteht die Bluttaufe?

A. Die Bluttaufe besteht darinn, wenn der Ungetaufte, welcher das Sakrament der Taufe zwar empfangen will, aber nicht kann, sein Blut und Leben für Gott und den Glauben hingibt.

** Fr. Wer kann taufen?

A. In Nothfällen kann jedermann taufen; auser diesen aber haben nur die Bischöfe, und Pfarrer das Recht zu taufen: mit deren Erlaubniß aber können auch andere Priester und Diakonen taufen.

** Fr. Was muß derjenige thun, der taufet?
A.

(h) Trident. Kirchenversammlung Seff. VII. can. 9. de Sacramentis in genere.

U. Der taufet, muß

1. Die Meinung haben nach der Einsetzung Jesu Christi zu taufen.

2. Er muß die Person, welche getaufet wird, mit natürlichem Wasser begiessen.

3. Er muß beim Begießen zugleich diese Worte sprechen: Ich taufe dich im Namen des Vaters, und des Sohnes, und des heiligen Geistes.

Fr. Was muß ein Erwachsener thun, der will getaufet werden?

U. Ein Erwachsener der will getaufet werden, muß

1. Die nothwendigsten Glaubenswahrheiten wissen; und diese Wahrheiten glauben. (i)

2. Ein Glied der Kirche Jesu Christi werden wollen.

3. Seine Sünden bereuen. (k)

4. Den Vorsatz haben, und ausdrücklich versprechen; bis an sein Ende christlich zu leben. (l)

Fr.

(i) Jesus spricht zu seinen Jüngern: Gehet hin, und lehret alle Völker, und taufet sie im Namen des Vaters, und des Sohnes, und des heiligen Geistes. Matth. XXVIII. 19.

(k) Petrus sprach zu ihnen: Thut Busse und ein jeglicher von euch lasse sich in dem Namen Jesu Christi zur Vergebung eurer Sünden taufen: so werdet ihr die Gabe des heiligen Geistes empfangen. Ap. Gesch. II. 38.

(l) Wisset ihr nicht, daß wir alle, die wir in Christo Jesu getaufet sind, in seinen Tod getaufet worden sind. Denn wir sind mit ihm durch die Taufe zu dem Tode begraben, auf daß, gleich wie Chri-

stus

Fr. Wer verspricht dieß bei Kindern, die
noch nicht versprechen können?

A. Die Taufpathen versprechen im Namen der
Kinder, welche sie aus der Taufe heben, alles
zu erfüllen, wozu die Taufe verbindet.

Fr. Ist man auch schuldig das Versprechen
der Pathen zu halten?

A. Man ist schuldig das Versprechen der Pathen
zu halten; es geziemet sich sogar, das bei der
Taufe gemachte Versprechen öfters zu erneuern.

Fr. Wie kann man das bei der Taufe gemachte Versprechen erneuern?

A. Man kann das bei der Taufe gemachte Versprechen folgender massen erneuern: Ich glaube
an Gott den Vater, Sohn, und heiligen Geist.
Ich glaube an Jesum Christum den eingebornen
Sohn Gottes, der Gott und Mensch zugleich
ist, der das menschliche Geschlecht durch sein
Leiden und Sterben erlöset hat. Ich glaube
alles, was Gott geoffenbaret, was Jesus und
seine heilige Apostel gelehret haben, und was
die katholische Kirche, als deren Glied ich zu
seyn und zu sterben verlange, zu glauben vorstellet. Ich widersage von ganzem Herzen dem
Teufel, seiner Hoffart, und allen seinen Werken. Ich widersage auch allen Sünden, der
Pracht, und allen verführerischen Lehrern der
Welt. Ich bin entschlossen ein christliches Le-
ben-

flus von den Todten durch die Herrlichkeit des
Vaters auferstanden ist, wir auch gleichfalls
in einem neuen Leben wandeln sollen. Röm.
VI. 3. 4.

ben zu führen. Gott stärke mich in meinem
Vorsaze durch seine mächtige Gnade, Amen.

Fr. Wann geziemet es sich das bei der Taufe
gemachte Versprechen zu erneuern?

A. Es geziemet sich das bei der Taufe gemachte
Versprechen zu erneuern:

1. Sobald man zum Gebrauche seines Verstandes kömmt.

2. Vor der heiligen Firmung.

3. Am Geburtstage.

4. Oefters in seinem Leben, besonders vor der
heiligen Beichte und Kommunion.

Fr. Wozu sind die Taufpathen verbunden?

A. Die Taufpathen sind verbunden, diejenigen,
welche sie aus der Taufe gehoben haben, in
Abgange, oder bei der Nachlässigkeit der Aeltern in der christlichen Religion wohl zu unterweisen: hingegen aber ist Pathen verbothen
weder diejenigen, welche sie aus der Taufe gehoben haben, noch deren Aeltern zu heirathen,
weil eine solche Ehe wegen der geistlichen Ver-
wandschaft, welche die Kirche zwischen diesen
Personen eingeführet hat, ungiltig ist.

§. 2. Von dem Sakramente der Firmung.

Fr. Was ist die Firmung?

A. Die Firmung ist ein Sakrament, in welchem der getaufte Mensch durch den heiligen
Chrysam, und durch das göttliche Wort
vom heiligen Geiste in Gnaden gestärket wird,
damit er seinen Glauben standhaftig bekenne,
und nach solchem lebe.

Fr.

** Fr. Was wirket die Firmung?

A. Die Firmung wirket die Vermehrung der heiligmachenden Gnade, (a) und ertheilet die besondere, daß der getaufte Mensch den Glauben standhaft bekenne, und nach solchem lebe, sie drücket auch der Seele ein unauslöschliches Merkmal ein; deswegen kann man auch nicht öfters als einmal gefirmet werden.

Fr. Ist die Firmung zur Seeligkeit unumgänglich nothwendig?

A. Die Firmung ist zur Seligkeit nicht unumgänglich nothwendig; sie ist aber wegen ihrer Wirkung von demjenigen nicht zu versäumen, welcher Gelegenheit hat, dieselbe zu empfangen.

Fr. Wer ertheilet das Sakrament der Firmung?

A. Ordentlicher Weise ertheilen nur die Bischöfe das Sakrament der Firmung.

** Fr. Wie muß man beschaffen seyn, wenn man die Firmung würdig empfangen will?

A. Um die Firmung würdig zu empfangen, müssen besonders Erwachsene im Glauben, und in dem, was dieses Sakrament betrifft, wohl unterrichtet und im Stande der Gnade seyn; sie sollen sich auch durch das Gebet und andere gute Werke dazu bereiten.

** Fr. Werden zu der Firmung auch Pathen gewählet?

A.

(a) Gott ist es, der uns mit euch in Christo befestiget und der uns gesalbet hat. Der uns auch versiegelt, und in unsere Herzen das Pfand des Geistes gegeben hat. 2. Kor. I. 21. 22.

A, Auch zu der Firmung werden Pathen gewählet.
Zwischen den Pathen und dem Gefirmten, wie
auch deſſen Aeltern kann wegen der eingeführten
geiſtlichen Verwandſchaft keine Ehe beſtehen.

§. 3. Von dem allerheiligſten Sakramente des
Altars.

** Fr. Was iſt das Sakrament des Altars?
A. Das Sakrament des Altars iſt das allerheiligſte Sakrament, es iſt der wahre Leib und
das wahre Blut unſers Herrn Jeſu Chriſti unter den Geſtalten des Brods und Weins. (a)
** Fr. Warum heißt dieſes Sakrament das
allerheiligſte?
A, Das Sakrament des Altars heißt das allerheiligſte, weil es nicht nur wie alle andere
Sakramente den Menſchen heiliget, ſondern
auch Jeſum Chriſtum den Urheber aller Heiligkeit enthält. (b)
Fr. Warum heißt dieſes Sakrament das Sakrament des Altars?
                                          A.

(a) Da ſie aber zur Nacht aſſen, nahm Jeſus das
Brod, und ſegnete es, und brach es, und gab es ſeinen Jüngern, und ſprach: Nehmet hin, und eſſet,
das iſt mein Leib. Und er nahm den Kelch und
dankete und gab ihnen den, und ſprach: trinket alle
daraus, denn das iſt mein Blut des neuen Teſtamentes, das für viele wird vergoſſen werden zur
Vergebung der Sünden. Matth. XXVI. 26.
27. 28.
(b) Tridentiniſche Kirchenverſammlung. Seſſ. XIII.
can. I.

A. Es heißt das Sakrament des Altars, weil auf dem Altare die Wandlung geschieht, dadurch Jesus Christus gegenwärtig wird. (c)

Fr. Wie geschieht die Wandlung?

A. Die Wandlung geschieht, da der Priester in der heiligen Messe über das Brod die Worte Christi: Das ist mein Leib; und über den Wein ebenfalls die Worte Christi: Dieß ist der Kelch meines Blutes, ausspricht.

Fr. Wie und was wirken diese von dem Priester ausgesprochenen Worte?

A. Diese von dem Priester ausgesprochene Worte wirken nach dem allmächtigen Willen Christi, daß das Brod nicht mehr Brod, sondern der Leib; der Wein nicht mehr der Wein, sondern das Blut Jesu Christi ist; doch bleiben die Gestalten des Brods und Weins unverändert.

Fr. Was versteht man unter den Gestalten des Brods und des Weins?

A. Unter den Gestalten des Brods und Weins versteht man das, was äuserlich am Sakramente des Altars in die Sinne fällt, nämlich das Ansehen, die Farbe, den Geschmack und Geruch des Brods und Weins, welches alles unverändert bleibt, unerachtet unter diesen Gestalten nicht mehr Brod und Wein, sondern der wahre Leib und das wahre Blut Jesu Christi zugegen ist.

** Fr. Wie ist der Leib und das Blut Jesu Christi im Sakramente des Altars gegenwärtig?

I   A.

---

e) Wir haben einen Altar, von welchem nicht Macht haben zu essen, die dem Tabernakel dienen. Hebr. XIII. 11.

A. 1. Unter den Gestalten des Brods ist der lebendige Leib Jesu Christi, folglich auch sein Blut und seine Seele gegenwärtig.

2. Unter den Gestalten des Weins ist nicht nur das Blut, sondern auch der Leib Jesu Christi; er ist unter einer jeden Gestalt und unter einem jeden auch dem kleinsten Theile derselben ganz als Gott und Mensch gegenwärtig.

Fr. Was folget hieraus?

A. Hieraus folget:

1. Daß Jesus Christus in dem allerheiligsten Sakrament des Altars anzubeten ist.

2. Daß derjenige welcher das Sakrament des Altars auch nur unter einer Gestalt oder auch nur in einem Theile der Hostie genießt, Jesum Christum ganz, daß ist: sowohl seinen Leib, als auch sein Blut empfängt.

3. Daß Jesus Christus so lang als die Gestalten nicht verzehret sind; darunter allezeit gegenwärtig bleibe.

** Fr. Wann und wozu hat Jesus Christus das Sakrament des Altars eingesetzet?

A. Jesus Christus hat das Sakrament des Altars im letzten Abendmale eingesetzet, da er mit seinen Jüngern das Osterlamm aß,

1. Zum Andenken seines Leidens und Sterbens. d)

2. Um

(d) Das thut zu meinem Gedächtniß. Luk. XXII. 19. So oft ihr dieses Brod essen werdet, und diesen Kelch trinken, sollt ihr den Tod des Herrn verkündigen, bis daß er kommt. 1. Cor. XI. 26.

2. Um die Seelen der Gläubigen zum ewigen
Leben zu nähren. (e)

Fr. Iſt man ſchuldig das Sakrament des
Altars zu empfangen?

A. Man iſt ſchuldig das Sakrament des Altars zu empfangen, weil es Jeſus Chriſtus
ausdrücklich befohlen, und eingeſetzet hat, um
uns zum ewigen Leben zu nähren.

Fr. Wann iſt man ſchuldig das Sakrament
des Altars zu empfangen?

A. Nach Verordnung der Kirche iſt man unter
einer ſchweren Sünde ſchuldig das Sakrament
des Altars wenigſtens einmal im Jahre und
zwar zur öſterlichen Zeit zu empfangen.

Fr. Soll man dieſes heilige Sakrament auch
noch zu andern Zeiten empfangen?

A. Man ſoll dieſes heilige Sakrament auch empfangen in der Gefahr des Todes, weil es
eine Wegzehrung zur ewigen Seligkeit iſt, es iſt
auch der Wunſch der Kirche, daß es ihre Gläubige im Jahre öfters empfangen, weil es die
geiſtliche Speiſe und Nahrung der Seele iſt.

Fr. In was für einem Alter ſollen die Kinder das Sakrament des Altars empfangen?

J 2 A.

_____

(e) Jeſus ſagt: Wahrlich, wahrlich ich ſage euch:
Es ſey denn, daß ihr das Fleiſch des Menſchen-
Sohnes eſſet, und ſein Blut trinket, ſo werdet
ihr das Leben nicht in euch haben. Wer aber
mein Fleiſch iſſet, und mein Blut trinket, der
hat das ewige Leben, und ich will ihn wiederum am jüngſten Tage aufwecken. Joh. VI. 54. 55.

A. Niemand kann das Alter, wenn die Kinder das heiligste Sakrament des Altars empfangen sollen, besser bestimmen, als die Aeltern und Beichtväter, welche hierüber am besten urtheilen und erforschen können, ob die Kinder die gehörigen Kenntniße und Vorbereitung haben.

Fr. Was für Gnaden erlanget man durch den würdigen Genuß des heiligen Sakraments des Altars?

A. Die Gnaden, welche man durch den würdigen Genuß des heiligen Sakraments des Altars erlanget, sind folgende:

1. Wird nicht nur die heiligmachende Gnade dadurch in uns erhalten, sondern auch vermehret.

2. Jene werden, welche es würdig empfangen, mit Jesu Christo vereiniget. (f)

3. Wir werden von den läßlichen Sünden dadurch befreyet.

4. Unsere Seele wird vor zukünftigen Uibeln bewahret.

5. Die böse Lust wird in uns gemindert und uns terdrücket.

6. Es eröffnet uns den Eingang zum ewigen Leben.

Fr. Wer theilet den Gläubigen das Sakrament des Altars aus?

A. Die Priester theilen das Sakrament des Altars den Gläubigen aus, sie sind die ordentlichen Ausspender desselben. (g)

a. Von

(f) Wer mein Fleisch ißt, und mein Blut trinket, der bleibt in mir, und ich in ihm. Joh. VI. 58.

(g) Ihnen befahl Christus: Dieses thut zu meinem Gedächtniße. Luk. XXII. 19.

a. Von der Vorbereitung zum würdigen Genuſſe dieſes Sakraments.

Fr. Was iſt zu thun, wenn man das heilige Sakrament des Altars würdig empfangen will?

A. Wenn man das heilige Sakrament des Altars würdig empfangen will, muß man ſich dazu recht und wohl vorbereiten. (h)

Fr. Wie vielfach iſt die Vorbereitung zum würdigen Genuſſe des heiligen Sakraments des Altars?

A. Die Vorbereitung, welche zum würdigen Genuſſe des heiligen Sakraments des Altars nothwendig iſt, iſt zwenfach; eine betrifft die Seele, die andere den Leib.

** Fr. Worin beſteht die Vorbereitung, welche die Seele betrifft?

A. Die Vorbereitung, welche die Seele betrifft, beſteht in der Reinigkeit des Gewiſſens und in der Andacht des Herzens.

** Fr. Was heißt ein reines Gewiſſen haben,

A. Ein reines Gewiſſen haben, heißt: wenigſtens von allen ſchweren Sünden frey ſeyn, das iſt: ſich im Stande der heiligmachenden Gnade befinden.

Fr. Iſt es eine groſſe Sünde, das heilige Sakrament des Altars zu empfangen, da man noch eine ſchwere Sünde auf ſich hat?

J 3   A.

_____

(h) Der Menſch prüfe ſich ſelbſt, und alſo eſſe er von dieſem Brode, und trinke aus dieſem Kelche. 1. Kor. XI. 28.

A. Wer das heilige Sakrament des Altars empfängt
da er wissentlich noch eine schwere Sünde auf sich
hat, begeht von neuem eine so schwere Sünde,
daß er sich sein Gericht und seine Verdammniß
ißt, und des Leibes und Blutes Jesu Christi schuldig wird. i)

Fr. Was muß man thun, wenn man sich vor
dem Genusse des heiligen Altarssakramen-
tes einer schweren Sünde schuldig weiß?

A. Wenn man sich einer schweren Sünde schuldig
weiß; so muß man sie von Herzen bereuen, aufrichtig beichten, und erst nach erhaltener prie-
sterlichen Lossprechung das heilige Sakrament des
Altars empfangen.

** Fr. Worin besteht die Andacht des Herzens?

A. Die Andacht des Herzens bestehet:

  1. In der Uibung des Glaubens, der Hoffnung
    und Liebe.

  2. In der Anbetung des allerheiligsten Sakra-
    ments des Altars.

  3. In der dankbarlichen Erinnerung des Todes
    Jesu Christi, zu dessen Gedächtniß dieses Sa-
    krament eingesetzet, und zu genießen befohlen ist.

  4. In der Demuth und Uibung anderer christ-
    lichen Tugenden, besonders aber in der Liebe
    des Nächsten.

Fr.

(i) Wer dieses Brod essen, oder den Kelch des Herrn
unwürdig trinken wird, der wird schuldig seyn
an dem Leibe und Blute des Herrn, denn wer
unwürdig isset und trinket, der isset und trinket ihm selbst das Gericht, dieweil er den Leib
des Herrn nicht unterscheidet. 1. Kor. XI. 27. 29

Fr. Wie hat man sich noch mehr zum würdi=
gen Genusse des heiligen Sakraments des
Altars vorzubereiten?

A. Man soll wenigstens am Vorabende sich mit
Gebete, mit Betrachten, mit Lesen geistlicher
Bücher und mit Enthaltung auch von erlaubten
Ergötzungen zubereiten.

** Fr. Wie soll man sich dem Leibe nach vor=
bereiten, um das heilige Sakrament des
Altars würdig zu empfangen?

A. Um das heilige Sakrament des Altars wür=
dig zu empfangen soll man auser einer gefähr=
lichen Krankheit

1. Von 12. Uhr der vorhergehenden Nacht nüch=
tern seyn.

2. Soll man in ehrbarer Kleidung erscheinen,
und mit der größten Ehrerbietigkeit zum Tische
des Herrn hinzutreten.

b. Von demjenigen, was beim Genusse des
heiligen Altarssakraments zu thun ist.

** Fr. Was soll man thun, wenn vor der Kom=
munion das Konfiteor gebetet wird?

A. Wenn vor der Kommunion das Konfiteor ge=
betet wird, soll man nochmals Reu und Leid über
seine Sünden erwecken.

** Fr. Wie soll man sich verhalten, wenn
der Priester dem Volke die heilige Hostie
zeiget?

A. Wenn der Priester dem Volke die heilige
Hostie zeiget; so soll man dieselbe demüthig
anbeten, an die Brust schlagen, und sagen:

Herr, ich bin nicht würdig, daß du einge-
hest unter mein Dach, sondern sprich nur ein
Wort, so wird meine Seele gesund.

** Fr. Wie hat man sich beim Empfange der
heiligen Hostie zu verhalten?

A. Beim Empfange der heiligen Hostie öff-
net man sittsam den Mund, leget die Zunge
auf die untere Lefze, nimmt das weiße Tuch,
wenn eines vorhanden ist, vor sich, genießt
die heilige Hostie ohne sie zu käuen, oder
lang im Munde zu behalten.

Fr. Was hat man zu thun, wenn nach der
Kommunion Wein gereichet wird?

A. Wenn nach der Kommunion Wein gereichet
wird, kann man davon etwas weniges nehmen;
doch muß man nicht glauben, als wäre dieser
Wein das Blut unsers Herrn, oder zu nehmen
nothwendig.

Fr. Warum wird Wein zu nehmen nach der
Kommunion gegeben?

A. Nach der Kommunion wird Wein zu nehmen
gegeben, damit die heilige Hostie desto leichter
genossen werde, und nicht im Munde anklebe;
wenn aber solches dennoch geschieht, so soll man
die heilige Hostie mit der Zunge ablösen, ohne
die Finger dazu zu gebrauchen.

e. Von dem, was nach der heiligen Kommunion zu thun ist.

** Fr. Was soll man nach der heiligen Kommunion thun?

A.

A. Nach der heiligen Kommunion soll man

1. Jesu Christo danken für die unendliche Gnade, welche er uns dadurch erwiesen, daß er sich gewürdiget hat, zu uns zu kommen.

2. Ihn in Demuth anbeten.

3. Sich ihm aufopfern.

4. Ihn bitten, daß er mit seiner Gnade in uns beständig verbleiben wolle.　•

5. Glauben, Hoffnung und Liebe erwecken, alle gemachte gute Vorsätze erneuern.

6. Ihm alle unsere Nöthen und alle Bedürfnisse der Seele und des Leibes vortragen.

Fr. Wie soll man sich an dem Tage der heiligen Kommunion verhalten?

A. An dem Tage der heiligen Kommunion soll man vorzüglich

1. Den Müssiggang vermeiden, und zu Hause die Zeit mit Verrichtung guter Werke, mit Lesung geistlicher Bücher, und in Verrsammlung des Geistes zubringen.

2. Die Kirche besuchen, und dem Gebete mit besonderer Andacht obliegen.

3. Dem Getümmel der Welt, so viel es möglich ist, ausweichen.

§. 4. Von dem Sakramente der Buße.

Von dem, was vorläufig von diesem Sakramente zu wissen nöthig ist.

** Fr. Was ist das heilige Sakrament der Buße?

J 5　　　　　　　A.

A. Das heilige Sakrament der Buße ist ein Sakrament, in welchem der dazu verordnete Priester an Gottes statt dem Sünder die nach der Taufe begangenen Sünden nachläßt, wenn er sie reumüthig und vollständig beichtet, auch den ernstlichen Willen hat sich zu bessern, und wahre Buße zu wirken. (a)

Fr. Wer ist der verordnete Priester?

A. Der verordnete Priester ist jener, welcher von seinem Bischofe zum Beichthören bestimmet ist.

Fr. Können alle Sünden, die man nach der Taufe begangen hat, durch das Sakrament der Buße nachgelassen werden?

A. Alle Sünden, wenn sie auch noch so schwer sind, können durch das Sakrament der Buße nachgelassen werden. (b)

** Fr. Ist das Sakrament der Buße allen nothwendig?

A. Das Sakrament der Buße ist allen nothwendig, welche nach der Taufe schwer gesündiget haben. (c)

** Fr.

(a) Der Herr Jesus bließ seine Jünger an, und sprach zu ihnen: Nehmet hin den heiligen Geist. Welchen ihr die Sünden erlasset, denen sind sie erlassen; und welchen ihr sie behaltet, denen sind sie behalten. Joh. XX. 22. 23.

(b) Alle Sünde und Lästerung wird den Menschen vergeben werden. Matth. XII. 31.

(c) So wir unsere Sünde bekennen, so ist er treu und gerecht, unsere Sünde zu vergeben, und uns

von

** Fr. Was erlangen wir durch das Sakrament der Buße?

A. Durch das Sakrament der Buße erlangen wir 1. Verzeihung der Sünden. 2. Nachlaßung der ewigen Strafe. 3. Die Gnade Gottes. 4. Die Ruhe des Gewissens.

** Fr. Was heißt wahre Buße wirken?

A. Wahre Buße wirken heißt zu Gott wieder zurückkehren, von dem man sich durch die Sünde abgewendet hat; (d) seine Sünden verabscheuen, wahrhaft bereuen, sie beichten, und dafür genugthun.

** Fr. Was wird zum Sakramente der Buße erfodert?

A. Zum Sakramente der Buße werden 5. Stücke erfodert.

** Fr. Welche sind diese fünf Stücke?

A. Diese fünf Stücke sind 1. Die Erforschung des Gewissens. 2. Reue und Leid. 3. Der ernstliche Vorsatz. 4. Die Beichte. 5. Die Genugthuung.

a Von

---

von aller Unreinigkeit zu reinigen. 1. Joh. I. 9. Welchen ihr die Sünden vergeben werdet, denen sind sie vergeben, und welchen ihr sie behalten werdet, denen sind sie behalten. Joh. XX. 23.

(d) Wendet euch ihr Kinder, und kehret wieder um; und ich will euch von eurem Abfall heilen. Siehe wir kommen zu dir: denn du bist unser Herr und Gott. Jer. III. 22. Erkenne deine Missethat daß du wider den Herrn deinen Gott gesündiget hast. Jer. III. 13.

2. Von der Erforschung des Gewissens.

** Fr. Was heißt das Gewissen erforschen?

A. Das Gewissen erforschen heißt nachden=
ken, was man von der letzten Beichte, oder
von der Zeit an, da man die Sünde zu er=
kennen angefangen, gesündiget hat.

** Fr. Was soll man bei Erforschung des
Gewissens thun?

A. Bei Erforschung des Gewissens soll man vor
allem andern den heiligen Geist anrufen, da=
mit er uns erleuchte, und zu erkennen gebe,
was, und wodurch wir gesündiget haben, (e)
alsdann sich bedenken

Überhaupt.

Ob man mit Gedanken, und mit Begier=
den, mit Worten oder wohl gar im Werke
selbst gesündiget habe. Man muß dabei sich
auch besinnen über die Gattung und Zahl der
schweren Sünden, wie auch über die Umstän=
de, welche die Sünde merklich vergrössern
oder verändern.

Insbesondere

1. Ob man wider die zehn Gebote Gottes, oder
wider die fünf Gebote der Kirche gehandelt habe.

2. Ob man einer oder mehr eigener, oder auch
fremder Sünden schuldig sey.

3.

(e) Du, o Herr, erleuchtest meine Leuchte: Mein Gott
erleuchte meine Finsterniß. Pf. XVII. 29. Gehet
hinzu zu ihm, und ihr werdet erleuchtet werden,
und eure Angesichte werden nicht beschämet wer=
den. Pf. XXXIII. 6.

3. Ob man die Werke der Barmherzigkeit an dem Nächsten zu üben, oder anderes Gute, was man zu thun schuldig war, unterlassen habe.

4. Ob man die Pflichten seines Standes erfüllet, oder nicht erfüllet habe.

Fr. Was hat man bei Erforschung der bösen Gedanken und Begierden zu beobachten?

A. Bei Erforschung der bösen Gedanken muß man beobachten, ob man ein freywilliges Wohlgefallen gehabt; und bei Begierden, ob man eingewilliget habe, wenn gleich das Werk nicht erfolget ist.

Fr. Wie kann man sich bei Erforschung des Gewissens der Zahl der schweren Sünden erinnern?

A. Man kann sich bei Erforschung des Gewissens der Zahl der schweren Sünden erinnern, wenn man nachdenket, ob die Sünde alle Tage, Wochen, oder Monate geschehen sey, und wie oft in einem Tage, in der Woche, im Monate.

Fr. Soll man bei Erforschung des Gewissens grossen Fleiß anwenden?

A. Bei Erforschung des Gewissens soll man eben so grossen Fleiß anwenden, als bei andern wichtigen Geschäften.

Fr. Welche müssen bei Erforschung des Gewissens besondern Fleiß anwenden?

A. Diejenigen müssen bei Erforschung des Gewissens besondern Fleiß anwenden, welche öfters nachlässig, oder übel gebeichtet haben, und welche das Gewissen selten erforschen.

Fr.

Fr. Wann ist die Nachläßigkeit bei Erforschung des Gewissens eine schwere Sünde?
A. Die Nachläßigkeit bei Erforschung des Gewissens ist eine schwere Sünde, wenn man sich der Gefahr aussetzet, eine schwere Sünde zu vergessen; dies geschieht insgemein bei Personen, welche oft schwer sündigen, und selten beichten.

b. Von der Reue und Leid.

** Fr. Was ist die Reue und Leid?
A. Die Reue und Leid ist ein Abscheu vor der Sünde über alles Uibel, und ein innerlicher Schmerz über die Beleidigung Gottes, mit dem ernstlichen Vorsatze, Gott nicht mehr zu beleidigen.

** Fr. Wie muß die Reue und Leid beschaffen seyn?
A. Die Reue und Leid muß 1. innerlich, 2. übernatürlich, 3. über alles und 4. allgemein seyn.

** Fr. Wie ist die Reue innerlich?
A. Die Reue ist innerlich, wenn sie nicht nur im Munde, sondern auch im Herzen ist, das heißt: wenn der Sünder sich nicht nur bloß mit Worten reumüthig ausdrücket, sondern innerlich im Herzen gerühret ist. (f)

** Fr. Wie ist die Reue übernatürlich?
A. Die Reue ist übernatürlich, wenn der Sünder durch die Gnade des heiligen Geistes, und
aus

(f) Ein betrübter Geist ist ein Opfer vor Gott, ein zerknirschtes und demüthiges Herz wirst du, o Gott! nicht verachten. Ps. L. 19.

aus übernatürlichen Gründen zur Reue beweget wird. (g)

** Fr. Wann ist die Reue bloß natürlich?

A. Die Reue ist blos natürlich, wenn der Sünder aus blos natürlichen Beweggründen die
Sünde bereuet, und verabscheuet, zum Beispiele, weil er zeitlicher Weise ist unglücklich
geworden, und in Schande oder Schaden gekommen ist.

** Fr. Ist die blos natürliche Reue hinlänglich Verzeihung bei Gott zu erhalten?

A. Die blos natürliche Reue ist nicht hinlänglich
bei Gott Verzeihung zu erhalten.

** Fr. Wann ist die Reue über alles?

A. Die Reue ist über alles, wenn es den Sünder mehr reuet, daß er Gott beleidiget hat,
als wenn er alles in der Welt verlohren hätte.

** Fr. Wie ist die Reue allgemein?

A. Die Reue ist allgemein, wenn sie sich auf
alle Sünden, keine ausgenommen erstrecket.

** Fr. Wie vielfach ist die übernatürliche
Reue?

A. Die übernatürliche Reue ist zweyfach, die
vollkommene und unvollkommene.

** Was ist die vollkommene Reue?

A. Die vollkommene Reue ist ein übernatürlicher Schmerz und Abscheu vor der Sünde,
weil man Gott das allerhöchste Gut, welches
man über alles liebet, beleidiget hat; dabei
muß ein ernstlicher Vorsatz seyn Gott nicht
mehr zu beleidigen.　　　　** Fr.

(g) Die Traurigkeit nach Gott wirket Busse zur
beständigen Seligkeit. 2. Cor. VII. 10.,

** **Fr.** Wie kann man die vollkommene Reue erwecken?

A. Mann kann die vollkommene Reue auf folgende Weise erwecken:

Mein Gott! Alle meine begangene Sünden sind mir von Herzen leid, weil ich dich dadurch meinen liebenswürdigsten Gott, das allerhöchste, unendliche Gut, welches ich von Herzen liebe, beleidiget habe. Ich nehme mir ernstlich vor mit deiner Gnade mein Leben zu bessern, und lieber alles auch den Tod selbst zu leiden, als dich meinen Gott, das allerhöchste Gut mit einer Sünde mehr zu beleidigen. Gib mir die Gnade zur Erfüllung dieses meines Vorsatzes; darum bitte ich dich durch die unendlichen Verdienste deines göttlichen Sohns unsers Herrn und Erlösers Jesu Christi.

** **Fr.** Was ist zu thun um eine vollkommene Reue zu erwecken?

A. Um eine vollkommene Reue zu erwecken muß man 1. Gott um seine Gnade dazu bitten. 2. Sich wohl zu Gemüthe führen, wer derjenige sey, den man beleidiget hat. 3. Muß man sich in Erweckung der Reue öfters üben.

** **Fr.** Wann ist der Mensch schuldig eine vollkommene Reue zu erwecken?

A. Der Mensch ist schuldig eine vollkommene Reue zu erwecken 1. Da er ein heiliges Sakrament empfangen soll, sich aber in d m Stande der Ungnade befindet, und nicht Gelegenheit hat zu beichten. 2. So oft er in einer Todesgefahr ist.

** **Fr.** Wann ist noch sonsten die vollkommene Reue zu erwecken?

A.

A. Sehr nützlich ist es die vollkommene Reue alle Tage zu erwecken, besonders eh man schlafen geht.

** Fr. Was wirket die vollkommene Reue?

A. Die vollkommene Reue wirket die Vergebnng aller Sünden, bey denen, welche nicht Gelegenheit, aber doch den ernstlichen Willen haben, so bald es möglich ist zu beichten.

** Fr. Was ist die unvollkommene Reue?

A. Die unvollkommene Reue ist ein übernatürlicher Schmerz und Abscheu vor der Sünde, entweder weil die Sünde an sich abscheulich ist, oder weil auf sie der Verlust des Himmels, und die ewige Strafe der Hölle folget; dabei muß ein ernstlicher Vorsatz seyn, Gott nicht mehr zu beleidigen.

** Fr. Was muß der Sünder, welcher eine unvollkommene Reue erwecket, noch ferner thun?

A. Der Sünder, welcher eine unvollkommene Reue erwecket, muß durch die Verdienste Jesu Christi Verzeihung seiner Sünden hoffen, und Gott als den Urheber aller Gerechtigkeit und seiner eigenen Rechtfertigung zu lieben anfangen.

** Fr. Wie kann man die unvollkommene Reue erwecken?

A. Man kann die unvollkommene Reue auf folgende Weise erwecken:

Mein Gott! Es ist mir leid von ganzem Herzen, daß ich dich beleidiget habe. Ich verabscheue aufrichtig, und hasse von Herzen meine Sünden, theils wegen ihrer Abscheulichkeit, theils auch

K   weil

weil ich durch fie den Himmel verlohren, und die
Hölle verdienet habe; und fo fehr ich die Sünde
haffe, und verabfcheue, eben fo fehr liebe ich von
nun an die Gerechtigkeit, und dich o mein Gott!
welcher du die Quelle, und der Urheber aller Ge=
rechtigkeit bift. Ich hoffe von deiner unendlichen
Barmherzigkeit durch die Verdienfte Jefu Chri=
fti meines Erlöfers Verzeihung meiner begange=
nen Sünden, und nehme mir ernftlich vor mit
deiner Gnade künftig nicht mehr zu fündigen.

Fr. Was erhält man durch die unvollkommene
Reue?

A. Durch die unvollkommene Reue erhält man in
und mit der Beichte auch Verzeihung der Sünden.

Fr. Welche Reue foll fich der Sünder befleis=
ßen zu erwecken?

A. Obwohl die unvollkommene Reue zum heili=
gen Sakramente der Buße hinlänglich ift, fo foll
fich doch der Sünder jederzeit befleißen die voll=
kommene Reue zu erwecken.

c. Von dem ernftlichen Vorfatze.
** Fr. Was ift ein ernftlicher Vorfatz?

A. Ein ernftlicher Vorfatz ift ein aufrichtiger
Willen fein Leben zu beffern, und nicht mehr
zu fündigen. (h)
** Fr. Wozu muß der entfchloffen feyn, wel=
cher einen aufrichtigen Willen hat fich
zu beffern?

A. Wer einen aufrichtigen Willen fich zu beffern
hat, muß entfchloffen feyn

1. Alle

_____

(h) Wie follten wir, die wir der Sünde abgeftorben
find, in der felben noch leben wollen? Röm. VI. 12.

1. Alle Sünden, wie auch die nächsten Gelegen=
heiten und die Gefahren zur Sünde zu ver=
meiden.

2. Aller Neigung zur Sünde zu widerstehen, und
alle zur Bewahrung der Gnade nöthige Mit=
tel zu ergreifen.

3. Das fremde Gut zurück zu geben; das Aer=
gerniß, welches die Sünde verursachet hat, und
den Schaden, welcher dem Nächsten an seiner Eh=
re, an seinen Gütern, oder auf eine andere Wei=
se ist zugefüget worden, wieder gut zu machen.

4. Allen Feinen und Beleidigern von Herzen
zu verzeihen.

5. Alle Pflichten seines Standes genau zu erfüllen.

Fr. Durch welche Mittel kann der Sünder zu
einem ernstlichen Vorsatze, sich zu bessern,
gelangen?

A. Der Sünder kann zu einem ernstlichen Vorsatze
sich zu bessern gelangen, wenn er

1. Gott um seine Gnade dazu bittet;

2. Sich öfters den Werth und den Nutzen der
göttlichen Gnade, welche alles zeitliche Gut
übertrifft; und im Gegentheile den Schaden
auch der geringsten Sünde recht zu Gemüthe
führet, welcher Schaden für die Seele grösser
ist, als alles zeitliche Uibel.

d. Von der Beichte.

Fr. Was ist die Beichte?

A. Die Beichte ist ein reumüthiges Bekennt=
niß (i), durch welches sich der Sünder vor ei=

K 2   nem

(i) So wir unsere Sünden bekennen, so ist er treu
und gerecht, daß er uns die Sünden vergibt, und
reiniget uns von aller Ungerechtigkeit. 1. Joh. I. 9.

nem zum Beichthören rechtmäßig verordneten
Priester über seine begangenen Sünden anklaget, um von ihm die Lossprechung zu erhalten.

** **Fr. Wie soll die Beichte beschaffen seyn?**
A. Die Beichte soll 1. demüthig. 2. vollständig seyn.

Fr. Wie ist die Beichte demüthig?
A. Die Beichte ist demüthig, wenn der Sünder
mit wahrer Reue und grosser Beschämung seiner selbst sich vor dem Beichtvater anklaget, alles unnöthige Entschuldigen unterläßt, und sich
dessen Ausspruche so unterwirft, wie sich ein
Schuldiger dem Ausspruche seines Richters unterwerfen soll.

** **Fr. Wie ist die Beichte vollständig?**
A. Die Beichte ist vollständig, wenn sich der
Sünder über alle seine noch nicht gebeichteten
Sünden vor dem Beichtvater genau, aufrichtig, und ohne Verstellung anklaget, so wie er
sich nach fleißiger Erforschung des Gewissens
schuldig erkennet.

**Fr. Wie ist die Beichte genau, aufrichtig und
ohne Verstellung?**
A. Die Beichte ist genau, aufrichtig, und ohne Verstellung, wenn

1. Der Sünder sowohl die Zahl aller schweren
Sünden ohne eine zu verschweigen, als auch
die Umstände, welche die Sünde entweder
merklich vergrössern, oder die Gattung derselben gar verändern, richtig angibt; doch muß er
die Personen, mit welchen er gesündiget hat,
niemals nennen, und sich hüten etwas zu sagen, was der Ehre des Nächsten nachtheilig ist.

2. Wenn er das, was von seinen Sünden gewiß

iſt, als gewiß; und was zweifelhaft iſt, als
zweifelhaft beichtet.

** Fr. Iſt die Beichte giltig, wenn der Sünder aus Furcht oder Schamhaftigkeit in der
Beichte eine ſchwere Sünde verſchweiget?
A. Wenn der Sünder eine ſchwere Sünde aus
Furcht oder Schamhaftigkeit in der Beichte
verſchweiget: ſo iſt ſeine Beichte nicht nur
nicht giltig., ſondern ein ſolcher Sünder begeht noch eine neue und ſchwere Sünde, wodurch er das Sakrament der Buſſe entheiliget.

** Fr. Was muß der Sünder thun, welcher
in der Beichte eine ſchwere Sünde vorſetzlich oder aus ſträflicher Nachläſſigkeit
verſchwiegen hat?
A. Der Sünder, welcher in der Beichte eine
ſchwere Sünde vorſetzlich oder aus ſträflicher
Nachläſſigkeit verſchwiegen hat, muß nicht allein die verſchwiegen Sünden beichten, ſondern ſich auch anklagen:

1. In wieviel Beichten er dieſe Sünde verſchwiegen habe.

2. Muß er ſowohl alle Beichten, welche er nach
verſchwiegener Sünde verrichtet, und in denen er
ſich von ſchweren Sünden angeklaget hat; als auch
die Beichte ſelbſt, in welcher er eine ſchwere Sünde
verſchwiegen hat, vollſtändig wiederholen, wenn er
in ſolcher Beichte auch andere ſchwere Sünden gebeichtet hat.

3. Er muß beichten, ob und wie oft er in
ſolchem Zuſtande das allerheiligſte Sakrament des Altars empfangen habe, und ob
ſolches von ihm auch um die öſterliche Zeit
geſchehen ſey.   K 3   4. Er

4. Er muß sagen, ob er auch andere heilige
Sakramente in diesem Zustande empfangen
ha e.

Fr. Was hat der Sünder zu thun, welcher
eine schwere Sünde in der Beichte entweder aus Unwissenheit oder Vergessenheit verschwiegen hat?

A. Der Sünder, welcher eine schwere Sünde in
der Beichte entweder aus Unwissenheit oder Vergessenheit verschwiegen hat, muß die verschwie-
gene Sünde in der nächsten Beichte bekennen,
wenn er es nicht bald nach dieser Beichte und
etwan noch vor der heiligen Kommunion thun
könnte.

Fr. Hat man Ursache sich bei der Beichte
zu schämen oder zu fürchten?

A. Man hat nicht Ursache sich bei der Beichte
zu schämen oder zu fürchten;

1. Weil man sich nicht geschämet hat vor
Gott, der alles sieht, zu sündigen; und
weil man sich nicht gefürchtet hat, von ihm
ewig verdammet zu werden.

2. Weil es besser ist seine Sünden in geheim
dem Beichtvater zu bekennen, als in Sünden unruhig zu leben, unglückselig zu sterben, und am jüngsten Gerichte deßwegen
vor der ganzen Welt zu Schanden zu
werden.

3. Weil der Beichtvater selbst sich eigener
Schwachheiten bewußt ist, und deßwegen
mit dem Sünder Mitleiden zu tragen Ursache hat.

4. Weil

4. Weil der Beichtvater unter einer schweren
Sünde, und unter den schärfesten zeitlichen
und ewigen Strafen zur Verschwiegenheit
verbunden ist.

** Fr. Wie soll sich der Sünder in der Beichte ausdrücken?

A. Der Sünder soll sich

1. In der Beichte allezeit deutlich, und so viel
als es möglich ist, mit ehrbaren Worten
ausdrücken.

2. Er soll so reden, daß er nur von dem Beichtvater
nicht aber auch von den Umstehenden gehöret werde

** Fr. Ist man schuldig auch die läßlichen
Sünden zu beichten?

A. Man ist nicht schuldig die läßlichen Sünden zu
beichten, jedoch ist solches sehr nützlich und rathsam

Fr. Soll man öfters beichten?

A. Man soll öfters beichten;

1. Weil man öfters sündiget, und weil es gefährlich
ist die Aussöhnung mit Gott lang zu verschieben.

2. Weil das öftere Beichten wider die Gefahren
und Gelegenheiten der Sünde bewahret, und
die Seele in der Gnade stärket.

3. Weil das öftere Beichten die Reinigkeit und
Zärtlichkeit des Gewissens ungemein befördert,

Fr. In was für einem Alter sind die Kinder
zu beichten schuldig?

A. Die Kinder sind schuldig zu beichten; nachdem
sie den Gebrauch ihrer Vernunft haben, und
im Stande sind das Gute von dem Bösen zu
unterscheiden.

** Fr. Was thut man eh, als man seine Sünden zu beichten anfängt?

A.

A. Eh als man seine Sünden zu beichten anfängt, kniet man nieder, machet das heilige Kreuz, spricht zu dem Beichtvater: Ich bitte euer Ehrwürden um den heiligen Segen, damit ich meine Sünden recht und vollständig beichten möge.

** Fr. Was ist zu thun, nachdem man von dem Beichtvater den Segen erhalten hat?

A. Nachdem man von dem Beichtvater den Segen erhalten hat, betet man, wenn es Zeit und Umstände zulassen, die offene Schuld, oder das Konfiteor. Es lautet also: Ich armer sündiger Mensch beichte und bekenne Gott dem Allmächtigen, Mariä seiner hochwürdigen Mutter, allen lieben Heiligen, und euch Priester anstatt Gottes, daß ich seit meiner letzten Beichte, welche (hier wird die Zeit genennet) geschehen ist, oft und viel gesündiget habe mit Gedanken, Worten und Werken, insonderheit aber gebe ich mich schuldig, daß ich 2c.

Hier fängt man an nach der oben vorgeschriebenen Weise, und wie man sich vor Gott schuldig erkennet, seine Sünden zu beichten.

** Fr. Wie beschließt man die Beichte?

A. Man beschließt die Beichte mit folgenden Worten:

Diese und alle meine andere wissentliche und unwissentliche Sünden, welche ich entweder selbst begangen habe, oder da ich Ursache war, daß sie von andern begangen worden, sind mir herzlich leid, weil ich Gott das allerhöchste und liebenswürdigste Gut dadurch beleidiget habe. Ich nehme

me

me mir auch ernstlich vor nicht mehr zu fündigen, und alle Gelegenheiten zur Sünde zu meiden. Ich bitte euer Ehrwürden um die priesterliche Lossprechung und um eine heilsame Busse.

c. Von der Genugthuung.

Fr. Was versteht man unter der Genugthuung, die zum heiligen Sakramente der
Busse erfodert wird?

A. Durch die Genugthuung, welche zu dem
heiligen Sakramente der Busse erfodert wird,
versteht man jene Werke, welche der Priester
dem Sünder zur Busse für die gebeichteten
Sünden auferleget.

Fr. Warum werden Bußwerke für die gebeichteten Sünden auferleget

A. Für die gebeichteten Sünden werden Bußwerke auferleget?

1. Damit Gott für die Unbilden, welche ihm
durch die Sünde sind zugefüget worden, einige Ersetzung geschehe.

2. Damit der Sünder durch die Bußwerke die
Sünde an sich selbst räche.

3. Damit die verdienten zeitlichen Strafen dem
Sünder erlassen werden.

4. Damit der Sünder künftig behutsamer werde, und nicht so leicht wieder sündige.

Fr. Kann der Mensch dem beleidigten Gott
genug thun?

A. Der Mensch kann aus eigenen Kräften auf keine Weise dem beleidigten Gott genug thun, denn
die Genugthuungen der Menschen können der Be-

leidigung der unendlichen göttlichen Majeſtät niemals gleich kommen; jedoch erhalten die Bußwerke, welche der Prieſter nach der Beichte auferleget, und auch diejenigen, welche der reumüthige Sünder ſelbſt freywillig ausübet, von der unendlichen Genugthuung JeſuChriſti ihren Werth.

** Fr. Warum ſind Sünder ſchuldig Gott noch genug zu thun, nachdem Chriſtus für die Sünden genug gethan hat?

A. Sünder ſind auch, nachdem Chriſtus für die Sünden genug gethan hat, noch ſchuldig genug zu thun;

1. Weil diejenigen, welche der Genugthuung Chriſti wollen theilhaftig werden, mitwirken, und ſelbſt ſo viel thun müſſen, als ſie können, um die Unbilden, welche ſie Gott angethan haben, wieder gut zu machen.

2. Weil Gott die Sünder, denen er die Schuld der Sünden vergibt, und die ewige Strafe nachläßt, auch oft noch zeitlich ſtrafet.

** Fr. Iſt die Genugthuung ein nothwendiges Stück des Sakramentes der Buſſe?

A. Die Genugthuung iſt ein ſo nothwendiges Stück des Sakramentes der Buſſe, daß auſſer dem Falle der Unmöglichkeit ſolche zu leiſten, das Sakrament der Buſſe unvollſtändig wäre.

** Fr. Welche Werke werden im Sakramente der Buſſe auferleget?

A. Beten, Faſten, Allmoſen geben, auch andere Bußwerke, die der Gröſſe und der Beſchaffenheit der Sünden angemeſſen ſind, werden dem Sünder zur Buſſe auferleget.

** Fr.

** Fr. Wie soll man die auferlegte Busse ver:
richten?

A. Man soll die auferlegte Busse verrichten:
1. Mit demüthigem Herzen.
2. Getreulich so, wie sie ist auferleget worden.
3. Ohne Verzug, sobald es möglich ist.

Fr. Kann und soll man Gott auch noch durch
andere, als durch die auferlegten Buß=
werke genugthun?

A. Man kann und soll Gott auch durch andere gu=
te Werke genug thun:
1. Weil der Beichtvater wegen unserer Schwach=
heit oder aus andern billigen Ursachen nicht
-allezeit den Sünden genau angemessene Stra=
fen auferleget, und folglich noch manches dem
Sünder abzubüssen übrig bleibt.
3. Weil wir nach dem Befehle Christi würdige
Früchte der Busse bringen sollen. (k)

Fr. Welche Werke sind es, dadurch man auch au=
ser der auferlegten Busse genug thun kann?

A. Die Werke durch welche man Gott für die
Sünden auch auser der auferlegten Busse genug
thun kann, sind hauptsächlich
1. Gebete, Fasten, Allmosen geben.
2. Andere gute Werke, die man aus dieser Ab=
sicht freywillig verrichtet.
3. Trübsalen und Widerwärtigkeiten, die über
uns kommen, welche man geduldig und im
Geiste der Busse erträgt.

** Fr. Gibt es noch ein anderes Mittel für
die zeitlichen Strafen genug zu thun?
A.

_____

(k) Matth. III. 8.

A. Die Abläſſe ſind auch ein Mittel für die zeitlichen Strafen genug zu thun,

Anhang vom Ablaſſe.

** Fr. Was iſt der Ablaß?

A. Der Ablaß iſt die Nachlaſſung der zeitlichen Strafen, welche wir nach verziehener
Schuld der Sünden im gegenwärtigen Leben,
oder nach dem Tode zu leiden hätten.

** Fr. Was müſſen katholiſche Chriſten von
dem Ablaſſe glauben?

A. Katholiſche Chriſten müſſen von dem Ablaſſe
glauben:

1. Daß die wahre Kirche von Jeſu Chriſto die
Gewalt erhalten habe, Abläſſe zu ertheilen.

2. Daß es uns ſehr nützlich ſey, die von der
Kirche ertheilten Abläſſe zu gewinnen.

Fr. Wer hat Gewalt in der wahren Kirche
Abläſſe zu ertheilen?

A. Der römiſche Pabſt allein hat die Gewalt in
der ganzen Kirche Abläſſe zu ertheilen, die
Biſchöfe aber haben Gewalt in ihrem Kir-
chenſprengel, doch nach gewiſſen von der Kirche gemachten Vorſchriften, Abläſſe zu geben.

** Fr. Gibt es mehr als eine Art von Ablaß?

A. Es gibt vollkommene Abläſſe; es gibt
auch ſolche, die nicht vollkommen ſind.

** Fr. Was iſt ein vollkommener Ablaß?

A. Ein vollkommener Ablaß iſt eine Erlaſ-
ſung aller zeitlichen Strafen, welche der Sünder verdienet hat.

** Fr. Was iſt ein nicht vollkommener Ablaß?

A. Ein nicht vollkommener Ablaß iſt derjenige, dadurch nicht alle zeitliche Strafen, ſondern nur ein Theil derſelben erlaſſen wird. Der-

gleichen ſind Abläſſe von 40. Tagen, von ei=
nem oder mehreren Jahren.

Fr. Worauf gründen ſich die Abläſſe?

A. Die Abläſſe gründen ſich auf den Schatz der
Kirche, welcher beſteht in den unendlichen Ver=
dienſten Jeſu Chriſti, in den Verdienſten der
allerſeligſten Jungfrau Maria, und der übri=
gen Heiligen; dieſe eignet uns die Kirche bei
Ertheilung des Ablaſſes zu.

** **Fr. Befreyet uns nicht die Kirche durch
den Ablaß von der Schuldigkeit für die
Sünden genug zu thun?**

A. Die Kirche befreyet uns durch den Ablaß
nicht gänzlich von der Schuldigkeit für die Sün=
den genug zu thun, ſie will nur

1. In uns den Geiſt der Buſſe erwecken, und
den Eifer belohnen, mit dem wir die Bußwer=
ke verrichten.

2. Unſerer Schwachheit und dem Unvermögen
zu Hilfe kommen, die uns zuweilen auſer
Stande ſetzen, Gott alſo genugzuthun, wie
wir ſollten.

** **Fr. Was wird ferner erfodert um die Ab=
läſſe zu gewinnen.**

A. Um die Abläſſe zu gewinnen wird erfodert

1. Daß man im Stande der Gnaden ſey.

2. Daß man die vorgeſchriebenen Bedingniſ
erfülle.

** **Fr. Können die Abläſſe auch den Seelen
im Fegfeuer zuſtatten kommen?**

A. Die Abläſſe können auch den Seelen im
Fegfeuer fürbittweiſe zu ſtatten kommen, wenn
ſie auch dazu verliehen ſind, alsdenn aber
müſ=

müſſen die Lebendigen die von der Kirche zur
Gewinnung des Ablaſſes vorgeſchriebene guten
Werke Gott für die Verſtorbenen aufopfern.

Fr. Was iſt der Ablaß eines Jubeljahres.

A. Der Ablaß eines Jubeljahres iſt ein voll-
kommenr Ablaß, welchen der römiſche Pabſt
in gewiſſen Umſtänden und Zeiten mit beſondern
Vorzügen und Bedingniſſen zu ertheilen pfleget.

§. 5. Von dem Sakramente der letzten Oelung.

** Fr. Was iſt die letzte Oelung?

A. Die letzte Oelung iſt ein Sakrament, in
welchem der Kranke durch die Sälbung
mit dem heiligen Oele, und durch das
vorgeſchriebene Gebet des Prieſters die
Gnade Gottes zur Wohlfahrt der Seele
und öfters auch des Leibes empfängt. (a)

** Fr. Warum wird dieſes Sakrament die
letzte Oelung genannt?

A. Dieſes Sakrament wird die letzte Oelung
genannt, weil ſie unter allen heilig-n Sal-
bungen, die der Herr unſer Heiland ſeiner
Kirche anbefohlen hat, auf die letzt zu reichen iſt.

Fr.

(a) Iſt jemand krank unter euch, der berufe die Prieſter der Kirche zu ſich; und die ſollen über ihn
beten, und ihn mit Oele ſalben im Namen
des Herrn. Und das Gebet des Glaubens wird
dem Kranken helfen, und der Herr wird ihn er-
leichtern, und ſo er in Sünden iſt; ſo werden
ſie ihm vergeben werden. Jak. V. 14. 15.

Fr. Wem soll man die letzte Oelung ertheilen?

A. Man soll die letzte Oelung den gefährlich Kranken ertheilen.

Fr. Wann soll man den Kranken die letzte
Oelung ertheilen?

A. Man soll, wenn es anders möglich ist, den
Kranken die letzte Oelung ertheilen, da sie noch
bei vollkommnem Verstande sind.

** Fr. Was wirket die letzte Oelung?

A. Die letzte Oelung wirket:

1. Die Vermehrung der heiligmachenden Gnade.

2. Nachlassung der läßlichen, oder auch jener
schweren Sünden, welche der Kranke aus
unsträflicher Vergessenheit, oder Unvermö-
genheit nicht gebeichtet hat.

3. Die Befreyung von den bösen Folgen der
Sünden, und von deren Ueberbleibseln.

4. Stärke um den Anfällen und Versuchungen
des Teufels zu widerstehen.

5. Hilfe wider die allzugrosse Angst wegen
des herannahenden Todes, und des bevorstehenden Gerichtes.

6. Auch öfters die leibliche Gesundheit, wenn
sie zum Seelenheile gedeihlich ist.

** Fr. Wie soll sich der Kranke zur letzten
Oelung vorbereiten?

A. Der Kranke soll sich zur letzten Oelung vorbereiten, mit lebendigem Glauben, und fe-
stem Vertrauen auf Gott; mit gänzlicher Ergebung in den göttlichen Willen; vor allem
aber soll er sich durch die heilige Beichte in
den Stand der Gnade setzen, oder, wenn er

nicht

nicht beichten kann, wahre Reue und Leid
über seine Sünden erwecken.

Fr. Wie oft darf der Kranke die letzte Oe=
lung empfangen?

A. Der Kranke darf die letzte Oelung so oft em=
pfangen, als sich bey ihm eine neue Todesge=
fahr äusert.

Fr. Wer kann die letzte Oelung ertheilen?

A. Die letzte Oelung kann niemand ertheilen, als
der Priester der Kirche; besonders ist dieß das
Amt der Pfarrer.

** Fr. Ist die letzte Oelung zur Seligkeit
nöthig?

A. Die letzte Oelung ist zur Seligkeit nicht un=
umgänglich nöthig, jedoch soll der Kranke
nicht versäumen sie zu empfangen, und zwar
wegen den vielen Gnaden, die er dadurch er=
langet.

§. 6. Von dem Sakrament der Priesterweihe.

** Fr. Was ist das Sakrament der Weihe
überhaupt?

A. Das Sakrament der Weihe überhaupt
ist ein Sakrament, wodurch denen, welche
sich dem Dienste der Kirche widmen, eine
geistliche Gewalt, und besondere Gnade ver=
liehen wird, gewisse Kirchenämter zur Ehre
Gottes, und zum Heile der Seelen recht,
und heilig zu verrichten. (a)

Fr.

_____

(a) Ich ermahne dich, daß du die Gnade Gottes wie=
der erweckest, welche durch die Auflegung mei=
ner Hände in dir ist. 2. Tim. I. 6.

** Fr. Was ist das Sakrament der Priester=
weihe insbesondere?

U. Das Sakrament der Priesterweihe insbe=
sondere ist ein Sakrament, durch welches de=
nen, die zu Priestern geweihet werden die
Gewalt sowohl in den wahren Leib Jesu Chri=
sti, als auch in den geistlichen, welcher die
Gläubigen sind, gegeben wird.

** Fr. Worinn besteht diese Gewalt der Prie=
sterweihe?

U. Diese Gewalt der Priesterweihe besteht da=
rinn, daß

1. Die Priester Brod und Wein in den wah=
ren Leib und in das wahre Blut unsers
Herrn Jesu Christi verwandeln, und den=
selben dem himmlischen Vater aufopfern
können.

2. Daß sie den Gläubigen die Sünden nach=
lassen oder vorbehalten können.

Fr. Wer kann Priester weihen?

U. Nur die Bischöfe können Priester weihen.

Fr. Wie sollen diejenigen beschaffen seyn, wel=
che die Priesterweihe empfangen?

U. Diejenigen, welche die Priesterweihe empfan=
gen, sollen vorzüglich die nöthige Wissenschaft
besitzen, und wegen ihres tugendsamen Le=
benswandels in gutem Rufe stehen. (b)

Fr. Was wirket die Priesterweihe?

U. Die Priesterweihe wirket

      L   1. Nebst

(b) Lege niemand bald die Hände auf, und mache
dich fremder Sünden nicht theilhaftig. 1. Tim. V. 22.

1. Nebſt Vermehrung der heiligmachenden Gnade auch die beſondere Gnade, woburch die geweihten Perſonen fähig und geſchickt gemacht werden, ihre Kirchendienſte recht zu verrichten, und die Sakramente gebührend zu verwalten. (c)

2. Sie drücket ein unauslöſchliches Merkmal der Seele der Geweihten ein, wodurch ſie von andern Gläubigen unterſchieden, und zum Dienſte Gottes eigenthümlich gewidmet werden, deswegen kann man die Prieſterweihe nicht öfters als einmal empfangen.

Fr. Iſt das Sakrament der Prieſterweihe nöthig?

A. Das Sakrament der Prieſterweihe iſt nicht einzeln Perſonen, wohl aber für die ganze Kirche nöthig.

§. 7. Von dem Sakramente der Ehe.

** Fr. Was iſt das Sakrament der Ehe?

A. Das Sakrament der Ehe iſt eine unauflösliche Verbindung, (a) durch welche zwo ledige chriſtliche Perſonen Mann, und Weib ſich ordentlicher Weiſe zuſammen verheirathen, dazu ihnen Gott durch dieſes Sakrament die Gnade gibt, daß ſie in ihrem ehlichen Stande bis in den Tod gottſelig verharren, und ihre Kinder chriſtlich auferziehen.

** Fr.

---

d) Verſäume die Gnade nicht, die in dir iſt, welche dir durch die Weiſſagung mit Auflegung der Hände des Prieſterthums gegeben iſt. 1. Tim. IV. 14.

(a) Dahero ſind ſie nicht mehr zwey, ſondern ein Fleiſch. Was nun Gott zuſammen gefüget hat, das ſoll der Menſch nicht ſcheiden. Matth. XIX. 6.

** **Fr.** Wie nennet der Apostel Paulus dieses Sakrament?

A. Der Apostel Paulus nennet dieses Sakrament ein grosses Sakrament in Christo und in der Kirche; b) weil es die geistliche Vereinigung Christi mit seiner Kirche vorstellet.

** **Fr.** Wozu ist der Ehestand eingesetzet?

A. Der Ehestand ist eingesetzet

1. Zur Fortpflanzung des menschlichen Geschlechtes. (c)

2. Zur gemeinschaftlichen und wechselweisen Hilfe der Verehlichten. (d)

3. Zum Mittel wider die unordentliche Begierlichkeit des Fleisches. (e)

** **Fr.** Ist der Ehestand nothwendig?

A. Der Ehestand ist überhaupt zur Fortpflanzung des menschlichen Geschlechtes nothwendig, nicht aber für jeden Menschen insbesondere, denn der ledige Stand ist für einzelne Personen vollkommener. (f)

** **Fr.** Was wirket das Sakrament der Ehe?

L 2   **A.**

---

b) Dieß ist ein grosses Sakrament, ich sage aber in Christo und in der Kirche. Eph. V. 32.

c) Gott segnete sie, und sprach: Wachset und mehret euch, und erfüllet die Erde. Gen. I. 28.

d) Auch sprach Gott der Herr: Es ist nicht gut, daß der Mensch allein sey: lasset uns eine Gehilfin machen, die ihm gleich sey. Gen. II. 18.

e) Um der Unkeuschheit willen habe ein jeglicher sein Weib, und ein jegliches Weib ihren Mann. 1. Kor. VII.

f) Ich sage aber den Unverheiratheten und Wittwen: Es ist ihnen gut, wenn sie also bleiben, wie ich auch thue. 1. Kor. VII. 8.

A. Das Sakrament der Ehe wirket nebst der Vermehrung der heiligmachenden Gnade diese besondere;

1. Daß die Eheleute fromm mit einander bis in den Tod leben.

2. Daß sie ihre Kinder in der Furcht Gottes erziehen.

** Fr. Was fodert die Kirche von Personen, welche in den Ehestand treten?

A. Die Kirche fodert von Personen, welche in den Ehestand treten:

1. Daß zwischen ihnen kein Hinderniß sey;

2. Daß sie aus solchen Absichten, welche der Einsetzung gemäß sind, in diesen Stand treten.

3. Daß sie auch in der Furcht Gottes mit einem reinen Gewissen sich in diesen Stand begeben, (g) und deswegen zuvor zu der heiligen Beichte und Kommunion gehen.

** Fr. Was müssen diejenigen thun, die in den Ehestand treten?

A. Diejenigen, welche in den Ehestand treten, müssen sich die eheliche Treue nach vorhergegangener dreymaliger Verkündigung in Gegenwart zweener Zeugen vor ihrem eigenen Pfarrer versprechen, und sich einsegnen lassen.

** Fr. Welche sind die Pflichten der Eheleute gegen einander?

A. Die Pflichten der Eheleute gegen einander sind:

1. Daß

---

g) Wir sind Kinder der Heiligen, und können nicht zusammen kommen, wie die Heiden, die Gott nicht kennen. Tob. VIII. 5.

1. Daß sie friedsam und christlich mit einander leben.

2. Daß der Mann sein Weib, wie seinen eigenen Leib liebe, nähre und schütze, (h) das Weib aber dem Manne in billigen Sachen gehorsam sey. (i)

3. Daß keines das andere in Trübsalen verlasse, sondern beide treu bis in den Tod beisammen bleiben. (k)

Fr. Welche sind die Pflichten der Eheleute gegen ihre Kinder?

A. Die Pflichten der Eheleute gegen ihre Kinder sind, daß sie solche christlich erziehen, für ihr ewiges und zeitliches Heil sorgen. (l)

L 3   Das

---

h) Ihr Männer liebet eure Weiber, wie Christus auch die Kirche geliebet hat. Eph. V. 25. Habt eure Weiber lieb, und seyd nicht bitter gegen sie. Kol. III. 19.

i) Die Weiber sollen ihren Männern unterthänig seyn wie dem Herrn. Eph. V. 22.

k) Darum wird der Mensch seinen Vater und seine Mutter verlassen, und wird seinem Weibe anhangen, und werden zwey seyn in einem Fleische. Gen II. 24.

l) Ihr Väter erziehet eure Kinder in der Lehre und in der Zucht des Herrn. Eph. VI. 4.

Das V. Hauptstück.

Von der christlichen Gerechtigkeit.

Fr. Was ist die christliche Gerechtigkeit?
A. Die christliche Gerechtigkeit ist, daß man
das Böse meide, und das Gute thue.

Erster Theil der christlichen Gerechtigkeit:
Meide das Böse.

Fr. Welches ist der erste Theil der christ-
lichen Gerechtigkeit?
A. Der erste Theil der christlichen Gerechtig-
keit ist, meide das Böse.
Fr. Was ist das Böse?
A. Das wahre und einzige Böse oder Uibel
ist die Sünde.
Fr. Was ist die Sünde überhaupt?
A. Die Sünde überhaupt ist eine freywillige
Uibertretung des göttlichen Gesetzes (a).
Fr. Wie vielerlei ist die Sünde?
A. Die Sünde ist zweyerlei: 1. Die Erbsün-
de, und 2 die wirkliche Sünde.

§. 1. Von der Erbsünde.

Fr. Was ist die Erbsünde?

A.

a) Ein jeglicher der Sünde thut, der übet Ungerechtigkeit; denn die Sünde ist Ungerechtigkeit. 1. Joh. III. 4.

A. Die Erbsünde ist jene Sünde, welche Adam im Paradeise, und wir in Adam begangen, und die wir von ihm ererbet haben.

Fr. Woher hat die Erbsünde ihren Namen?

A. Die Erbsünde hat ihren Namen daher, weil die Menschen, welche von Adam abstammen, diese Sünde erben, und deren Strafen, und üble Folgen zu leiden haben. (b)

Fr. Welche sind die Strafen und üblen Folgen der Erbsünde?

A. Die Strafen und üblen Folgen der Erbsünde sind der Verlust der heiligmachenden Gnade, (c) der Tod, (d) die Neigung zum Bösen, die Abneigung von dem Guten, (e) viele Mühseligkeiten und Trübsalen. (f)

L 4   Fr.

---

b) Die Sünde ist durch einen Menschen in diese Welt eingegangen, und durch die Sünde der Tod, und also ist der Tod zu allen Menschen durchgedrungen, weil sie alle in ihm gesündiget haben. Röm. V. 12.

c) Wir waren von Natur Kinder des Zorns. Eph. II. 3.

d) An welchem Tage du davon essen wirst, wirst du des Todes sterben. Gen. II. 17. Gleichwie die Sünde durch einen Menschen in diese Welt eingegangen ist, und durch die Sünde der Tod, und ist also der Tod zu allen Menschen, in welchem alle gesündiget haben, durchgedrungen. Röm. V. 12.

e) Ich empfinde in meinen Gliedern ein anderes Gesetz, welches dem Gesetze Gottes, so in meinem Gemüthe eingedruckt ist, widerstrebet, und mich unter dem Gesetze der Sünde, so in meinen Gliedern ist, gefangen hält. Röm. VII. 23.

f) Gott sagte zu dem Weibe: Ich will die aus deinen Empfängnissen entstehende Mühseligkeiten vermehren; denn in Schmerzen sollst du deine

Kin-

Jr. Hat die seligste Jungfrau Maria auch die Sünde Adams geerbet?

U. Die Kirche hat zwar hierüber als einen Glaubensartikel nichts entschieden, jedoch billiget sie die Lehre als eine fromme Meinung, daß Maria die Mutter Gottes ohne Erbsünde ist empfangen worden; (g) sie verbietet sogar das Gegentheil zu lehren, begeht auf das feyerlichste das Fest ihrer Empfängniß, und hat darauf grosse Ablässe verliehen.

§. 2.

Kinder gebären, auch unter der Gewalt des Mannes seyn, und er soll über dich herrschen. Zu Adam aber sprach er: Weil du die Stimme deines Weibes angehöret, und von den Früchten des Baumes gegessen hast, von welchen ich dir befohlen habe, daß du davon nicht essen sollest, so sey die Erde verflucht, wegen deiner That. Mit vieler Arbeit sollst du alle die Tage deines Lebens deine Speise von ihr haben. Disteln und Dörner wird sie dir hervorbringen, und du sollst das Kraut der Erden essen. Im Schweisse deines Angesichtes sollst du dein Brod essen, bis du zur Erde, davon du genommen bist, zurückkehrest. Denn du bist Staub, und sollst wieder zu Staube werden. Gen. III. 16. 17. 18. 19.

g) Concil. Trident. Sess. V. am Ende des Dekrets von der Erbsünde. Die heilige Versammlung erkläret, es sey in diesem Dekret, wo von der Erbsünde gehandelt wird, nicht ihre Meinung, die seelige und unbefleckte Jungfrau Maria, die Mutter Gottes, mit einzubegreifen; sondern die Constitutionen des Pabst Sixti IV. seyn unter den in jenen Constitutionen enthaltenen Strafen zu beobachten, welche hiedurch erneuert werden.

§. 2. Von der wirklichen Sünde, und deren Gattungen,

⸪ Fr. Was ist die wirkliche Sünde?

A. Die wirkliche Sünde ist eine Uibertretung des göttlichen Gesetzes, welche der Sünder selbst freywillig begeht?

Fr. Wie nennet man die wirkliche Sünde noch mehr?

A. Man nennet die wirkliche Sünde auch persönliche Sünde, zum Unterschiede der Erbsünde, welche die Nachkommen Adams nicht in Person begangen haben.

⸪ Fr. Wie wird die wirkliche oder persönliche Sünde begangen?

A. Die wirkliche oder persönliche Sünde wird begangen mit Gedanken, h) Worten, i) und Werken, k) oder Unterlassung dessen, was man zu thun schuldig ist. l)

⸪ Fr. Was ist für ein Unterschied unter den wirklichen Sünden?

L 5 A.

---

h) Aus dem Herzen kommen böse Gedanken. Math. XV. 19. Verkehrte Gedanken scheiden von Gott. Weish. I. 3.

) Ich sage euch aber, daß die Menschen von einem jeglichen unnützen Worte, daß sie geredet haben, am Tage des Gerichts werden Rechenschaft geben müssen. Math. XII. 36.

k) Wir müssen alle vor dem Richterstuhl Christi offenbaret werden, auf daß ein jeglicher empfange, nachdem er in seinem eigenen Leibe entweder Gutes oder Böses gewirket hat. 2. Kor. V. 10.

l) Wer aber weiß gutes zu thun, und thuts nicht, dem ists Sünde. Jak. IV. 17.

A. Der Unterſchied unter den wirklichen Sünden iſt dieſer; manche ſind ſchwere, oder
Todſünden, andere aber geringe oder läßliche Sünden.

Fr. Iſt noch ein Unterſchied der Sünde zu
merken?

A. Es iſt ein Unterſchied zu merken unter eigenen
und fremden Süeden.

Fr. Was ſind eigene Sünden?

A. Sünden, die man ſelbſt begeht, ſind eigene
Sünden.

Fr. Was ſind fremde Sünden?

A. Fremde Sünden ſind jene, die wir zwar nicht
ſelbſt begehen, deren wir aber ſchuldig werden,
wenn wir andere dazu verleiten, oder ſolche
nicht hindern, da wir es zu thun ſchuldig oder
im Stande ſind.

Fr. Was iſt die Todſünde?

A. Die Todſünde iſt eine ſchwere Uibertretung des
göttlichen Geſetzes.

Fr. Was ſchadet die Todſünde?

A. Durch die Todſünde wird die Seele des geiſtlichen Lebens, das iſt: der heiligmachenden Gnade Gottes beraubet, der Menſch wird ein Feind
Gottes, und des ewigen Todes ſchuldig.

Fr. Was nennet man läßliche Sünden?

A. Läßliche Sünden nennet man geringe Uibertretungen des göttlichen Geſetzes.

Fr. Soll man deswegen, weil läßliche Sünden geringe Uibertretungen ſind, nicht Fleiß
anwenden ſolche zu vermeiden?

A. Man soll, obgleich läßliche Sünden nnr gerin=
ge Uibertretungen sind, dennoch allen möglichen
Fleiß anwenden, solche zu vermeiden.

1. Weil die läßlichen Sünden, sie mögen noch
so gering seyn, dennoch allezeit Beleidigungen
Gottes sind. m)

2. Weil man bereit seyn soll, lieber alles zu lei=
den, als Gott auch mit der geringsten Sün=
de zu beleidigen. n)

3. Weil läßliche Sünden, ob sie gleich den Sün=
der der heiligmachenden Gnade nicht berauben,
dennoch die Verleihung anderer wirklichen
Gnaden Gottes verhindern, und also den Sün=
der nach und nach zu grösseren und schwereren
Sünden verleiten. o)

∴ Fr. Welche sind die verschiedenen Gattun=
gen der wirklichen Sünden?

A. Die verschiedenen Gattungen der wirk=
lichen Sünden sind:

1. Die sieben Hauptsünden.
2. Die sechs Sünden in den heiligen Geist.
3. Die vier himmelschreyenden Sünden.
4. Die neun fremden Sünden.

a. Von den sieben Hauptsünden.

∴ Fr. Welche sind die sieben Hauptsünden?
A.

---

m) Wir alle mit einander stossen in vielen Dingen an.
Jak. III. 2.
n) Der Weise steht in Furcht, und weichet vom Bösen.
Spr. XXI. 16.
o) Wer das Geringe verachtet, der wird allgemach
dahin fallen. Syr. XIX. 2.

A. Folgende sind die sieben Hauptsünden:

1. Hoffart. p)
2. Geiz. q)
3. Unkeuschheit. r)
4. Neid. s)
5. Fraß und Füllerey. t)
6. Zorn. u)
7. Trägheit. w)

---

p) Die Hoffart ist ein Anfang aller Sünde, und wer damit behaftet ist, der wird mit Fluch erfüllet werden, und sie wird ihn endlich stürzen. Syrach X. 15.

q) Der Geiz ist eine Wurzel alles Uibels. 1. Tim. VI. 10.

r) Die Hurer und Ehebrecher wird Gott richten. Hebr. XIII. 4. Irret nicht, weder die Hurer noch die Ehebrecher werden das Reich Gottes besitzen. 1. Kor. VI. 9. 10.

s) So leget nun ab alle Bosheit, und allen Betrug, und Gleißnerey, und Neid. 1. Petr. II. 1.

t) Saufet euch nicht voll im Weine, in welchem Unkeuschheit ist. Eph. V. 18. Lasset uns ehrbarlich wandeln, nicht in Fressen und Saufen, nicht in Schlafkammern und Geilheit, nicht in Hader und Eifer. Röm. XIII. 13.

u) Ich sage euch, daß ein jeglicher der mit seinem Bruder zürnet, des Gerichtes wird schuldig seyn. Matth. V. 22. Alle Bitterkeit, Zorn, Unwillen, Geschrey, und Lästerung sammt aller Bosheit, soll von euch hinweggethan seyn. Eph. IV. 31.

w) Ich weiß deine Werke, daß du weder kalt noch warm bist; dieweil du denn lau bist, und weder kalt noch warm; so will ich anfangen, dich auszuspeyen aus meinem Munde. Offenb. III. 15. 16

Fr. Warum heißen diese Sünden Hauptsünden?

A. Diese Sünden heißen Hauptsünden, weil jede derselben so zu sagen das Haupt oder die Quelle vieler andern ist, die daraus entstehen.

Fr. Was ist die Hoffart?

A. Die Hoffart ist eine allzu grosse Hochachtung seiner selbst, und eine unordentliche Begierde nach Vorzügen.

Fr. Was entsteht aus der Hoffart?

A. Aus der Hoffart entsteht übertriebene Eigenliebe, Ruhm- und Ehrsucht, Praleren, Verachtung Gottes, der Religion, der Kirche und des Nächsten, Zwietracht, Streit und Zank, Hartnäckigkeit, Ungehorsam, Gleißnerey, Ketzerey.

Fr. Was ist der Geiz?

A. Der Geiz ist eine unmässige Begierde nach Geld und Gut.

Fr. Was entsteht aus dem Geize?

A. Aus dem Geize entsteht Unruhe, List und Betrug, Ungerechtigkeit, Verrätherey, falsche Eidschwüre, Unbarmherzigkeit, Verhärtung des Herzens.

Fr. Was ist die Unkeuschheit?

A. Die Unkeuschheit ist eine unordentliche Begierde nach fleischlicher Wollust.

Fr. Was entsteht aus der Unkeuschheit?

A. Aus der Unkeuschheit entsteht Verblendung des Gemüths, heftige Begierde nach dem zeitlichen Leben, Vergessenheit Gottes, des Todes und des zukünftigen Gerichtes, Verzweiflung die ewige Glückseligkeit zu erlangen.

Fr. Was ist der Neid?

A.

A. Der Neid ist eine Betrübniß wegen des Guten des Nächsten, als wenn es dem eigenen Guten schädlich wäre.

Fr. Was entsteht aus dem Neide?

A. Aus dem Neide entsteht, Verleumbung, Ehrabschneidung, falsches Urtheil, Haß gegen den
Nächsten, Freude, wenn es im übel, Betrübniß, wenn es ihm wohl geht.

Fr. Was ist Fraß und Füllerey?

A. Fraß und Füllerey ist eine unordentliche Begierde nach Essen und Trinken, und unmässiger
Gebrauch der Speise und des Trankes.

Fr. Was entsteht aus Fraß und Füllerey?

A. Aus Fraß und Füllerey entsteht Ausgelassenheit
in Sitten, Zank, Frechheit, Unzucht, Ver-
schwendung der Zeit und des Vermögens, Ver-
derbniß der Gesundheit, Schwächung der See-
lenkräfte.

Fr. Was ist der Zorn?

A. Der Zorn ist eine unordentliche Verbitterung
des Gemüthes und Begierde sich zu rächen.

Fr. Was entsteht aus dem Zorne?

A. Aus dem Zorne entsteht Haß, Verwirrung des
Gemüthes, Unwillen, Händel, Schimpfen und
Lästern, Mord und Todschlag.

Fr. Was ist die Trägheit?

A. Die Trägheit ist ein Verdruß und Eckel in
Sachen, welche Gott und unser Seelenheil betreffen.

Fr. Was entsteht aus der Trägheit?

A. Aus der Trägheit entsteht Nachlässigkeit im
Gottesdienste, Versäumung der zur Erlangung
der göttlichen Gnade und ewigen Seligkeit nöthigen

thigen Mittel, Traurigkeit, Kleinmüthigkeit, Unbußfertigkeit, Verzweiflung.

b Von den sechs Sünden in den heiligen Geist.

•* Fr. Welche sind die sechs Sünden in den heiligen Geist?

A. Die sechs Sünden in den heiligen Geist sind:

1. Vermessentlich auf Gottes Barmherzigkeit sündigen. a)

2. An Gottes Gnade verzweifeln. b)

3. Der erkannten christlichen Wahrheit widerstreben. c)

4. Sei-

---

a) Sprich nicht: ich habe gesündiget, was ist mir denn Leibs widerfahren? Denn der Allerhöchste ist ein geduldiger Vergelter. Sey nicht ohne Furcht der vergebenen Sünde halber, und häufe nicht eine Sünde auf die andere. Sage auch nicht: die Erbarmung des Herrn ist groß, er wird die Menge meiner Sünden verzeihen. Denn er kann so bald zornig als barmherzig werden, und sein Zorn steht auf die Sünder. Syr. V. 4. 5. 6. 7.

b) Judas sprach: Ich habe gesündiget, daß ich das unschuldige Blut verrathen habe. Sie aber sprachen: was geht dieses uns an? da siehe du zu: und er warf die Silberlinge in den Tempel, und machte sich davon: und er gieng hin, und erhenkte sich selbst mit einem Stricke. Matth. XXVII. 4. 5.

c) Ihr Hartnäckigten und Unbeschnittenen, an Herzen und Ohren! Ihr widerstrebet allezeit dem heiligen Geiste, wie eure Väter, also auch ihr. Apost. VII. 51. Saulus der auch Paulus heißt, wurde mit dem heiligen Geiste erfüllet, und sah ihn stark an, und sprach: du Kind des Teufels! der du aller List und aller Schalkheit voll bist, du Feind aller Gerechtigkeit: du hörest nicht auf die richtigen Wege des Herrn zu verkehren. Apostelgesch. XIII. 9. 10.

4. Seinem Nächsten die göttliche Gnade miß-
gönnen und ihn darum beneiden. d)

5. Wider heilsame Ermahnungen ein verstocktes
Herz haben. e)

6. In der Unbußfertigkeit vorsetzlich verharren. f)
Diese Sünden werden schwer oder gar nicht,
weder in diesem noch in dem andern Leben nachgelassen. g)

Fr. Was heißt in den heiligen Geist sündigen?

A. In den heiligen Geist sündigen heißt, die
Güte und Gnade Gottes, welche dem heiligen
Geiste, als der Quelle alles Guten besonders zu
geeignet wird, mit vorsetzlicher Bosheit und Verachtung verwerfen.

Fr. Warum wird gesaget, daß die Sünden in
den heiligen Geist schwer oder gar nicht,

we-

---

d) Es begab sich aber nach vielen Tagen, daß Kain
dem Herrn Gaben opferte von den Früchten der
Erde. So opferte auch Abel von den Erstlingen
seiner Heerde, und von ihrer Feiste. Und der
Herr sah auf Abel, und seine Gaben: aber auf
Kain und seine Gaben sah er nicht; und Kain
ergrimmte sehr, und sein Angesicht fiel ein.
Gen. IV. 3. 4. 5.

e) Des Pharao Herz ward verhärtet, und er höre-
te sie nicht, wie der Herr befohlen hatte. Exod.
VII. 13. Wenn ihr seine Stimme höret, so ver-
stocket eure Herzen nicht. Hebr. III. 7. 8.

f) Aber der alles sieht, der Herr und Gott Israel
schlug ihn mit einer verborgenen und unheilbaren
Plage: wiewohl er von seiner Bosheit gar
nicht abließ. 2. Mach. IX. 5. 6.

g) Ich sage euch: alle Sünde und Lästerung wird den
Menschen vergeben werden, aber die Lästerung
wider den Geist wird nicht vergeben werden. Math.
XII. 31.

weder in diesem noch in jenem Leben nach=
gelassen werden?

U. Man saget: die Sünden in den heiligen Geist
werden schwer oder gar nicht weder in diesem
noch in jenem Leben nachgelassen; weil gemei=
niglich ein solcher Sünder bis an das Ende mit
Bosheit und Verachtung die Heilsmittel von sich
wirft.

c. Von den vier himmelschreyenden Sünden.

⁎⁎⁎ Fr. Welche sind die vier himmelschreyen=
den Sünden?

U. Die vier himmelschreyenden Sünden sind:

1. Vorsätzlicher Todschlag. (h)
2. Die stumme oder sodomitische Sünde. (i)
3. Die Unterdrückung der Armen, Wittwen und
Waisen. (k)

M   4. Wenn

h) Der Herr sprach zu ihm (dem Kain) was hast du ge=
than? Die Stimme des Blutes deines Bruders
schreyet von der Erde zu mir. Gen. IV. 10.

i) Derowegen sprach der Herr: Das Geschrey derer
zu Sodom und Gomorrha hat sich gemehret,
und ihre Missethat ist über die Massen schwer
geworden. Gen. XVIII. 20.

k) Fliessen nicht die Thränen der Wittwen die Bac=
ken herab; und geht nicht ihr Geschrey über
den, der sie herausdringt? sie steigen von den
Backen hinauf bis zum Himmel, und der Herr,
der sie erhöret, wird kein Wohlgefallen daran
haben. Syr. XXXV. 18. 19.

4. Wenn man den verdienten Liedlohn den Ar=
beitern und Taglöhnern vorenthält und ent=
zieht. (l)

Fr. Warum heißt man diese vier Sünden him=
melschreyende Sünden?

A. Diese Sünden heißt man himmelschreyende
Sünden:

1. Weil von jeder derselben in der heiligen Schrift,
wenn davon die Rede ist, ausdrücklich gesaget
wird, daß sie im Himmel um Rache schreyen.

2. Weil dadurch die göttliche Gerechtigkeit ganz
besonders zur Bestrafung bewogen wird.

d. Von den neun fremden Sünden.

.*. Fr. Welche sind die neun fremden Sünden?
A. Die neun fremden Sünden sind:

1. Zur Sünde rathen. (m)
2. Andern heißen sündigen. (n)

3. In

---

l) Sieh, der Lohn der Arbeiter, die eure Aecker
abgemähet haben, welcher ihnen von euch ent=
zogen ist, der schreyet; und ihr Geschrey ist zu
den Ohren des Herrn der Heerscharen hineinge=
gangen. Jak. V. 4.

m) Einer aber aus ihnen, mit Namen Kaiphas, da
er desselbigen Jahres Hoherpriester war, sprach
zu ihnen: ihr wisset nichts. Weder bedenket ihr,
daß es euch besser sey, daß ein Mensch für das
Volk sterbe, und nicht das ganze Volk umkomme.
Joh. XI. 49. 50.

n) David schrieb einen Sendbrief, und schickte ihn
durch die Hand Uriä: er schrieb aber in dem Send=
brief also: Stellet Uriam im Streite recht gegen
über, da der Streit am stärksten ist: und verlasset
ihn daß er erschlagen werde und todt bleibe. 2.
Kön. XI. 14. 15.

3. In anderer Sünde einwilligen. (o)
4. Andere zur Sünde reizen. (p)
5. Anderer Sünde loben. (q)
6. Zur Sünde stillschweigen. (r)
7. Die Sünden nicht strafen. (s)

M 2   8. An

---

o) Welche nicht verstanden haben, daß diejenigen, die solches, das ist böses thun, des Todes werth sind; und nicht allein, die solches thun, sondern auch, die mit den Thätern zustimmen. Röm. I. 32. Saulus verwilligte in seinen Tod. Apost. VII. 59.

p) Das Weib nahm von der Frucht und aß: auch gab sie ihrem Manne davon, der auch aß. Gen. III. 6. Sein Weib sprach zu ihm: bleibest du noch in deiner Einfalt? Segne Gott und stirb hin. Job. II. Jeroboam erdachte einen Rath, und machte zwey goldene Kälber, und sprach zu ihnen: ihr sollt hinführo nicht gen Jerusalem hinauf ziehen. Sieh: da sind deine Götter, Israel, die dich aus Egyptenland geführet haben. 3. Kön. XII. 28.

q) Wehe euch die ihr das Böse gut, und das Gute bös heißet, die ihr Finsterniß für Licht, und Licht für Finsterniß haltet. Isa. V. 20. Dieß saget Gott der Herr: Wehe denen, die Küßlein machen unter die Ellbogen, und Hauptküssen unter das Haupt aller Menschen, wes Alters sie auch sind, die Seelen zu fangen. Ezech. XIII. 18.

r) Sieh die Geschichte Pilati. Matth. XXVII.

s.) Und sein Vater hatte ihn niemals gestrafet, sagend: warum hast du das gethan? 3. Kön. I. 6. Ich werde sein Haus in Ewigkeit richten um der Sünde willen, darum, daß er wußte, daß sich seine Söhne ungebührlich hielten, und strafete sie nicht. 1. Kön. III. 13.

8. An denſelben Theil nehmen. (t)

9. Dieſelben vertheidigen. (u)

Fr. Wie werden wir fremder Sünden ſchuldig?

A. Wir werden fremder Sünden ſchuldig, wenn
wir Urſache ſind, daß ſie von andern entweder begangen, oder doch nicht unterlaſſen werden.

Fr. Warum iſt man verbunden das Böſe zu
hindern, wenn man kann?

A. Man iſt verbunden, wenn man kann, das Böſe
zu hindern; aus ſchuldiger Liebe gegen Gott, der
durch die Sünde beleidiget wird; 2. aus Liebe
des Nächſten, der durch Sündigen ſich ſchadet;
3. auch zum öftern aus Pflicht ſeines Standes.

Zweyter Theil der chriſtlichen Gerechtigkeit: thu das Gute.

Fr. Welcher iſt der zweyte Theil der chriſtlichen Gerechtigkeit?

A. Der zweyte Theil der chriſtlichen Gerechtigkeit iſt: thu das Gute. (a)

Fr.

---

t) Balthaſar der König, richtete ſeinen Oberſten, derer tauſend waren, ein groſſes Mahl zu: und
ein jeglicher trank nach ſeinem Alter. Als er nun
trunken war, befahl er, daß man die goldenen
und ſilbernen Gefäſſe herbeibringen ſollte, welche
Nabuchodonoſor, ſein Vater, aus dem Tempel zu
Jeruſalem hinweggeführet hatte, damit der König,
und ſeine Oberſten, ſeine Weiber ꝛc. daraus tränken.
Dan. V. 1. 2.

u) Wer den Gottloſen rechtfertiget, und den Gerechten verdammet, die ſind beide ein Greuel bei Gott.
Spr. XVII. 15.

a) Weich ab vom Böſen und thue Gutes. Pſ. XXXIII.
15.

.*. **Fr.** Was iſt das Gute?

A. Das Gute iſt, was dem göttlichen Geſetze gemäß iſt.

.*. **Fr.** Was iſt dem göttlichen Geſetze gemäß?

A. Dem göttlichen Geſetze ſind die Tugenden und gute Werke gemäß.

Fr. Was iſt die chriſtliche Tugend überhaupt?

A. Die chriſtliche Tugend überhaupt iſt eine Gabe, welche Gott der Seele mit der heiligmachenden Gnade eingießt, um den Willen des Menſchen zu ſolchen Handlungen fähig und geneigt zu machen, welche dem Geſetze Jeſu Chriſti gemäß, und des ewigen Lebens würdig ſind. (b)

.*. **Fr.** Gibt es mehrere Gattungen der Tugenden, welche der Chriſt ausüben ſoll?

A. Es gibt mehrere Gattungen der Tugenden, welche der Chriſt ausüben ſoll; es gibt göttliche und ſittliche Tugenden.

§. 1. Von den göttlichen Tugenden.

.*. **Fr.** Was ſind die göttlichen Tugenden?

A. Göttliche Tugenden ſind jene, welche Gott zum unmittelbaren Bewegungsgrunde haben.

.*. **Fr.** Welche ſind die göttlichen Tugenden

A. Glauben, Hoffnung, und Liebe ſind die drey göttlichen Tugenden. (c)

M 3   .*. **Fr.**

---

b) Gott iſt es der in euch wirket beide das Wollen und das Vollbringen nach ſeinem Wohlgefallen. Philipp. II. 13.

(c Nun aber bleiben Glaube, Hoffnung, Liebe, dieſe drey: aber die Liebe iſt das Größte unter ihnen. 1. Kor. XIII. 13.

.*. Fr. Iſt der Menſch ſchuldig ſich in den
dreyen göttlichen Tugenden zu üben?

A. Der Menſch iſt ſchuldig ſich in den dreyen
göttlichen Tugenden zu üben.

.*. Fr. Wann iſt der Menſch beſonders ſchuldig ſich in den dreyen göttlichen Tugenden zu üben?

A. Der Menſch iſt ſchuldig unter einer Todſünde
ſich in den dreyen göttlichen Tugenden zu üben.

1. Sobald er zum Gebrauche ſeines Verſtandes
kömmt.

2. Oefters in ſeinem Leben.

3. Zur Zeit einer heftigen Verſuchung wider dieſe Tugenden.

4. In Lebensgefahr und auf dem Todbette.

.*. Fr. Wie kann man den Glauben erwecken?

A. Man kann den Glauben folgendermaſſen
erwecken:

Ich glaube an dich wahrer dreyeiniger Gott:
Vater, Sohn, und heiliger Geiſt, der du alles erſchaffen haſt, der du alles erhältſt, und regiereſt;
der du das Gute belohneſt, und das Böſe beſtrafeſt.
Ich glaube, daß der Sohn Gottes Menſch geworden iſt, um uns durch ſeinen Tod am Kreuze zu
erlöſen, und daß der heilige Geiſt durch ſeine Gnade uns heiliget. Ich glaube und bekenne alles, was
du, o Gott! geoffenbahret haſt, was Jeſus Chriſtus gelehret, was die Apoſtel geprediget haben,
und was die heilige römiſche katholiſche Kirche uns
zu glauben vorſtellet. Dieſes alles glaube ich, weil
du, o Gott! die ewige und unendliche Wahrheit
und Weisheit biſt, welche weder betrügen, noch
betrogen werden kann. O Gott! vermehre meinen
Glauben.   .*. Fr.

.*. Fr. Wie kann man die Hoffnung erwecken?

U. Man kann die Hoffnung auf folgende Weise erwecken:

Ich hoffe, und vertraue auf deine unendliche Güte und Barmherzigkeit, o Gott! daß du mir durch die unendlichen Verdienste deines eingebornen Sohnes Jesu Christi in diesem Leben die Erkenntniß, wahre Reue und Verzeihung meiner Sünden ertheilen, nach dem Tode aber die ewige Seligkeit geben, und verleihen wirst, dich von Angesicht zu Angesicht zu sehen, und zu lieben, und ohne End zu genießen. Ich hoffe auch von dir die nöthigen Mittel alles dieses zu erlangen. Ich hoffe es von dir, weil du es versprochen hast, der du allmächtig, getreu und unendlich gütig und barmherzig bist. O Gott! stärke meine Hoffnung.

.*. Fr. Wie kann man die Liebe erwecken?

U. Die Liebe kann man auf folgende Art erwecken:

O mein Gott! ich liebe dich aus ganzen meinem Herzen über alles, weil du das höchste Gut, weil du unendlich vollkommen und aller Liebe würdig bist, auch darum liebe ich dich, weil du gegen mich und alle Geschöpfe gütig bist. Ich wünsche von ganzem Herzen, daß ich dich eben so lieben möchte, wie dich deine treuesten Diener lieben, und geliebet haben; mit deren Liebe vereinige ich meine unvollkommene Liebe, vermehre sie in mir o gütigster Herr! immer mehr und mehr. Weil ich nun aufrichtig, und innigst zu lieben wünsche, und es zu thun mich ernstlich bestrebe, so ist es mir von Herzen leid, daß ich dich mein höchstes Gut, welches ich über alles liebe, dich meinen Schöpfer, Erlöser und Heiligmacher erzürnet habe; es schmerzet mich, daß ich gesündiget,

M 4 daß

daß ich dich meinen allmächtigen Herrn, meinen
beßten Vater beleidiget habe. Ich nehme mir ernst=
lich vor, alle Sünden sammt allen bösen Gelegen=
heiten zu meiden, die vergangenen Missethaten mehr
und mehr zu bereuen, und niemals gegen deinen
heiligsten Willen zu handeln. Nimm mich wieder zu
deinem Kinde auf, und gib mir die Gnade zur
Erfüllung dieses meines Vorsatzes. Darum bitte ich
dich durch die unendlichen Verdienste deines göttli=
chen Sohnes unsers Herrn und Erlösers Jesu Chri=
sti. (*)

§. 2. Von den sittlichen Tugenden.

∴ Fr. Was sind sittliche Tugenden?

A. Sittliche Tugenden sind jene, dadurch die
Sitten des Christen so eingerichtet wer=
den, daß sie Gott gefällig sind.

∴ Fr. Welche sind unter den sittlichen Tu=
genden, die ein Christ ausüben muß,
die Haupttugenden?

A.

---

*) Seine päbstliche Heiligkeit Benedikt der XIII. hat
allen, und jeden, welche diese drey göttliche Tu=
genden erwecken, so oft, und mit was immer auch für
Worten, solches von ihnen geschiebt, wenn nur
der eigentliche Bewegungsgrund des Glaubens, der
Hoffnung und der Liebe genugsam ausgedrücket
wird, einen Ablaß auf sieben Jahre verliehen.
Wenn aber jemand sich einen ganzen Monat hin=
durch in diesen dreyen göttlichen Tugenden übet;
dabei auch einmal beichtet, und kommunizirct:
erlanget er nicht nur allein zu solcher Zeit, son=
dern auch in der Sterbstunde vollkommenen Ab=
laß, welchen er entweder sich selbst, oder den ar=
men Seelen in dem Fegfeuer zueignen kann. Alles
dieses hat auch Benedikt der XIV. im Jahre 1756.
bestättiget.

A. Unter den sittlichen Tugenden, welche ein Christ ausüben muß, sind vier Haupttugenden. 1. Die Klugheit. 2. Die Mässigkeit. 3. Die Gerechtigkeit. 4. Die Starkmüthigkeit.

Fr. Was ist die christliche Klugheit?

A. Die christliche Klugheit ist eine Tugend, dadurch Christen die zum Seelenheil tauglichen Mittel wählen und anwenden, und das vermeiden, was dessen Erlangung hindern kann.

Fr. Was ist die christliche Mässigkeit?

A. Die christliche Mässigkeit ist eine Tugend welche in dem Christen die unordentliche Neigung zur Sünde zurück hält, und ihm nur gestattet, daß Zeitliche mit Masse zu geniessen.

Fr. Was ist die christliche Gerechtigkeit?

A. Die christliche Gerechtigkeit ist eine Tugend dadurch der Christ dasjenige erfüllet, was er Gott und dem Nächsten schuldig ist.

Fr. Was ist die christliche Starkmüthigkeit?

A. Die christliche Starkmüthigkeit ist eine Tugend, dadurch der Christ aus Liebe Gottes das Gute unerachtet der Hindernisse und Beschwerlichkeiten unternimmt, und ausführet, auch lieber alles erduldet, ja sein Hab, Gut und Leben verlieret, als etwas thut, was wider das göttliche Gesetz ist.

.•. Fr. Welche Tugenden sind den sieben Hauptsünden entgegen gesetzet?

A. Die Demuth ist der Hoffart entgegen gesetzet. (a)

M 5   Die

---

a) Gott widersteht den Hoffärtigen und den Demüthigen gibt er Genad. 1. Petr. V. 5.

Die Freygebigkeit dem Geize. (b)
Die Keuschheit der Unkeuschheit. (c)
Die Liebe dem Neide. (d)
Die Mäßigkeit dem Fraß und der Füllerey (e)
Die Geduld dem Zorne. (f)
Der Eifer im Guten der Trägheit. (g)

Fr. Was ist die Demuth?

A. Die Demuth ist eine Tugend, dadurch man
von sich selbst und seinen Eigenschaften richtig
urtheilet, und nicht wie Hoffärtige es thun,
bloß auf seine eigene Vorzüge sieht, und sich
deshalben hochschätzet, sondern vielmehr seine
Schwachheiten und Fehler erkennet, und sich des=
halben erniedriget.

Fr. Was ist die Freygebigkeit?

A. Die Freygebigkeit ist eine Tugend, welche man
ausübet, wenn man den dürftigen Menschen von
dem Seinigen gern und wirklich nach seinem Ver=
mögen mittheilet.

Fr. Was ist die Keuschheit?

A.

---

b) Gebet so wird euch gegeben werden. Luc. VI. 38.
c) Diese sind diejenigen, die mit Weibern nicht sind
    beflecket worden. Offenb. Joh. XIV. 4.
d) Die Frucht des Geistes ist Liebe, Friede, Freund=
    lichkeit, Gütigkeit. Gal. V. 22. 23. Sieh das Exem=
    pel des Jonathans gegen den David. 1. Kön.
    XVIII. und XXIII.
e) Lasset uns wachen und nüchtern seyn. 1. Thes. V.
    6. Sieh das Exempel der 3. Knaben, die die
    königliche Speisen verachteten und mit Gemüß zufrie=
    den waren. Daniel I.
f) Die Frucht des Geistes ist Geduld und Sanftmuth.
    Gal. V. 22. 23. Sieh das Exempel Davids gegen
    den Simei. 2. Kön. XVI.
g) Seyd inbrünstig im Geiste. Röm. XII. 11.

A. Die **Keuschheit** ist eine Tugend, welche man durch Enthaltung von aller verbotenen und uner-laubten fleischlichen Wohllust in Gedanken, Wor-ten und Werken ausübet.

Fr. **Was ist die Liebe?**

A. Die **Liebe** ist eine Tugend, dadurch man an dem Wohlergehen anderer Theil nimmt, und es befördert.

Fr. **Was ist die Mässigkeit?**

A. Die **Mässigkeit,** insoweit sie dem Fraß und der Füllerey entgegen gesetzet wird, ist eine Tu-gend, dadurch man der unordentlichen Begierde nach Essen und Trinken widersteht, und beides nur mässig genießt.

Fr. **Was ist die Geduld?**

A. Die **Geduld** ist eine Tugend, durch welche man die Widerwärtigkeiten mit Ergebung in den göttli-chen Willen erträgt.

Fr. **Was ist der Eifer im Guten?**

A. Der **Eifer im Guten** ist eine Tugend, welche man ausübet, wenn man beflissen ist alles zu thun, was Gott und unser Seelenheil betrifft.

§. 3. **Von dem was noch mehr zur christli-chen Gerechtigkeit gehöret.**

∴ Fr. **Was gehöret noch mehr zur christli-chen Gerechtigkeit?**

A. Zur christlichen Gerechtigkeit gehören noch die Pflichten, welche Jesus Christus besonders anbefohlen hat.

∴ Fr. **Welche sind die Pflichten, welche Jesus Christus besonders anbefohlen hat?**

A. Die Pflichten, welche Jesus Christus beson-ders anbefohlen hat, sind folgende:

I. Im

1. Zuvörderst das Reich Gottes und seine Gerechtigkeit suchen. (h)
2. Sich selbst verläugnen. (i)
3. Sein Kreuz tragen. (k)
4. Christo nachfolgen. (l)
5. Sanftmüthig und demütig seyn. (m)
6. Die Feinde lieben, denen wohl thun, die uns hassen, für die beten, welche uns beleidigen und verfolgen. (n)

§. 4. Von den acht Seligkeiten.

** Fr. Was gehöret noch mehr zur christlichen Gerechtigkeit?

A. Zu der christlichen Gerechtigkeit gehören auch jene acht vortrefliche Tugenden, welche Christus der Herr auf dem Berge gelehret, und wegen welchen er den Menschen selig gesprochen hat; (o) folgende sind es:

1. Se

---

h) Suchet zum ersten das Reich Gottes und seine Gerechtigkeit. Matth. VI. 33.

i) Christus fodert von denen die seine Jünger seyn wollen, Math. XVI. 24. und Luka IX. 23. Wenn jemand mir nachfolgen will, der verläugne sich selbst,

k) und nehme sein Kreuz auf sich,

l) und folge mir nach.

m) Nehmet mein Joch auf euch, und lernet von mir, daß ich sanftmüthig und von Herzen demüthig sey. Math. XI. 29.

n) Liebet eure Feinde: thut denen guts, die euch hassen, und bittet für die, welche euch verfolgen und verläumben. Damit ihr Kinder eures Vaters seyd, welcher in dem Himmel ist, der seine Sonne über die Guten und Bösen aufgehen, und über die Gerechten und Ungerechten regnen lässet. Math. V, 44. 45.

Math. V. 1. bis 11.

1. Selig sind die Armen im Geiste, denn ihrer ist das Himmelreich.

2. Selig sind die Sanftmüthigen denn sie werden das Erdreich besitzen.

3. Selig sind, die trauern und klagen, denn sie werden getröstet werden.

4. Selig sind, die hungert und durstet nach der Gerechtigkeit, denn sie werden ersättiget werden.

5. Selig sind die Barmherzigen, denn sie werden Barmherzigkeit erlangen.

6. Selig sind, die eines reinen Herzens sind, denn sie werden Gott anschauen.

7. Selig sind die Friedfertigen, denn sie werden Kinder Gottes genannt werden.

8. Selig sind, die Verfolgung leiden um der Gerechtigkeit willen, denn ihrer ist das Himmelreich.

§. 5. Von den guten Werken und deren Verdienste.

Von guten Werken überhaupt.

Fr. Was sind gute Werke eines Christen?

A. Gute Werke eines Christen sind Handlungen, welche Gott wohlgefällig und für den Christen, der sie ausübet, verdienstlich sind.

Fr. Wozu sind gute Werke nothwendig?

A. Gute Werke sind zur Seligkeit nothwendig, denn der Glauben ohne gute Werke ist todt. (p)

Fr. Was verdienet man durch gute Werke?

A. Durch gute Werke verdienet man von Gott Vermehrung der heiligmachenden Gnade, ewige und

zeit=

---

p.) Gleichwie der Leib ohne den Geist todt ist: also ist auch der Glauben ohne die guten Werke todt. Jak. II. 26.

zeitliche Belohnungen, welche Gott aus bloſſer Gnade denen verſprochen hat, die gutes thun. (q)

Fr. Können Menſchen aus eigenen Kräften gute Werke thun?

A. Gute Werke, die zur Seligkeit nothwendig und bei Gott verdienſtlich ſind, kann der Menſch nicht aus eigenen Kräften, ſondern mit Beiſtand der göttlichen Gnade thun. (r)

Fr. Wie müſſen gute Werke beſchaffen ſeyn, welche bei Gott des ewigen Lebens ver= dienſtlich ſeyn ſollen?

A. Gute Werke, welche bei Gott des ewigen Le= bens ſollen verdienſtlich ſeyn, müſſen vollbracht werden:

1. Im Stande der Gnade.

2. Freywillig.

3. Nicht bloß aus natürlichen, oder eiteln Be= wegungsgründen, ſondern vorzüglich wegen Gott.

Von den guten Werken insbeſondere.

*. Fr. Welche ſind die vornehmſten guten Werke?

A.

---

q) Die Gerechten aber werden in Ewigkeit leben, und ihre Belohnung iſt bei dem Herrn. Der Allerhöch= ſte wird auch Sorge für ſie tragen. Dahero wer= den ſie ein herrliches Reich und eine zierliche Krone von der Hand des Herrn empfangen. Sap. V. 16. 17.

r) Gott iſt es der in euch beide das Wollen und das Vollbringen, nach ſeinem Wohlgefallen wirket. Philip. II. 13. Nicht daß wir etwas vermögen aus uns, als von uns ſelbſt zu gedenken, ſon= dern unſer Vermögen iſt aus Gott. 2. Kor. III. 5.

A. Die vornehmſten guten Werke ſind: Beten,
Faſten, Almoſen geben. (u)

Fr. Warum heißen dieſe drey guten Werke
die vornehmſten?

A. Beten, Faſten, Almoſen geben heiſſen die vornehmſten guten Werke, weil alles, was man gutes und verdienſtliches thun kann, unter eines
dieſer drey Werke gehöret.

Fr. Was wird hier durch das Gebet verſtan-
den?

A. Hier verſteht man durch das Gebet alle gottſelige Uibungen, wodurch Gott und ſeine Heiligen verehret werden.

Fr. Was verſteht man unter Faſten?

A. Unter Faſten verſteht man nicht allein ſich nach
der Anordnung der Kirche oder auch freywillig
im Eſſen und Trinken Abbruch thun, ſondern
es heißt auch nach der heiligen Schrift andere
Bußwerke verrichten, und ſich von Sünden enthalten   Fr.

---

s)Er ſagte auch ein Gleichniß zu ihnen, daß man
allezeit beten müſſe und nicht aufhören. Luk.
XVIII. 1. Betet ohne Unterlaß. 1. Theſ. V. 17.

t)Darum ſpricht der Herr: bekehret euch zu mir von
eurem ganzem Herzen, durch Faſten, Weinen und
Seufzen. Joel II. 12. Wenn du faſteſt, ſalbe
dein Haupt und waſche dein Angeſicht. Auf daß
du nicht ſcheineſt vor den Leuten mit deinem Faſten,
ſondern, vor deinem Vater, der im verborgenen
iſt und dieſer wird es dir vergelten. Math. VI.
17. 18.

u)Wenn du Almoſen gibſt; ſo laß deine linke
Hand nicht wiſſen, was deine rechte thut. Auf
daß dein Almoſen verborgen ſey; und dein Vater, der im verborgenen ſieht, wird es dir vergelten. Math. VI. 3. 4.

Fr. Was versteht man unter Almosen geben?

A. Unter Almosen geben versteht man alle leibliche und geistliche Werke der Barmherzigkeit.

*** Fr. Welche sind die leiblichen Werke der
Barmherzigkeit?

A. Die leiblichen Werke der Barmherzigkeit
sind folgende sieben: (w)

    1. Die Hungrigen speisen.

    2. Die Durstigen tränken.

    3. Die Fremden beherbergen.

    4. Die Nackenden bekleiden.

    5. Die Kranken besuchen.

    6. Die Gefangenen erlösen.

    7. Die Todten begraben.

*** Fr. Welche sind die geistlichen Werke der
Barmherzigkeit?

A. Die geistlichen Werke der Barmherzigkeit
sind folgende sieben:

Die Sünder bestrafen. (a)

2. Die

---

w) Ich bin hungrig gewesen, und ihr habt mich
gespeiset; ich bin durstig gewesen, und ihr habt mir
zu trinken gegeben. Ich bin nackend gewesen; und
ihr habt mich bekleidet; ich bin krank gewesen, und
ihr habt mich besuchet; ich bin im Kerker gewesen,
und ihr seyd zu mir gekommen. — Wahrlich ich
sage euch: was ihr gethan habt einem aus diesen
meinen geringsten Brüdern, das habt ihr mir gethan. Math. XXV. 35. 36. 40.

a) Wenn dein Bruder an dir sündiget; so geh hin,
und strafe ihn zwischen dir und ihm allein.
Höret er dich, so hast du deinen Bruder gewonnen.
Höret er dich aber nicht, so nimm noch einen oder
zween zu dir, auf daß alle Sache aus zween oder
dreyer Zeugen Munde bestehe. Wenn er die nicht höret;

so

2. Die Unwiſſenden lehren. (b)
3. Den Zweifelhaften recht rathen. (c)
4. Die Betrübten tröſten. (d)
5. Das Unrecht mit Geduld leiden. (e)
6. Denen, die uns beleidigen, gern verzeihen. (f)
7. Für die Lebendigen und Todten, Gott
   bitten. (g)

⁂. Fr. Welche ſind die evangeliſchen Räthe?
A. Folgende drey ſind die evangeliſchen Räth: :
1) Die freywillige Armuth. (h) 2) Die ewige

N   Keuſch=

ſo ſage es der Kirche. Wenn er aber die Kirche nicht
höret, ſo halte ihn als einen Heiden und Zöllner.
Matth. XVIII. 15. 16. 17.

b) Der die Barmherzigkeit hat, lehret und unterwei=
ſet, gleichwie ein Hirte ſeine Heerde. Syr. XVIII. 13.

c) Haſt du Verſtand, ſo antworte deinem Näch=
ſten. Syr. V. 14.

d) Unterlaß nicht, die Weinenden zu tröſten, und
wandle mit den Traurigen. Syr. VII. 38. Gedenke
nicht alles Unrechts, das dir dein Nächſter ange=
than hat. Syr. X. 6.

e) Wenn ihr gutes thut, und geduldig leidet,
das iſt eine Gnade bei Gott. 1. Pet. II. 20.

f) Vergebet, ſo wird euch vergeben werden. Luk. VI. 37.
So ihr den Menſchen ihre Sünden vergebet, ſo wird
euch euer himmliſcher Vater eure Miſſethaten auch
vergeben. Im Fall ihr aber den Menſchen nicht
vergebet, wird euch euer Vater eure Sünden auch
nicht vergeben Matth. VI. 14. 15. Vater vergib
ihnen, denn ſie wiſſen nicht, was ſie thun. Luk.
XXIII. 24.

g) Bittet für einander, daß ihr ſelig werdet. Jak. V. 16.

h) Jeſus ſprach zu ihm : willſt du vollkommen ſeyn;
ſo geh hin, verkaufe, was du haſt, und gib es
den Armen; und du wirſt einen Schatz im Him=
mel haben; und komme, und folge mir nach. Matth.
XIX. 21.

Keuſchheit. (i) 3) Der beſtändige Gehor‑
ſam unter einem geiſtlichen Obern. (k)

Fr. Warum nennet man dieſe drey Dinge
evangeliſche Räthe?

A. Man nennet dieſe drey Dinge evangeliſche Rä‑
the, weil ſie von Chriſto im Evangelio ein‑
zeln Perſonen nicht geboten, ſondern nur an‑
gerathen ſind.

Anhang.

Von den 4. letzten Dingen.

✱⁎✱ Fr. Welche ſind die 4. letzten Dinge?

A. Die 4. letzten Dinge ſind: der Tod, das
Gericht, die Hölle, und das Himmelreich.
a. Von dem Tode.

✱⁎✱ Fr. Was iſt der Tod?

A. Der Tod iſt die Trennung der Seele von
dem Leibe.

✱⁎✱ Fr.

---

i) Es ſind Verſchnittene, welche aus Mutterleibe
alſo geboren ſind; und es ſind Verſchnittene, wel‑
che von den Menſchen ſind verſchnitten worden;
und es ſind Verſchnittene, welche ſich ſelbſt ver‑
ſchnitten haben um des Himmelreiches willen. Wer
es faſſen kann, der faſſe es. Matth. XIX. 12.

k) So mir jemand will nachkommen, der verläugne
ſich ſelbſt, und nehme ſein Kreuz auf ſich, und
folge mir nach. Matth. XVI. 24.

₊ Fr. Müſſen alle Menſchen ſterben?

A. Alle Menſchen müſſen ſterben. (a)

₊ Fr. Woher kommt es, daß alle Menſchen ſterben müſſen?

A. Daß alle Menſchen ſterben müſſen, kömmt von der Sünde, welche Adam im Para= deiſe begangen hat. Hätte Adam nicht ge= ſündiget, ſo wären wir auch dem Leibe nach unſterblich geblieben. Der Tod iſt die Stra= fe der Sünde. (b)

Fr. Zu welcher Zeit und auf was Art werden wir ſterben?

A. Die Zeit und Todesart iſt uns unbekannt. (c)

Fr. Was ſollen wir thun, da uns die Zeit und Todesart unbekannt iſt?

A. Da die Zeit, und Todesart uns unbekannt iſt ſo ſollen wir zum Sterben immer bereit ſeyn. (d)

N 2   Fr-

---

a) Dem Menſchen iſt geſetzt, einmal zu ſterben. Hebr. IX. 27.

b) Gleichwie die Sünde durch einen Menſchen in die Welt eingegangen iſt, und durch die Sünde der Tod; alſo iſt der Tod über alle Menſchen durch= aus ergangen, dieweil ſie alle in ihm geſündi= get haben. Röm. V. 12. Der Sold der Sünden iſt der Tod. Röm. VI. 23.

c) Der Menſch weis ſein Ende nicht, ſondern wie die Fiſche mit dem Angel gefangen, und die Vögel mit dem Stricke ergriffen werden, alſo werden die Menſchen gefangen in böſer Zeit, wenn dieſelbe ſie übereilet. Pred. IX. 12. Darum wachet, denn ihr wiſſet weder den Tag noch die Stunde. Matth. XXV. 13.

d) Darum wachet, denn ihr wiſſet nicht, zu welcher Stunde euer Herr kommen wird. — — Darum ſeyd

Fr. Wie ist der Tod der Frommen beschaffen?

A. Selig ist der Tod der Frommen (e)

Fr. Wie ist der Tod der Bösen beschaffen?

A. Höchst unglücklich ist der Tod der Bösen. (f)

Von dem Gerichte.

.*. Fr. Was ist von dem Gerichte zu merken?

A. Von dem Gerichte ist zu merken, daß Jesus die Seele jedes Menschen gleich nach dem Tode besonders; (a) am Ende der Welt aber alle Menschen zusammen mit Leib und Seele richten werde. (b)

Fr. Wie wird Jesus richten?

A. Jesus wird jeden Menschen nach seinen Gedanken, Worten und Werken richten, das Gute wird er belohnen, und das Böse bestrafen. (c)

Fr.

---

seyd bereit, denn des Menschen Sohn wird zu einer Stunde kommen, die ihr nicht wisset. Matth. XXIV. 42. 44.

e) Köstlich ist vor dem Angesichte des Herrn der Tod seiner Heiligen. Ps. CXV. 15. Sieh Lazarus Exempel. Luk. XVI. 22.

f) Der Sünder Tod ist sehr böse. Ps. XXXIII. 22. Sieh das Exempel des gottlosen Reichen. Luk. XVI. 22. u. f.

a) Den Menschen ist gesetzt einmal zu sterben, darnach aber das Gericht. Hebr. X. 27.

b) Wir müssen alle offenbar werden vor dem Richterstuhl Christi, auf daß ein jeglicher empfange, nachdem er in seinem eigenen Leibe gehandelt hat, entweder gutes oder böses. 2. Kor. V. 10

c) Des Menschen Sohn wird in der Herrlichkeit seines Vaters kommen, mit seinen Engeln; und als-

Fr. Was erfolget auf das Gericht?

A. Auf das Gericht erfolget die Vollziehung des Urtheils; an der Seele gleich nach dem besonderen Gerichte; am Leibe aber nach dem allgemeinen.

** Fr. Zu was wird die Seele in dem besondern Gerichte verurtheilet?

A. Die Seele wird in dem besondern Gerichte entweder in das Fegfeuer, oder in die Hölle verurtheilet; oder in den Himmel aufgenommen.

** Fr. Was ist das Fegfeuer?

A. Das Fegfeuer ist der Ort, wo die Seelen zeitliche Strafen für die Sünden leiden, welche sie im Leben nicht abgebüsset haben.

Fr. Welche Seelen werden in das Fegfeuer verurtheilet?

A. Die Seelen derjenigen werden in das Fegfeuer verurtheilet, welche ob sie zwar in der Gnade Gottes verstorben dennoch wegen der im Leben begangenen Sünden der göttlichen Gerechtigkeit nicht genug gethan haben.

Fr. Was für Strafen leiden die Seelen in dem Fegfeuer?

A. Die Seelen leiden im Fegfeuer hauptsächlich dadurch überaus viel, daß ihr sehnliches Verlangen Gott anzuschauen, und ewig zu genießen noch nicht erfüllet wird; über das leiden sie auch die Peinen, welche die göttliche Gerechtigkeit für sie bestimmet hat. Fr.

dann wird er einem jeglichen nach seinen Werken vergelten. Matth. XVI. 27. Es werden hervorgehen, die gutes gethan haben, zur Auferstehung des Lebens, die aber böses gethan haben, zur Auferstehung des Gerichts. Joh. V. 29.

Fr. Kann man den Seelen in dem Fegfeuer
zu Hilfe kommen?

A. Man kann den Seelen im Fegfeuer zu Hilfe
kommen, und zwar: 1. Vornämlich durch das
heilige Meßopfer. 2. Durch das Gebet.
3. Durch andere gute Werke. 4. Durch den
Ablaß.

Fr. Ist man schuldig den Seelen im Fegfeuer
zu helfen?

A. Man ist überhaupt schuldig aus Liebe allen Seelen im Fegfeuer zu helfen; in Ansehung der Aeltern aber und Gutthäter ist man es auch aus Dankbarkeit schuldig.

Fr. Wie lang bleiben die Seelen der Abgestorbenen in dem Fegfeuer?

A. Wie lang die Seelen der Abgestorbenen in dem
Fegfeuer bleiben, kann man eigentlich nicht
wissen, alles, was man sagen kann, ist: daß sie
darin länger oder kürzer bleiben, nachdem sie Gott, mehr oder weniger beleidiget,
mehr oder weniger Buße in diesem Leben gethan
haben, und nachdem ihnen die Gläubigen durch
das Gebet, und andere gute Werke mehr oder
weniger zu Hilfe kommen.

c. Von der Hölle.

.*. Fr. Was ist die Hölle?

A. Die Hölle ist der Ort, wo die Verdammten ewig gepeiniget werden.

.*. Fr. Wer kömmt in die Hölle?

A. Derjenige kömmt in die Hölle, welcher in
einer Todsünde stirbt.

Fr.

Fr. Wie sind die Höllenpeinen beschaffen?

A. Die Höllenpeinen sind so beschaffen: die Verdammten werden

1. Der Anschauung und des Genusses Gottes ewig beraubet seyn. (a)

2. Sie werden ein ewiges Feuer leiden; (b) ewige Finsterniß, (c) Heulen und Zähnklappern; (d) immer nagende Gewissensbisse, Angst und Verzweiflung, (e) alles, was nur schmerzlich an Leib und Seele seyn kann, werden sie ewig leiden, (f) das ist: sie werden alles dieses ohne End, ohne Hoffnung einer Linderung oder Erlösung leiden. (g)

Fr. Was soll die Betrachtung der Höllenpeinen in uns wirken?

N 4 A.

(a) Gehet hinweg von mir ihr Vermaledeyten in das ewige Feuer, das dem Teufel und seinen Engeln bereitet ist. Matth. XXV. 41. Uber dieses ist zwischen uns und euch ein grosser Abgrund gesetzet, also daß diejenigen, welche von hier zu euch übergehen wollten, nicht können, noch von dannen zu uns herüber kommen. Luk. XVI. 26.

(b) Ihr Wurm stirbt nicht, und das Feuer erlöscht nicht. Mark. IX. 47.

(c) Die Kinder des Reichs werden hinausgestossen werden in die äuserste Finsterniß. Matth. VIII. 12.

(d) Da wird seyn Heulen und Zähnklappern. Matth. XXII. 13.

(e) Ihr Wurm wird nicht sterben. Isa. LXVI. 24. Da ihr Wurm nicht stirbt. Mark. IX. 43.

(f) Der reiche Mann klaget: ich leide grosse Pein in dieser Flamme. Luc. XVI. 24. Allerhand Schmerzen werden ihn überfallen. Job. XX. 22.

(g) Welche im Untergange von dem Angesichte des Herrn und von der Herrlichkeit seiner Kraft ewige Strafen leiden werden. 2. Thes. I. 9.

A. Die Betrachtung der Höllenpeinen soll in uns wirken, daß wir die Sünden meiden, die begangenen abbüssen, und dafür genugthun; die Grösse und Dauer der Höllenpeinen gibt uns zu erkennen, wie erschrecklich es sey in die Hände des lebendigen Gottes zu fallen. (h)

d. Von dem Himmel.

Fr. Was ist der Himmel?

A. Der Himmel ist der glückseligste Aufenthalt der Heiligen, wo Gott sich seinen treuen Dienern von Angesicht zu Angesicht offenbaret, und selbst ihren überaus grossen Lohn ausmacht.

Fr. Wer kömmt in den Himmel?

A. Derjenige kömmt in den Himmel, welcher in der Gnade Gottes verstorben ist, (a) und der, welcher die begangenen Sünden entweder in diesem, oder in dem andern Leben abgebüsset hat.

Fr. Sind die himmlischen Freuden groß?

A. Die himmlischen Freuden sind unaussprechlich groß. (b)

Fr.

---

h) Es ist erschrecklich in die Hände des lebendigen Gottes fallen. Hebr. X. 31.

a) Wer bis zum Ende verharret, der wird selig werden. Matth. X. 22.

b) Kein Auge hat es gesehen, kein Ohr hat es gehöret, und ist auch in keines Menschen Herz gekommen, was Gott denjenigen bereitet hat, die ihn lieben. I. Kor. II. 9. Alsdann werden wir Gott von Angesicht zu Angesicht sehen. Itzt erkenne ich Gott unvollkommentlich, alsdann aber werde ich ihn erkennen, wie ich auch von ihm erkannt werde. I. Kor. XIII. 12.

Fr. Worin bestehen die himmlischen Freuden?
A. Die himmlischen Freuden bestehen darin: Die
Auserwählten werden

1. Gott von Angesicht zu Angesicht und wie er
in sich ist, ewig sehen, lieben und genießen.
(c)

2. Sie werden alles erdenkliche Gute an Leib
und Seele ewig haben. (d)

4. Sie werden von allen, auch den minbesten
Uibeln befreyet seyn. (e)

Fr. Gibt es gewisse Grade oder Stuffen der
himmlischen Freuden?
A. Es gibt gewisse Grade oder Stuffen der
himmlischen Freuden; der mehr Gutes gethan
N 5   hat,

---

c) Wir wissen, daß wir Gott, wenn er sich offenbaren wird, gleich seyn werden, da wir ihn sehen werden, wie er ist. 1. Joh. III. 2.

d) Gebenedeyet sey Gott der Vater unsers Herren
Jesu Christi, der uns nach seiner grossen Barmherzigkeit wiedergeboren hat zu der lebendigen
Hoffnung, durch die Auferstehung Jesu Christi von
den Todten, zu einer unverweslichen, unbefleck-
ten und unverwelklichen Erbschaft, welche im
Himmel für euch vorbehalten wird. 1. Pet. I. 3.
4. 8. 9.

e) Das Lamm, das mitten im Throne ist, wird sie
regieren, und wird sie hinführen zu dem lebendigen Wasserbrunn; und Gott wird alle Thränen von ihren Augen abwischen. Offenb. VII. 17.
Gott wird alle Thränen von ihren Augen abwischen. Und der Tod wird nicht mehr seyn. So wird
auch weder Trauren noch Geschrey, noch Schmerzen hinfübro seyn, denn was zuvor war, ist ver-
gangen. Offenb. XXI. 4. 6.

hat, wird auch mehr im Himmel belohnet werden. (f)

Fr. Was lehret uns die Betrachtung der
himmlischen Freuden?

A. Die Betrachtung der himmlischen Freuden lehret uns

1. Daß man alles Kreuz und Leiden geduldig
übertragen müsse, weil die Trübsalen dieser
Zeit nichts sind gegen die Herrlichkeit, die in
uns wird geoffenbaret werden. (g)

2. Daß alle zeitliche Freuden mit den Freuden
im Himmel in keine Vergleichung zu setzen sind.

---

f) Wer sparsam säet, der wird auch sparsam
ärnoten, und wer reichlich säet, der wird auch
reichlich ärnoten. 2. Kor. IX. 6. Es ist eine
andere Klarheit der Sonne, eine andere Klarheit
des Mondes, und eine andere Klarheit der Sterne, indem die Sterne in der Klarheit unterschieden sind. Also wird es auch seyn in der Auferstehung der Todten. Es wird in der Verweßlichkeit
gesäet, und in der Unverweßlichkeit wieder auferstehen. I. Kor. XV. 41. 42

g) Ich halte dafür, daß das Leiden dieser Zeit
nicht könne in Vergleichung kommen mit jener
künftigen Herrlichkeit, die an uns soll offenbaret werden. Röm. VIII. 18.